大理大学民族学重点建设学科成果
云南省哲学社会科学创新团队『云贵高原坝子社会文化研究』成果

# 诺邓古村历史文化与景区化发展研究

Nuodeng Gucun Lishi Wenhua Yu Jingquhua Fazhan Yanjiu

殷群 著

中央民族大学出版社
China Minzu University Press

**图书在版编目（CIP）数据**

诺邓古村历史文化与景区化发展研究 / 殷群著 . —北京：中央民族大学出版社，2019.5

ISBN 978-7-5660-1643-0

Ⅰ. ①诺… Ⅱ. ①殷… Ⅲ. ①乡村旅游—旅游业发展—研究—云龙县 Ⅳ. ① F592.774.4

中国版本图书馆 CIP 数据核字（2019）第 036292 号

**诺邓古村历史文化与景区化发展研究**

| | |
|---|---|
| 著　　者 | 殷　群 |
| 责任编辑 | 黄修义 |
| 封面设计 | 舒刚卫 |
| 出 版 者 | 中央民族大学出版社 |
| | 北京市海淀区中关村南大街 27 号　　邮编：100081 |
| | 电话：68472815（发行部）　传真：68933757（发行部） |
| | 68932218（总编室）　68932447（办公室） |
| 发 行 者 | 全国各地新华书店 |
| 印 刷 厂 | 北京建宏印刷有限公司 |
| 开　　本 | 787 × 1092（毫米）　1/16　印张：15.25 |
| 字　　数 | 242 千字 |
| 版　　次 | 2019 年 5 月第 1 版　2019 年 5 月第 1 次印刷 |
| 书　　号 | ISBN 978-7-5660-1643-0 |
| 定　　价 | 70.00 元 |

# 弁　言

少数民族古村落是保留了古老的地理环境、文化景观、经济特征、历史传统、社会习俗等多方面特点的村落，它不仅仅是建筑的实体，同时也是民族文化的物质体现。诺邓古村是以白族为主体的少数民族村落，民居特色鲜明、民族文化浓郁、自然环境优美、民族关系和谐、村落充满生机和活力，其建筑是白族山地四合院的杰出代表。

2014年9月，国家民委公布了首批340个“中国少数民族特色村寨名录”，诺邓古村名列其中。“少数民族特色村寨”是指少数民族人口聚居程度高，文化特征、聚落特征鲜明，生产生活功能较为完备的自然村或行政村。国家民委与财政部推出少数民族特色村寨保护与发展项目，目的是在促进少数民族地区发展、脱贫致富的同时，推动民族地区乡村振兴，保存少数民族村寨的文化特色。

西南地区现存的民族古村寨，因经济、政治、军事等原因，历史上都有过繁荣时期。其中因经济繁荣原因造就的古村寨最多，村寨的发展过程通常是从自然村到行政村，再发展为集镇，这个过程中经济因素较为重要，村寨建筑和文化要达到一个较高的水平，需要有雄厚的经济基础，没有经济的发展，就难以形成大的聚落。诺邓古村地处高山峡谷，交通不便，农业生产条件较差。历史上因盐矿开采带动了地方经济的发展，形成繁华的聚落。盐业开采衰落之后，诺邓的经济被迫从盐业经济转型为农业经济，经济发展停滞，但村落的建筑风貌、文化特色却得以完好保存。20世纪90年代以来，诺邓的经济从农业向旅游业转型，乡村不断得到发展和振兴。

《诺邓白族古村的历史文化与景区化发展研究》一书，以历史学、民族学理论为指导，运用文献研究、田野调查和比较研究的方法，分析了诺邓古村历史风貌形成与存留至今的原因；梳理了该村生计方式的变迁历程、历史文化资源状况、文化遗产保护方式；重点探讨了该村从农业向旅游业转型和景区化发展的方式等问题，并通过诺邓、新华和东莲花三个村落景区化运作方式的对比研究，总结分析了不同运作模式的利弊，认为：历史文化资源富集的村落，在加强古村文化遗产保护的基础上，选择旅游发展，推动古村景区化建设，是发展经济、振兴古村的必然选择。本书的研究对民族地区古村落的保护与利用，对推动少数民族特色村寨建设、经济发展和脱贫致富，有较大的参考价值。

中央民族大学

苍铭

2019年2月15日于北京

# 目　录

# 绪论

诺邓古村位于云南省大理云龙县，是一个以白族为主体的古村落。诺邓具有悠久的历史，汉代就以盛产食盐而闻名。此后历经2000多年，诺邓一直是滇西食盐的主产地。盐的开发为诺邓积累了巨大的财富，造就了诺邓村落建设的辉煌历史。清人黄桂有诗《诺邓村居》："双桥填小峡，水细未成河。叠岸分传径，重楼满集阿。地高花气少，年熟酒人多。近有笙琴意，春宵听雅歌。"① 生动形象地记录了清中叶诺邓村的繁华景象。20世纪50年代以后，诺邓盐业衰落，村落失去了经济支柱，发展停滞不前，村落典型的白族山地四合院群落，浓郁的白族文化传统，被完整地保存下来。村落的生计方式从盐业转变为山地农耕。

21世纪后，诺邓古村的生计方式再次发生变迁。到2016年，诺邓古村进入景区化发展阶段。有348户直接或间接从事旅游服务，占总户数的90%，年游客量15万人次，旅游总收入达1200多万元。② 诺邓古村现存168个院落，③ 有47个院落开展食宿接待，占院落总数的28%。古村的旅游接待初具规模，拥有高、中、低不同档次的旅游接待服务体系。④ 在诺邓古村旅游的带动下，云龙县2016年接待国内旅游者60万人次，同比增长7%，接待海外旅游者2530人次，同比增长5.1%，收入约5.15亿元，同比增长4.5%。⑤

诺邓古村是滇藏茶马古道重要站点，毗邻大理苍洱核心景区，白族

---

① 袁文典、袁文揆编纂：《滇南诗略》，上海：上海书店，1994年，第404页。黄桂是云龙县历史上最著名的诗人。

② 数据来源于云龙县旅游发展管理委员会，诺邓古村有385户，1082人。

③ 2015年8月24日田野调查，目前诺邓古村存留有168个院落，其中100年以上的院落有76个，占总院落数的45%；1949年前建设的院落有27个，占总院落数的16%；1949—1979年建设的院落有9个，占总院落数的5%；30年内新建院落有56个，占总院落数的34%。其中列入县级文物保护单位的有24个，占总院落数的14%。

④ 2017年1月15日，访谈诺邓村主任助理YQM，根据录音整理，地点：诺邓村委会办公室。

⑤ 数据来源于云龙县旅游发展管理委员会。

人居环境，村容村貌特色突出。近年来，诺邓古村入选景观村落、特色村寨，通过项目化建设，基础设施得到改善，国内外的旅游者纷至沓来。依托当地厚重的历史文化、民俗风情、特色民宿，景区化发展，旅游业成为保护、传承和发展诺邓古村的主要方式，旅游经营成为诺邓古村的生计方式。诺邓古村从一个农业型社区转变成一个旅游景区。

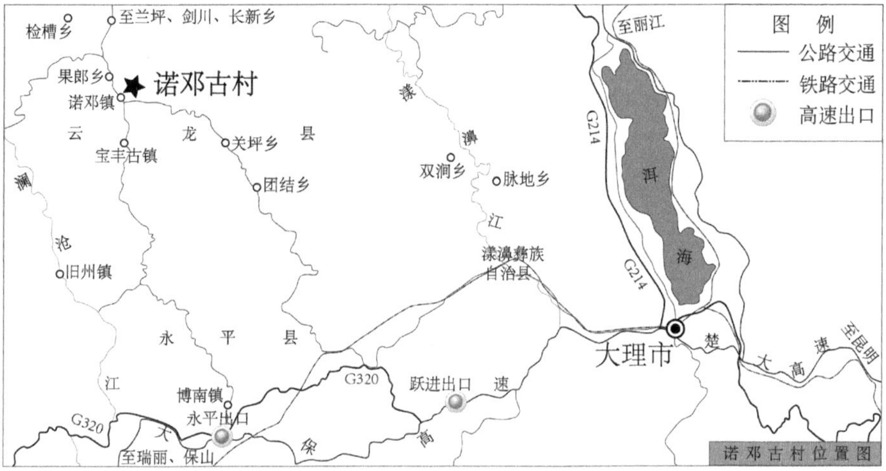


诺邓古村位置图①

## 一、选题缘由和意义

诺邓白族古村的风光山水、地形地貌具有景观价值，历史文化底蕴深厚，古村与旅游者居住地生活形态的差异较大，古村体验空间的舒适和愉悦受到旅游者青睐。随着到访人数的增加，旅游收入成为村民收入的主要来源。古村摆脱了贫困，成为云南省乃至全国民族村寨以旅游实现产业转型的突出代表，诺邓古村也由此成为学术界关注的知名村寨。

① 诺邓古村位置图，笔者制图。

### （一）选题缘由

本书选择诺邓古村为研究对象，首先因为我是大理人，长期在大理地区从事历史文化研究，多次到诺邓古村进行调研，熟悉诺邓的情况，见证了诺邓古村二十年来的发展变化。前期的研究基础和田野调查比较丰富，选题符合民族学少数民族史的专业属性，也较好地结合了自己的研究兴趣。

1997年暑假，我和同事前往诺邓调研，到诺邓的交通很不方便，下了车，要步行一个多小时才能到达诺邓古村。那时，古村里家家户户的门都不上锁，大门敞开着，贴着红色对联，院子里放着一个装满了水的大水桶，户户都养花，午饭晚饭时分，村子里炊烟袅袅，静谧而祥和。我们问起大水桶的作用，老人说："因为村里路远，又不好走，水桶和瓢是为路人解渴歇脚而准备的，古村民风淳朴，路不拾遗，大门从来不用上锁，你们尽管舀水喝，不用客气。"于是，我们挨家挨户串门儿，和主人聊天，了解了许多关于诺邓村的历史。2013年寒假，由于课题研究的需要，我再次来到诺邓调研，深深感受到诺邓发生的变化：古村入口处修建了简易停车场，许多村民把自家居住的房屋腾出来接待旅游者，民居旅游住宿和餐饮服务一家挨着一家，古村里的餐饮、住宿、交通、互联网、移动电话、快递等现代生活基本设施一应俱全。十几天来，我们吃住都在古村，调研工作进展很顺利。调研中我进一步发现，诺邓古村发生了很大的变化：一方面，在文化保护方面积累了许多经验；另一方面，古村的自然与文化景观作为一种旅游资源被广泛利用，传统的少数民族古村被旅游者观光和消费，成为典型的民族旅游村寨。很明显，今天诺邓古村的生计方式已发生了从盐业到农业，农业到旅游业的转型。这一转型在西南边疆白族村落的历史发展中，可以说是一种崭新的尝试。诺邓古村的发展与我的专业和兴趣具有很好的结合点，如果能将诺邓古村作为自己的田野点，既可以从中观察诺邓历史文化保护和社会生活的变迁，又可以进行诺邓古村旅游发展历史的调查和研究工作。

2015年，我主持申报的国家民委项目"滇藏茶马古道少数民族特色村寨景区化管理研究"立项，更加坚定了我最初的想法。由于项目研究的需要，我到诺邓古村的机会和次数更多了。课题主要对滇藏茶马古道滇西北段的大理、丽江、香格里拉、怒江等四个地区的少数民族特色村寨景区化管理进行了调研分析和比较研究。2016年，项目顺利通过了国家民委的结项验收。此外，我还公开发表了几篇少数民族特色村寨旅游发展、生计方式转型等方面的论文，为本书写作奠定了较好的前期研究基础。

田野调查过程中，我通过反复查阅史料获得大量文献资料，并多次前往诺邓古村寻访古宅院落的居民，访谈从事民宿接待及其他旅游服务工作的当地人和外地人，访谈诺邓古村旅游的负责人、当地文化人和村干部，获得了大量口述资料，为选题奠定了坚实的基础。

### （二）选题意义

诺邓古村深厚的历史文化底蕴具有文化保护传承价值、遗产价值和旅游价值，把诺邓古村的历史文化研究与古村的旅游发展研究相结合，既是历史文化遗产的研究，也是现实发展的研究。学界在村落社区、村落文化结构、社会结构、文化保护等领域有较多成果，但相对来说，针对诺邓古村的形成与存留原因、文化保护、生计方式转型过程中的景区化问题等还缺乏足够研究。

1．对研究滇藏茶马古道历史有重要意义

滇藏茶马古道从唐宋时期一直延续到20世纪70年代，此后古道被新修建的公路代替。1949 — 1977年及1978年以后，分别是中国当代旅游的两个发展阶段，改革开放以后大众旅游兴起，国内旅游繁荣。① 在旅游发展的背景下，滇藏茶马古道的主要功能从交通运输转型为文化遗产线路，茶马古道重新焕发了勃勃生机。诺邓古村是历史上著名的茶马古道村落，是滇藏茶马古道沿线白族地区经济发展、社会运行的基本“细胞”。本书的研究，突破了单一学科的方法和视野的局限性，突破了单一的村落发展历程的史学分析，从村落发展的角度，拓宽了民族史对滇藏茶马古道沿线少数民族古村落的研究，有利于构建滇藏茶马古道历史的完整性。

2．对研究古村的保护有重要意义

改革开放以后，中国经济的市场化和国际化对少数民族文化产生了巨

---

① 谢贵安、谢盛:《中国旅游史》，武汉：武汉大学出版社，2012年2月，第432、492页。

大的冲击，使原来各民族大杂居、小聚居的分布格局发生了变化。许多少数民族古村从相对聚居走向散居，历史文化的流失进一步加快。国内大多数古村之所以能保存到现在成为“古村”，主要是因为受到交通、信息沟通条件的限制，从1978年改革开放至今，没有受到破坏而保存了较为完整的村落风貌。在没有发展旅游之前，诺邓古村是一个自然形成的人居环境系统，古村的布局、选址、建筑、地缘环境、文化保护和传承具有一定的封闭性。其自然历史地理、风水、宗族、民俗、景观、物质空间的构成具有典型性，属于人迹罕至的区域，诺邓古村的研究对于少数民族特色村寨保护具有重要的参考价值。

3. 对研究少数民族古村生计方式的转型有重要意义

自然与文化资源富集的少数民族古村转型为以旅游业为主的生计方式，是其历史发展、社会文化变迁过程中必然要面临的问题，在民族地区具有较强的代表性。国家《“十三五”旅游业发展规划》中，对“十三五”期间大力发展乡村旅游，以及“旅游+农业现代化”进行了规划和阐述。① 这表明了国家政策层面非常关注少数民族古村生计方式的转型问题。研究少数民族古村生计方式转型，有助于国家和地方政府以史为鉴，进一步振兴边疆民族经济，关注地方性特色产业发展，关注民生，改善民生。因此，本书的研究成果也可以从历史文化的角度为地方政府引导农村就业劳动力转移，指导村民生计方式转型提供参考。

4. 对研究古村景区化的发展道路有积极的意义

古村景区化发展促进了文化的保护和利用，促进了民族团结和民族关系和谐，但也带来了一系列社会文化变迁和文化适应的问题，这些问题在民族村寨的产业转型、旅游发展中具有普遍性。景区化发展尤其关注古村自然生态、历史文化、民族文化、宗教文化的多层次保护，关注古村旅游开发与多元文化的和谐共生，防止景区化发展对当地原生文化的冲击。本书研究了诺邓古村旅游发展与古村保护、文化传承与发展的建构、古村景区化发展问题，这对民族地区古村如何选择景区化发展道路，以及探索景区化发展对少数民族社会文化变迁的影响，实现古村经济与文化生态的可

① http://www.gov.cn/zhengce/content/2016-12/26/content_5152993.htm 国务院关于印发《“十三五”旅游业发展规划的通知》国发〔2016〕70号文件，2016年12月26日。

持续发展具有一定的借鉴意义。

5．对研究民族地区脱贫致富有现实意义

古村旅游新业态的出现，使古村从农业聚落生态系统向旅游业聚落生态系统转变，促进了边疆少数民族地区民族文化传承、生态保护与经济协调发展，促进了少数民族地区的脱贫致富。旅游规划和建设、历史文化名村、少数民族特色村寨等项目资金投入后，古村的生产力发展了，生产关系发生变革，产业结构调整，经济发展模式从单一型向多样化转型，经济社会发生变迁。本书通过诺邓景区化发展研究，探讨古村旅游经济社会发展的特点和规律，以及村民家庭经济变迁的特点。因此，本书的研究成果有利于探索少数民族特色村寨发展的路子，有利于古村经济开发与文化保护发展，对民族地区旅游脱贫致富具有现实意义。

## 二、国内外研究动态

村落是人类聚居的最早形态。① 村落原来是指人类居住的场所，后来随着民族迁徙，人口迁移，扩展成更大的社会生活聚居区域。人们按照氏族、宗族和血缘等关系在安全而开阔的地方，或者接近江河湖海等水源地带，兴建聚居场所称为“聚”，说明定居的主要标志是“聚”，不同氏族的聚居地形成“聚”。“落”可以指停留的地方，也可以指居住的地方。

### （一）关于诺邓古村的研究

学界专家关注诺邓古村的发展，进行了大量的田野调查、咨询、规划和评鉴工作，产研结合，为当地政府提供了智力支持。诺邓古村不仅作为北京大学、云南大学的田野调查点，还吸引了许多海内外学者、专家慕名前来科考、访问，开展学术研究。其中较有代表性的是2004年8月，由云南大学西南边疆少数民族研究中心、民族学与社会学学院以及云龙县政府在云龙县联合举办“中西部山区民族原生态文化学术研讨会”和“山地白

① 李学勤:《〈史记·五帝本纪〉讲稿》，甘阳主编，北京：生活·读书·新知三联书店，2012年，第3页。《史记·五帝本纪》中有“一年而所居成聚，二年成邑，三年成都”，在其注释中说“聚，村落也”。《汉书·沟洫志》里记载“或久无害，稍筑室宅，遂成聚落”。

族原生态文化展示”等学术活动，产生了一批有价值的学术成果。

关于诺邓古村的研究，以“诺邓”为书名的图书主要有以下6本：《千年白族村 诺邓》（李文笔，黄金鼎编著，云南民族出版社，2004年）、《云南诺邓井盐生产民俗研究》（朱霞著，云南人民出版社，2009年）、《千年白族村诺邓传统对联拾遗》（黄金鼎编，云南民族出版社，2007年）、《微盐大义 云南诺邓盐业的历史人类学考察》（舒瑜著，世界图书出版公司，2010年）、《中国名村 云南诺邓》（罗杨主编，知识产权出版社，2013年）、《诺邓乡土文化读本》（美丽乡愁公益团队编写，同济大学出版社，2016年）。以上书籍，主要从历史学、民俗学、文学、人类学的角度研究诺邓。此外，对于诺邓的研究，还见于以“大理”“云龙县”为名的许多历史、地理、区域旅游书籍中。这些文献分别从民族学、中国民族与地方志、旅游学、文化遗产的角度对诺邓古村进行了研究。

期刊文献中，较有代表性的是黄健的《云南盐业考察报告》，报告对诺邓井进行了实地勘察和测量，介绍了诺邓井的结构；[①] 舒瑜的《从清末到民国云南诺邓盐的“交换圈”》[②]《试论云龙诺邓的“三崇”信仰》[③]《丰产的文化理性解释 —— 云南诺邓历史上两套丰产仪式之研究》；[④] 朱霞的《民间卤水资源分配与国家灶户制度 —— 以云南诺邓白族村盐井的“十六灶”习俗为个案》；[⑤] 施江义、陈亚颦、余明九的《从“诺邓模式”看旅游古镇开发的竞合博弈》。[⑥]

硕士学位论文中，化雁林通过实地调研考察，在图纸实测和绘制的基

---

① 黄健：《云南盐业考察报告》，《盐业史研究》1996年第3期，第34 — 50页。

② 舒瑜：《从清末到民国云南诺邓盐的“交换圈”》，《西南民族大学学报》（人文社科版）2010年第7期。

③ 舒瑜：《试论云龙诺邓的“三崇”信仰》，《大理民族文化研究论丛》第5辑，2012年7月。

④ 舒瑜：《丰产的文化理性解释 —— 云南诺邓历史上两套丰产仪式之研究》，《民族研究》2011年第6期。

⑤ 朱霞：《民间卤水资源分配与国家灶户制度 —— 以云南诺邓白族村盐井的“十六灶”习俗为个案》，《云南社会科学》2007年第1期。

⑥ 施江义、陈亚颦、余明九：《从“诺邓模式”看旅游古镇开发的竞合博弈》，《旅游研究》2009年第3期。

础上，分析了大理诺邓古村景观的特点；[①] 王笛基于国家政策角度，结合传统村落保护和发展的历程，对诺邓传统村落的保护、发展进行了研究；[②] 董段瑶研究了旅游发展背景下，现代传媒影响下的诺邓古村社区精英格局和社会交往方式；[③] 洪艳雯以诺邓村为例，研究了乡村发展和乡村文化景观的保护问题；[④] 李海燕提出了诺邓古村聚落景观形态发展的内在动力，以及诺邓古村的聚落形态特征；[⑤] 贾秀禹提出了诺邓古村保护和旅游发展策略。[⑥]

从以上关于诺邓古村的文献可以看出，21世纪以来，对诺邓古村的研究主要集中在诺邓井盐生产技术、诺邓盐业的历史人类学考察、传统村落以及古村聚落景观的保护和发展等三个方面，这些丰富的文献资料为本书的写作奠定了坚实的文献基础，具有一定的启发意义和借鉴作用。

### （二）关于古村景区化发展的研究

国外的研究中没有古村景区化的提法，但国外的乡村旅游研究与其比较相似。乡村旅游于19世纪初在法国、英国和西班牙兴起，第二次世界大战后，随着发达国家城市化和工业化的迅速发展，自然环境恶化，日本、澳大利亚和美国在发展乡村旅游方面积累了丰富的经验，国外对乡村旅游的研究对本书的研究有许多启示意义。

丹尼逊·纳什（Dennison Nash）是美国人类学研究的先驱，是最早进入旅游研究的人类学者，他认为人类学者真正意义上参与旅游研究是在20世纪60年代，努涅斯（Nunez 1963）发表了一篇墨西哥山村周末旅游的论文，后来许多人类学家在调研中发现旅游在欠发达国家和地区发挥的重要

① 化雁林：《大理诺邓古村景观研究初探》，硕士学位论文，北京林业大学，2011年。

② 王笛：《云南传统村落保护与开发研究——以昆明乐居村和大理诺邓村为例》，硕士学位论文，云南大学，2016年。

③ 董段瑶：《现代传媒影响下的诺邓古村社区精英成长与社会关系变迁》，硕士学位论文，云南大学，2015年。

④ 洪艳雯：《大理诺邓村文化景观及保护研究》，硕士学位论文，昆明理工大学，2014年。

⑤ 李海燕：《云龙县诺邓古村聚落景观形态研究》，硕士学位论文，西南林业大学，2012年。

⑥ 贾秀禹：《中国景观村落的保护与旅游发展研究——以云南诺邓村为例》，硕士学位论文，昆明理工大学，2008年。

作用，随后旅游引发了大规模的社会变迁。[①] 20世纪90年代后期，旅游人类学进入中国，产生了一批民族旅游研究的学术成果。具有影响力的代表作是旅游人类学家瓦伦・L.史密斯（Valene L. Smith）的《东道主与游客》，她认为旅游的形式有民族旅游、文化旅游、历史旅游、环境旅游和娱乐性旅游，其中民族旅游主要体现异域的民族风俗习惯特色和地方的奇异，包括购买当地的土特产品，观看民族仪式和歌舞表演，到当地村落和人家拜访。[②]

国内对古村景区化发展的研究主要有：

1. 景区化研究

肖胜和认为景区化是针对环境空间而言的，是指在旅游活动中，原来人们惯常居住的空间被剥离后形成新空间的过程。[③] 王维艳、沈琼和李强认为，景区化是指具有一定景观价值的特定的资源和环境作为旅游吸引物，经过不同形式的开发和管理后，逐步形成具备了一定旅游功能的新型空间的过程。[④] 综合各位学者对景区化的理解和认识，笔者认为景区应具备四个基本属性，一是景区应该具有旅游功能；二是景区具有明确的边界和地域范围，通过景区的边界性可以较好地控制景区环境容量，有利于景区的开发与保护；三是景区应有统一的经营管理机构；四是景区根据质量等级分为5A、4A、3A、2A、A级旅游景区（根据UB/T17775—2003标准[⑤]）。景区化是一个过程，也是一个结果。民族村寨的景区化，是少数民族居住的社区转型为旅游景区的过程。古村在发展过程中随着居住人群、居住功能、聚落景观形态的改变处在一个变化过程中，这个变化过程以时

① [美]丹尼逊・纳什:《旅游人类学》，宗晓莲译，昆明：云南大学出版社，2004年，第1页。

② Valene L. Smith. Hosts and Guests: the anthropology of tourism. Philadel phia: University of Pennsylvania, 1989.

③ 肖胜和:《旅游“非景区化”现象及其影响探析》,《地理与地理信息科学》，2009年9月，25卷第25期，第98—101页。

④ 王维艳、沈琼、李强:《西部乡当地居民族社区景区化的内涵及表征——以云南典型乡当地居民族社区为例》,《云南地理环境研究》，2011年4月，第23卷第2期，第10页。

⑤ 国家旅游局信息中心：旅游景区质量等级的划分与评定（修订）(GB/T17775-2003)，http://www.cnta.gov.cn/html/2008-6/2008-6-27-20-31-36-5.html.旅游景区是以旅游及其相关活动为主要功能或主要功能之一的空间或地域。

间为序，以政治、经济、文化、社会的影响较为突出。

2.“古村景区化发展”的相关研究

现有文献中，单纯研究“古村景区化发展”方面的文献很少，常常与传统村落的保护与传承、旅游者与当地居民的关系、古村镇的分类以及旅游开发模式研究、村镇规划等问题的研究联系在一起。

传统村落的保护与传承。王德刚选取了山东蒲松龄故里（名人故里）、朱家峪（北方聚落标本和闯关东文化展示地）、杨家埠（风筝、木版年画非遗村庄）等三个类型不同的古村，实证分析研究了古村的保护与开发，着重探讨了古村的传统农耕社会属性，以及如何获得现代化语境下的旅游化生存活力；① 吴必虎在对国外传统村落保护和发展研究的基础上，对国内传统村落进行了旅游规划和研究；②《古村信息采集操作手册》提供了古村信息采集和调查的基本方法、信息归档方式、参考范本，构建了古村历史文化传承和保护的大数据云服务平台范本；③ 保继刚认为，发展旅游促进了传统村落的保护和传承，传统村落的建设性破坏在没有发展旅游的背景下将会更严重；④ 孔翔以徽州古村为例，探讨了文化传承、地方认同和生态文明建设的关系，他认为地方认同传承了地方文化建构，是传承地方传统文化和建设区域生态文明的内在动因。⑤

旅游者与当地居民的关系。戴斌认为，旅游已经成为人们日常生活常态化的消费选项，旅游者已广泛地进入目的地居民的日常生活和休闲空间；⑥ 旅游者在分享旅游地文化多样性的同时应该自觉承担文化传承的责

① 王德刚：《古村保护与开发：北方古村保护与旅游开发典型案例研究》，济南：山东大学出版社，2013年，第5—10页。

② 吴必虎：《旅游规划与设计 17 传统村落》，北京：中国建筑工业出版社，2015年，第5页。

③ 《古村信息采集操作手册》编写组编著：《古村信息采集操作手册》，广州：华南理工大学出版社，2015年，第16—21页。

④ 保继刚、车震宇：《旅游发展与文化传承保护》，《旅游研究》，2016年第8卷第3期，第1页。

⑤ 孔翔：《地方认同、文化传承与区域生态文明建设》，北京：科学出版社，2016年，第1—10页。

⑥ 戴斌、李仲广、肖建勇：《游客满意论 国家战略视角下的理论构建和实践进程》，北京：商务印书馆，2015年，第10页。

任。旅游发展中，开发商和运营商不能随意改变当地居民的文化传统和风俗习惯，他们是与世代居住的当地居民分享时空的过客。[①]

古村镇的分类以及旅游开发模式研究。苍铭对国内滇黔古村镇、湘桂古村镇、皖苏浙古村镇、京晋古村镇的分类研究以及对14个古村镇的案例研究，系统把握了国内古村镇的特点、形成与存留原因，以及古村镇保护与旅游开发；[②] 唐代剑和池静论述了古村旅游的开发模式以及乡村旅游的规划原则、规划方法；[③] 邱枫认为许多古村的历史和发展与村落所在地区的历史地理文化背景、当地的开发史、耕地的开拓和集市的发展紧密联系在一起。[④]

村镇规划方面对古村落景观要素的关注。在农村庭院经济发展[⑤]、村镇规划[⑥]、古村保护方案研究[⑦]、现代村镇规划与建筑设计[⑧]、村镇规划与建筑[⑨]、新型农村发展与规划[⑩]，以及国内、国际环境、代际环境正义与农村环境保护[⑪] 等问题的研究中，村镇规划领域对古村落中的景观要素、景观价值、休闲农业、绿色经济问题进行了关注。

“古村景区化发展”是传统村落功能的现代化转型，是一个新生事物。

---

① 戴斌：《城市 可以触摸的生活，可以分享的文明》，北京：旅游教育出版社，2014年，第119页。

② 苍铭：《古村镇研究》，北京：中央民族大学出版社，2014年，第157—295页。

③ 唐代剑、池静：《中国乡村旅游开发与管理》，浙江：浙江大学出版社，2005年，第81—86页。

④ 邱枫：《宁波古村史研究》，浙江：浙江大学出版社，2011年，第3页。

⑤ 张仲威、李志民编著：《农村发展规划》，北京：北京农业大学出版社，1988年，第317—357页。

⑥ 金兆林、张晖编：《村镇规划》，南京：东南大学出版社，1999年，第5—10页。

⑦ 吴晓勤等编著：《皖南古村规划保护方案保护方法研究》，北京：中国建筑工业出版社，2002年，第23—30页。

⑧ 汪晓敏、汪庆玲编著：《现代村镇规划与建筑设计》，南京：东南大学出版社，2007年，第10—15页。

⑨ 吉林省基本建设委员会：《村镇规划与建筑》，长春：吉林人民出版社，1983年，第5—8页。

⑩ 周学志等编著：《中国农村环境保护》，北京：中国环境科学出版社，1996年，第10—243页。

⑪ 郭琰：《中国农村环境保护的正义之维》，北京：人民出版社，2015年，第85、119、187页。

诺邓古村是在国家、地方政府各部门命名其为“中国传统村落”“少数民族特色村寨”以后，最近几年来才进入人们的视野。目前看来，现有专门针对诺邓古村景区化发展的研究为数不多。尤其是在最近五年内，对诺邓古村的景区化转型没能进一步展开更深层次的探讨，也没有将诺邓古村放置在一个更大的历史文化保护与景区化发展的话语背景下进行研究和解读，从中提炼出古村落转型成为景区的普遍性意义。这些都使得笔者对诺邓白族古村的深入研究显得格外有意义。

3. 民族学视野下的民族村寨旅游研究

对2005年至2016年12年间民族学视野下的民族村寨旅游研究文献进行梳理，可以发现民族学对民族村寨旅游的研究主要集中在社会文化影响、社区参与、可持续发展等领域。

民族村寨旅游的社会文化影响。陈煦、李左人等以族群和村落为对象，考察了旅游对民族旅游目的地文化的影响，研究了旅游开发背景下的社会文化变迁；[①] 刘超祥运用比较法，从人口移动的角度研究了湘西德夯苗寨的文化变迁；[②] 李林以四川平武县白马藏族乡的白马、木座、木皮、黄羊等四个藏族乡为田野点，分析了旅游开发10年来旅游对该区域藏人吃穿住行等基本生活要素以及文化艺术的影响；[③] 唐晓云研究了古村旅游社会文化影响中居民感知、态度与行为的关系。[④]

民族村寨旅游社区参与。保继刚、孙九霞以国家级4A景区西双版纳傣族园为例，提出了对民族旅游有指导性意义的社区参与旅游发展的中西差异观点；[⑤] 吴忠军、张瑾和项萌等研究了稻作梯田、苗族鼓舞、“岜沙枪

① 陈煦、李左人等:《民族·旅游·文化变迁 在社会学的视野中》，成都：四川人民出版社，2009年。

② 刘超祥:《民族旅游村寨的人口移动与文化变迁》，北京：中央民族大学出版社，2014年。

③ 李林:《冲击与变迁 民族旅游背景下的“白马藏人”》，武汉：华中师范大学出版社，2014年。

④ 唐晓云:《古村旅游社会文化影响：居民感知、态度与行为的关系——以广西龙脊平安寨为例》,《人文地理》2015年第1期。

⑤ 保继刚、孙九霞:《社区参与旅游发展的中西差异》,《中山大学地理学三十年论文选集 人文地理学 卷下》，中山大学地理科学与规划学院编，城市与规划学院系主编，2009年，第135页。

手部落”、鼓楼桥廊、村落景观、地方性知识等不同民族旅游背景对壮族、苗族、侗族、瑶族女性的影响，以及妇女旅游社区参与；① 李天翼以贵州为例，对家庭、集体、政府、公司+政府+旅行社等四种主要的民族村寨旅游开发模式进行了分析和研究；② 王林对景观村落旅游与社区参与问题进行了研究。③

民族村寨旅游可持续发展。余青、吴必虎提出了民族旅游开发的生态博物馆模式；④ 李伟以香格里拉藏族旅游地、西双版纳傣族旅游地、丽江纳西族旅游地、大理白族旅游地为例，分析了民族旅游地的文化变迁和可持续发展；⑤ 邓永进结合实地调查，研究了民族旅游资源以及民族旅游市场的开发和管理；⑥ 黄海珠以广西的融水沟滩苗寨、京族万尾村、龙脊平安村等三个典型村落为例，探讨了民族村寨旅游的可持续发展；⑦ 徐伟、李耀对古村旅游真实性感知的指标构建及评价；⑧ 肖琼研究了民族旅游村寨经济、社会、生态可持续发展的路径；⑨ 李玉华对欠发达地区民族文化旅游产业可持续发展的研究；⑩ 吴其付以羌族为例，研究了民族旅游对促进地方经济发展和强化地方民族文化认同的主要功能。⑪

一些专业学会、研究会等学术团体也对民族村寨旅游给予了特别关注。2016年在北京召开的第四届旅游高峰论坛选择了以“民族旅游与文化中国”为主题。中国人类学民族学研究会民族旅游专业委员会编辑和出版

---

① 吴忠军、张瑾、项萌等:《民族旅游与少数民族妇女发展》，北京：民族出版社，2012年。

② 李天翼:《贵州民族村寨旅游开发模式研究》，成都：西南交通大学出版社，2014年。

③ 王林:《景观村落旅游与社区参与》，北京：中国旅游出版社，2014年。

④ 余青、吴必虎:《生态博物馆：一种民族文化持续旅游发展模式》,《人文地理》第16卷第6期，2001年，第40—43页。

⑤ 李伟:《民族旅游地文化变迁与发展研究》，北京：民族出版社，2005年。

⑥ 邓永进:《民族旅游研究》，天津：南开大学出版社，2009年，第5—20页。

⑦ 黄海珠:《民族旅游村寨建设研究》，北京：中国经济出版社，2009年。

⑧ 徐伟、李耀:《古村旅游真实性感知的指标构建及评价——基于皖南古村的实证数据》,《人文地理》2012年6月。

⑨ 肖琼:《民族旅游村寨可持续发展研究》，北京：经济科学出版社，2013年。

⑩ 李玉华:《欠发达地区民族文化旅游产业可持续发展研究》，北京：线装书局，2013年。

⑪ 吴其付:《民族旅游与文化认同》，北京：人民出版社，2015年。

了最近5年来国内民族旅游学界和业界围绕民族旅游开发，以及目的地社会经济发展、民族旅游与民族团结、文化遗产、人才培养、民族旅游的转型升级、民族旅游和文化产业、民族旅游与反贫困、民族地区旅游业改革与发展、旅游与文化融合发展、供给侧改革与旅游业发展等问题的研究论著。[①]

4. 经济学视野下的民族村寨旅游研究

经济学对民族村寨旅游问题的关注，主要体现为在搞好保护性开发的基础上，把村寨旅游作为保护和发展传统村落的主要手段，研究如何通过古村旅游增加群众收入，推动当地经济发展。李文兵认为古村由居住地变成旅游地，古村旅游的实践已远远超过了其旅游理论的研究，基于感知价值的古村旅游发展模式突破了古村旅游的供给视角；[②] 王景新、廖星成对溪口古村经济社会变迁进行了研究；[③] 杨尚荣、黄洁提出了城镇化是村落文化建设与保护的途径；[④] 宁泽群对农业产业转型与乡村旅游发展的关系进行研究；[⑤] 张树民提出了中国乡村旅游模式的政策保障机制构想；[⑥] 刘笑明研究了民生导向下的乡村旅游转型升级问题；[⑦] 吴文智、张薇、庄志民针对民营资本介入古村镇遗产保护与旅游开发后面临的风险，提出了传统村落文化遗产保护与旅游发展共赢机制；[⑧] 张建忠、刘家明、柴达认为文化生态旅游

① 吴忠军、邸平伟、龚锐主编：《中国民族旅游论坛文集 中国民族旅游研究》2010—2014卷，北京：旅游教育出版社，2013年、2014年。

② 李文兵：《基于感知价值的古村旅游发展模式研究：以湖南张谷英村为例》，南昌：江西人民出版社，2011年。

③ 王景新、廖星成：《溪口古村经济社会变迁研究》，北京：中国社会科学出版社，2010年。

④ 杨尚荣、黄洁：《封闭与敞开 城镇化与村落文化建设与保护》，南宁：广西人民出版社，2015年。

⑤ 宁泽群：《农业产业转型与乡村旅游发展 一个乡村案例的剖析》，北京：旅游教育出版社，2014年。

⑥ 张树民：《中国乡村旅游发展模式与政策保障研究》，北京：中国旅游出版社，2014年。

⑦ 刘笑明：《民生导向下的乡村旅游转型升级研究 以西部地区为例》，北京：中国社会科学出版社，2016年。

⑧ 吴文智、张薇、庄志民：《利益驱动下的村落式农家乐集群经营模式研究——以苏州明月湾古村为例》，《农业经济问题》2015年6月。

是古村旅游开发的有效途径。①

国内学者对民族村寨旅游的以上研究路径，为本书的写作提供了较好的基础和背景。但是，这些思考也为民族村寨旅游研究提出了一个新课题。不同区域、不同民族村寨类型的发展形态差异比较大，基于西南边疆诺邓白族古村的历史文化特点，诺邓白族古村景区化发展的特点是什么？要进一步探讨诺邓白族古村近年来的旅游发展特点、生计方式转型的过程和特点、景区化发展的过程及其运作方式、景区化发展的历时性意义，还有很大的研究空间。

本书通过对“古村景区化发展”研究动态的梳理，在上述研究成果的基础上，从民族学少数民族史视角出发，把以往在民族学领域涉及比较少的“古村景区化发展”纳入研究范围。应该注意到，发展是诺邓古村的必然趋势，诺邓古村近年来发展旅游以后，村落发生了很大变化。鉴于以往对诺邓古村的研究大多局限于对其保护性开发的分析，对诺邓古村作为传统村落的景区化发展和转型过程关注还不够。本书研究诺邓古村的历史文化与景区化发展，是把景区化发展看成最近几年来诺邓古村发展的核心，对诺邓古村的历史文化进行展示和分析，研究诺邓古村创建景区过程中餐饮、住宿、交通、特色产业的发展现状和特点、景区化发展的影响，以及景区化的运作方式与诺邓古村动态整体性保护之间的关系，以说明景区化发展对于诺邓古村发展的意义。

## 三、研究方法、创新与不足

### （一）研究方法

一是文献法。利用国家图书馆、国内外各类学术电子数据库以及田野调查等途径获得相关文本资料，对其历史文献进行梳理，利用少数民族史专业的优势，在研究中能较好地突出文献研究的连续性特征。其中有地方

① 张建忠、刘家明、柴达:《基于文化生态旅游视角的古村旅游开发——以后沟古村为例》,《经济地理》2015年9月。

志资料，主要是雍正《云龙州志》[①] 和当代的《云龙县志》[②] 、唐代樊绰的《云南志》[③] 、明代《万历云南通志》[④] 、《嘉靖大理府志》[⑤] 、《续云南通志长编》中册[⑥] ，还有历史文献《大理古代文化史》[⑦] 、《大理文化论》[⑧] ，以及诺邓民间保存的资料，如清代的《诺邓桥碑记》、《玉皇阁主持碑记》、诺邓黄姓家族世系表等。根据历史文献提供的线索全面了解诺邓，同时与田野调查所获得的口述资料进行对照，保持文献资料与口述资料之间的距离。

二是通过访谈法和参与观察进行田野调查。主要访谈记录当地村民、文化人、官员和旅游者对诺邓古村景区化的态度和看法。为避免在撰写“口述”时造成的信息不对称，对受访者的重要口述内容逐一录音，并整理为文字，注重保留当地村民原有的叙述风格，确保第一手访谈资料的真实性，确保田野调查的客观性和真实性。

三是比较法。在研究诺邓古村景区化的同时，选取大理地区其他典型的古村如巍山东莲花村、鹤庆新华村进行景区化模式对比分析，横向比较，有利于归纳同一旅游发展区域、不同民族、不同发展阶段，不同古村景区化的特点，寻找古村发展、民族发展的道路。

## （二）创新与不足

1. 本书的创新

本书以历史唯物主义理论为指导，吸收和借鉴民族学田野调查的理论和方法，探寻诺邓古村的历史文化与景区化发展。在继承古村历史文化与景区化发展方面已有学术成果的基础上，力求从以下几个方面有新意：

（1）解析诺邓古村形成历史、形成原因与存留的原因。

---

① 雍正《云龙州志》卷6《赋役》。

② 云南省云龙县志编纂委员会：《云龙县志》，北京：农业出版社，1992年。

③ （唐）樊绰：《云南志》，赵吕甫校释，北京：中国社会科学出版社，1985年。

④ （明）邹应龙修，李元阳纂：《万历云南通志》，北京：中国文联出版社，2013年。

⑤ （明）李元阳纂：《嘉靖大理府志》，大理白族自治州文化局，1983年影印本。

⑥ 云南省地方志编纂委员会办公室编：《续云南通志长编》中册，昆明：云南民族出版社，1986年。

⑦ 徐嘉瑞：《大理古代文化史》，昆明：云南人民出版社，2005年。

⑧ 马曜：《大理文化论》，昆明：云南教育出版社，2001年。

（2）本书系统阐释诺邓古村从农业向旅游业转型的过程、特点。本书认为诺邓古村景区化始于20世纪90年代以后，古村景区化的出现和演变是时间和空间共同作用的结果。诺邓古村从一个远近闻名的以传统盐业生产、农耕文化著称的古村转型成为景区，诺邓古村的历史文化、自然和文化景观、文化保护是其旅游极富吸引力的主要原因。

（3）剖析诺邓古村村社景区化后，村民角色、村社管理者身份的变化特点及影像对景区形象塑造的影响。

（4）分析景区化对诺邓古村经济、社会文化、环境的影响问题，这是民族村寨旅游转型之后一般会遇到的问题，为民族特色村寨的建设提供经验。诺邓古村多元文化融合，民族文化多样性特色突出。本书结合区域、民族、经济发展的特点，梳理诺邓古村的历史文化与景区化发展历程，以及诺邓古村景区化发展与村寨其他历史文化要素的互动，以期在民族村寨的保护与发展问题中，有自己独立的见解。

2. 存在的不足

由于对古村景区化的探讨还处在一个初创的时期，很难借鉴前人的研究成果，同时由于个人能力的局限，研究带有很大的尝试性。主要存在以下不足：

一是由于研究涉及历史与现实等方面的问题，时间较长，资料浩繁，对资料的梳理和把控还不够；二是由于诺邓古村的旅游从2000年进入发展期，2016年开始3A级景区创建，10多年的景区化发展周期长，其间的发展断断续续，还有过中断，统计资料不完备，加上近几年来，景区化带来的利益的差异性对当地居民价值观念的影响比较大，对内容的详略处理、过渡还存在不足；三是驾驭知识的深度、广度和开拓性方面还有欠缺。

# 第一章 诺邓古村的形成与存留

诺邓是滇西食盐的生产地之一。西汉元封二年（公元前109年），汉武帝在云南设置郡县。云龙诺邓等地区因产盐而专门设置了比苏县，属益州郡。古白语里“比苏”的意思是“有盐的地方”。“比苏”位于今天云龙县沘江流域的核心区域，因此沘江也被称为“比苏之江”。东汉永平十二年（公元69年）起至西晋，比苏县属永昌郡。[①] 人们一般认为，诺邓产盐的历史始于汉代。如果把设置“比苏”作为诺邓盐井开采最早的时间，诺邓已有2128年的盐业发展历史。食盐开采运销积累了巨大的财富，支撑了村落的建设和发展，盐业衰落之后，诺邓发展停滞，但村落建筑的物质形态、自然景观、文化传统得以保留。

## 第一节　诺邓古村的形成历史

从唐代樊绰的《云南志》（成书于863年）里记载“剑川有细诺邓井”[②]，诺邓村名见于史籍至今，“诺邓”的形成经历了一个漫长的历史过程。在这漫长的历史过程中，诺邓古村的居民以白族为主体民族，“诺邓”的村名不变，长期使用白语不变，当地居民的制盐生产习俗不变，这在古村的发展史上是很少见的。

① 云南省云龙县志编纂委员会:《云龙县志》，北京：农业出版社，1992年，第33页。

② （唐）樊绰:《云南志》卷7，赵吕甫校释本，北京：中国社会科学出版社，1985年，第265页。

## 一、村名的由来

历史文化名村诺邓

“诺邓”既是村名，又是盐井名，是白族历史和文化的载体，记载了诺邓山地白族开拓、建设祖国西南边疆的历史贡献。

盐井房

关于“诺邓”的来历有一个传说：南诏时期，诺邓井附近的土著居民是“随畜迁徙”的牧民。每天近午时分，诺姓和邓姓两位牧民便会赶着羊群离开家，来到河边放羊。每天太阳落山了，羊群都在河边青石崖下舔吃得津津有味，迟迟不肯离开，常常需要牧羊人吆喝扬鞭，羊群才勉强挪动一下脚步。为了探个究竟，他俩沿着羊群的足迹寻找，突然发现从青石崖的一个小石洞里流出来了一股清泉。他俩连忙用手指蘸了蘸，用舌头舔了舔，才发现水是咸的。后来，人们就以这两位牧民的姓氏诺姓和邓姓来称呼这里的地名和井名。诺邓村出盐水的消息很快传开了，在诺邓井附近放牧时，牧民们发现羊群不仅喜欢舔食风干的盐末，而且舔食过盐末的羊群体格健壮，不生病。[①] 人们还进一步发现了盐的妙用，继而发现了盐泉，并开始在诺邓井附近定居取卤制盐。

① 白庚胜总主编：《中国民间故事全书 云南·云龙卷》，李勇本卷主编，北京：知识产权出版社，2013年，第98页。

从白语语音的角度，剑川弥沙井人和诺邓当地人对诺邓（lǎo dě）的解释具有差异性。剑川弥沙井人认为“诺邓（lǎo dě）”有两个含义。一是表示方位“那里”；二是表示“新的盐井”。诺邓当地人认为“诺邓（lǎo dě）”的意思是“老虎出没的山坡”。“细诺邓”一词是白语，“细”是“新”的意思，“细诺邓”的意思就是“新开发的有老虎出没的盐井”。

《诺邓桥碑记》里对“诺邓”也有记载：“诺水之阳产邓井，为雒马五井之一。岁办课与天大石等。”[①] 古云“山南水北谓之阳”，因此，可以推测诺阳就是诺水的北岸，井是盐井的意思。“诺水之阳产邓井”意为诺水的北边有邓井，“诺邓”是诺水和邓井的合称。

从这些解释可以看出，诺邓古村历史文化底蕴深厚。“诺邓”历经唐、宋、元、明、清各代王朝，形成现在的居住格局，村名一直沿用至今，村名里蕴含了山地白族居住地域的自然地理特征、历史文化底蕴、自然物产、生产生活和历史文化变迁。

## 二、形成历史

诺邓古村历史悠久。汉代，蜀身毒道[②] 开通以后，诺邓盐业与汉王朝、西南夷，南亚、东南亚的一些国家和部族产生贸易往来，促进了诺邓经济和文化的发展。汉武帝时，为了进一步加强中央集权和抑制商业资本，由中央政府直接管理盐铁的生产和销售，对盐铁实行“官卖”。东汉初，允许私煮盐，在主要的盐产区设置盐官，就场收税，盐铁官都归地方管理。在非主要产地则不设官，只收税，与西汉中央政府专卖时的盐铁官

---

① 《诺邓桥碑记》：作者王符，山东人，康熙五十二年至五十九年任云龙知州。传说诺水从诺邓东山发源，流经村中，顺西南峡谷而下注入沘江。诺邓附近小河旁住有诺家，因名“诺水”；“阳”为山之南、水之北，“诺阳”即诺水之北。现在诺邓村的位置位于诺水之北，故名诺阳。

② 陆韧编著：《高原通途：云南民族交通》，昆明：云南教育出版社，2000年，第10页。蜀身毒道，蜀以今天的成都为起点，西南出邛、僰至滇，从滇越（今云南腾冲）出缅甸的敦忍乙（今太公城）至曼尼坡入身毒（今印度），是贯穿云南，与内地四川、关中相连和与境外的缅甸、印度相接的国际大通道。它由贯通云南的五尺道、灵关道、永昌道和缅印道四段连接而成，代表这一时期云南交通发展的最高水平。

有很大区别。东汉后期，中央集权势力削弱，盐铁官营废除。[①] 根据汉武帝时的“盐铁官卖”政策，可知当时诺邓由于是产盐地区，应设有盐官，[②] 诺邓产盐的历史或始于汉代。

唐代，连接南诏和吐蕃的茶马古道兴起，并一直延续到近代，为诺邓盐的转运和分销提供了良好的交通条件。诺邓产盐有确切的历史记载始于樊绰的《云南志》（成书于863年）：“贞元十年春，南诏收昆明城，今盐池属南诏蛮官，煮之如汉法也。…… 东蛮、磨些蛮诸蕃部落共食。龙怯河水中有盐井两所，剑寻东南有傍弥潜井、沙追井、西北有若耶井、讳溺井，剑川有细诺邓井，[③] 丽水城有罗苴井，长傍诸山皆有盐井。当土诸蛮自食，无榷税，蛮法煮盐咸有法令，颗盐每颗约有一两二两，有交易即以颗计之。”[④] 云南产盐区，有细诺邓井，疑即今之诺邓井。在此区域，唐代已产盐，尹州诸县疑在诸盐井地，唯不能分说也。尹州领县五，马邑、天池、盐泉、甘泉、涌泉。尹州五县可从地名知在盐井区，以盐井得名。故疑尹州在今云龙县，即东晋永昌郡分设之西河阳郡，在澜沧江以东，初唐仍设为州也。

五井提举司衙门旧址

① 吴慧：《中国商业政策史》，北京：社会科学文献出版社，2014年，第58页。

② “民族问题五种丛书”云南省编辑委员会编：《白族社会历史调查》（三），见《云龙盐矿简史》，北京：民族出版社，2009年，第314页。

③ （唐）樊绰：《云南志》卷7，赵吕甫校释本，北京：中国社会科学出版社，1985年，第265页。

④ （唐）樊绰：《云南志》卷7，赵吕甫校释本，北京：中国社会科学出版社，1985年，第263页。

王骥塑像

明代契约

尹州领县，说如次。[①] 南诏、大理国时期，诺邓属于剑川节度使管辖，云南没有实行食盐专卖，诺邓获得了相对自主的发展。

元代，云南盐业被重新收归中央统一管理。到明代，云南盐业继续被中央掌控。明洪武十六年（1383年），明王朝在诺邓设五井盐课提举司，诺邓成为当地的政治、经济中心。所属盐课司有：诺邓井盐课司、大井盐课司、山井盐课司、师井盐课司、顺荡井盐课司。[②] 诺邓井在司治前，大井在司治东南十里，山井在司治东南十五里，师井在司治西北五十里，顺荡井在司治西北九十里。[③] 明朝嘉靖时期，在五个盐井的基础上，又增加了石门井、宝丰井、天耳井，实为八大盐井，但习惯称“五井”。诺邓所属的云龙五井盐区已有专门的销岸，官方规定五井所产的盐专销永昌。到明代后期，诺邓先后分属师井和上五井两土巡检司管辖；明朝政府曾通过派王骥“三征麓川”，提高了五井的“盐引”价。明代

① 方国瑜：《云南民族史讲义》，昆明：云南人民出版社，2013年，第627页。

② （明）陈文修，李春龙、刘景毛校注：《景泰云南图经志书校注》，昆明：云南民族出版社，2002年，第280页。

③ 方国瑜：《云南民族史讲义》，昆明：云南人民出版社，2013年，第627页。

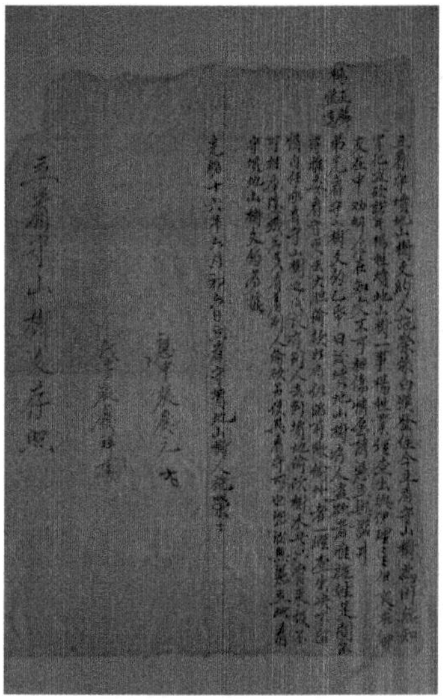

清代契约

驮盐的骡马

后期规定五井之盐专行永昌（即今天的保山），保山、腾冲、缅甸一带的食盐主要由五井供应。明清时，诸邓所属的云龙盐井区被纳入中央王朝的食盐专卖制，逐渐形成了稳定的食盐销岸。①

清代，诸邓改属云龙州上五井里。清嘉庆年间，五井等地发生了盐的“官销”暴动。由于盐、茶是生活必需品，政府非常重视，专门设“盐运使”“盐茶道”“提举司”等职官进行盐、茶管理。即使这样，依然存在“私盐”现象，民间有许多人专门靠“背私盐”维持生计，有马帮的则靠马帮驮盐“贩私”。来自藏区的药材、毛皮和马匹通过诸邓向南到达保山和临沧，又把诸邓五井的盐、保山的玉石、临沧的茶叶驮回藏区。所以，从保山腾冲和缅甸往东途经五井到达大理和昆明的道路，主要功能是运输盐、茶、糖、玉石和布匹，从云龙、兰坪一路向北到达维西藏区一带的大山，主要功能是运输盐，称为盐路山。云龙五井在滇西地区具有重要的地理区位优势。“以马易盐”在五井地区古已有之，如今来自藏区和其他地方的骡马，在云龙一年一度的“八·三街”大牲畜交流会上大量交易，诸邓古村的茶马互市和集镇时至今日仍然存留。在云南最重要的井盐开采资料

① 舒瑜：《微盐大义 云南诸邓盐业的历史人类学考察》，北京：世界图书北京出版公司，2010年，第128页。

清初的《滇南盐法图》里，云龙各大盐井（含诺邓井）的详细描图，[①] 再现了茶马互市和集镇的繁荣。

民国三年（1914年）诺邓改里为区，治所仍在诺邓。民国二十八年（1939年）诺邓属上里镇。民国年间，云龙井共有灶户425户，其中诺邓井有75户。诺邓井的采卤方法是用竹龙十条，分为昼夜两班，拉入卤仓，用天车绞入卤缸，背入灶房。[②] 吸卤的方法称为“竹筒抽汲式”，这种方法主要应用于斜坡式盐井。民国十九年（1930年）和1982年，曾对云龙各盐井的盐两次取样进行质量检验。从检验结果可以看出，诺邓盐的质量好，官方和民间对它的认可度较高。

民国十九年（1930 年）盐务署检验结果表 [③]

| 产地 | 种类 | 氯化钠 | 水分 | 夹杂物 |
|---|---|---|---|---|
| 云龙石门井 | 煎 | 84.21 | 9.35 | 6.44 |
| 诺邓井 | 煎 | 92.49 | 1.28 | 6.23 |
| 天耳井 | 煎 | 93.64 | 0.84 | 5.52 |
| 山井 | 煎 | 84.31 | 11.62 | 4.07 |
| 大井 | 煎 | 85.24 | 7.59 | 7.17 |
| 金泉井 | 煎 | 86.39 | 2.08 | 11.55 |
| 师 井 | 煎 | 87.54 | 7.64 | 4.82 |
| 顺荡井 | 煎 | 86.17 | 1.51 | 12.32 |

① 李晓岑:《云南民族民间工艺技术》，北京：中国书籍出版社，2005年，第166页。

② 云南省地方志编纂委员会办公室编:《续云南通志长编・中册》，昆明：云南民族出版社，2010年。

③ 云南省云龙县志编纂委员会:《云龙县志》，北京：农业出版社，1992年，第216页。

1982年全国井盐检测中心取样分析结果表①

| 盐厂名称 | 氯化钠 | 硫酸钙 | 硫酸镁 | 硫酸钠 | 氯化镁 | 水不溶物 | 水分 | 铅 | 白度 |
|---|---|---|---|---|---|---|---|---|---|
| 诺邓盐厂 | 94.83 | 2.89 | 0.1 | 0.19 | | 0.43 | 1.46 | 1.73 | 58.4 |
| 象麓盐厂 | 95.72 | 2.18 | 0.25 | | 0.07 | 0.08 | 1.46 | | 57.6 |

诺邓盐不但质量好，产量也很高。加上有茶马古道交通运输的支持，人背马驮，诺邓盐顺利销往各地，有的还销往缅甸。1938年以前，云龙的盐运输全走山路，诺邓是云龙盐运销怒江、保山和腾冲等地必经的集散地和中转站。民国末期，五井有运输的骡马近千匹。当时民间还有不少“盐背子”，就是专门靠背盐到腾冲谋生的。通过以下民国年间云龙井场盐的销售量，可以看到当时诺邓盐的产量和销量都很高，依赖于盐业经济的发展，诺邓成为滇西商路驿道重镇中心之一。

诺邓盐

民国年间云龙井场实销盐数统计表②

单位：担

| 年份 | 销盐量 | 年份 | 销盐量 | 年份 | 销盐量 |
|---|---|---|---|---|---|
| 元年 | 14243.50 | 10年 | 9034.50 | 19年 | 16.93.00 |
| 2年 | 16458.02 | 11年 | 10433.50 | 20年 | 13479.50 |
| 3年 | 18634.50 | 12年 | 13084.50 | 21年 | 17634.00 |

① 云南省云龙县志编纂委员会:《云龙县志》，北京：农业出版社，1992年，第216页。

② 云南省云龙县志编纂委员会:《云龙县志》，北京：农业出版社，1992年，第216页。

续表

| 年 份 | 销盐量 | 年 份 | 销盐量 | 年 份 | 销盐量 |
| --- | --- | --- | --- | --- | --- |
| 4年 | 20346.20 | 13年 | 13161.00 | 22年 | 23531.30 |
| 5年 | 19458.00 | 14年 | 16297.50 | 23年 | 23977.50 |
| 6年 | 19638.50 | 15年 | 13269.00 | 24年 | 24685.95 |
| 7年 | 10904.50 | 16年 | 13855.50 | 25年 | 27106.75 |
| 8年 | 10984.50 | 17年 | 18123.50 | 26年 | 26856.80 |
| 9年 | 12113.00 | 18年 | 16634.50 | | |

1938年滇缅公路通车以后，大栗树取代诺邓成为中转站。中华人民共和国成立以后，诺邓家庭作坊式的盐业生产被工厂取代，盐的销售由供销社负责，加上海盐的大量开发、政策、技术和质量等因素，诺邓失去了盐这个主要的经济支柱，大多数灶户转型从事农耕生产。1950年，诺邓属云龙县第二区辖下的行政村，1962年属石门区管辖，1971年属石门公社诺邓大队，1988年撤区设乡镇，诺邓村改属果郎乡。[①] 1996年，诺邓井全面停产，诺邓古村逐渐尘封于世，淡出人们的视野。2005年，果郎乡、石门镇合并为诺邓镇，诺邓村属诺邓镇至今。

诺邓古村作为古代云南保存至今的茶马盐古道重镇，时至今日，古道、古桥数量多且保存完好。丰富的盐矿、繁荣的贸易和独特的盐儒商世家为诺邓留下了千年盐井、卤脉龙王等“二十四景”。“耳子歌”“吹吹腔”等民族民间文化资源至今在诺邓还有很好的保存。古村至今还保留着一百多座风格典雅的古民居院落建筑和20多座明清时期的公共古建筑，5000多米的街巷村道，百年以上的古树200余株。其中的诺邓古建筑是古代历史建筑遗留在滇西的一个活标本，是山地白族建筑的典型代表。

① 云南省云龙县志编纂委员会:《云龙县志》，北京：农业出版社，1992年，第32—35页。

# 第二节 诺邓古村形成原因

村落是我国传统社会的基本细胞。诺邓村落格局与民居建筑大多保存完好，很多传统的文化活动也都保留了下来，因此较好地反映了云南大理山地白族的生存环境、历史文化与社会生活状况。诺邓古村的形成原因比较复杂，但从历史的角度看，不论什么特点的村落，都有其独特的历史渊源、传承方式、人口规模、生产方式，涵盖了社会生活的各个方面。诺邓古村的形成具有典型的盐业村落特征，也有土著居民长期定居的原因，外来移民以及茶马盐古道交通促进古村发展的因素。定居为诺邓古村盐业经济的繁荣奠定基础，也为诺邓古村从盐业经济转向农耕生产，进而转型为旅游业提供了可能。诺邓古村的形成过程，事实上是一个剧烈变动的过程，这个过程中有突破和变异，产生了各类过渡形态的不确定性，发展路径的多样性，透过诺邓古村的形成原因，可以更好地观察古村经济和社会文化转型及其变迁的深层次原因。

根据古村形成原因的不同，古村的形态可分为原始定居型、民族迁徙型、地区开发型、历时嵌入型、避世迁居型等5种基本类型。[①] 根据现有民族史料分析，人们一般认为，诺邓古村的形态应为原始定居和民族迁徙结合型。从两汉至唐代，诺邓的原始定居型特征突出，唐代以后，由于外来围井造盐的灶户日益增多，诺邓古村的民族迁徙型特征突出。

以下主要从四个方面来说明诺邓古村形成原因的多样性。

## 一、紧靠盐井而居形成聚居村落

白族山地村落选址一般是背靠山峰，依山傍水，选择平缓且视野开阔的地形。诺邓村选址主要因素是以盐井为中心，选择了在26度以上的陡峭山

① 杨卫平、王辉山、王书磊：《海南古村古镇解读》，海口：海南出版社，2008年，第44—52页。

古盐井

煮盐的房屋

煮盐

坡上聚居，靠井吃井，以井养民，同时便于对盐进行开发利用。当地不产稻谷，但基本吃大米，诺邓井盐为远离海洋的西南地区民众带来优质的食盐。井盐，就是利用盐井中的卤水熬制出的盐。①

由于村落依井而建，因此，离井越近的建筑越古老。村落以盐井为中心向东、向北发展。自古以来，当地居民认为盐井与村落处于同一个风水环境或风水场域中，村落和盐井的风水格局天人合一。

古村留存至今最古老的建筑是建于元代的江西会馆，后改成庙宇，称为祝寿寺，清初改名万寿宫，还有五滴水台梯式四合院。离盐井几百米远，是“五井盐课提举司”的衙门旧址，提举司大门后来改为记录黄家科甲功名的“黄氏题名坊”，黄氏宗祠就建在北面。盐务衙门的设置意味着对诺邓制盐进行有效的管理和控制。明史《食货志》里记载：云南提举司凡四，曰黑盐井，曰白盐井，曰安宁盐井，曰五井。五井辖盐课司七：诺邓盐井盐课司、师井盐井盐课司、山井盐井盐课司、顺荡盐井盐课司、大井盐井盐课司、鹤庆军民府剑川州弥沙井盐课司、丽江军民府兰州井盐课司。② 事实上，设立盐政是政府对五井实行管制的直接手段，表明诺邓从此被纳入国家机构的

① （明）宋应星：《天工开物译注》，潘吉星译，上海：上海古籍出版社，2013年，第40—44页。

② 云南省云龙县志编纂委员会：《云龙县志》，北京：农业出版社，1992年，第214页。

管理。盐作为这种教化之下的物质文化呈现，既形成了诺邓的公共空间，也是诺邓形成的决定性因素。

## 二、土著居民长期定居

1981年和1986年，诺邓地区发现了新石器时代文化遗址出土的石镰、石斧和青铜器时代文化遗址出土的青铜斧、青铜剑，据考证这与在洱海周边的宾川白羊村、剑川海门口、祥云大波那出土的新石器和青铜器类型相同，年代大约是夏朝早期（距今约4000年）至战国初（距今约2460年）。[①]因此，可以推测，云龙县沘江流域片区的诺邓土著居民应该是洱海流域原始人类的一个部分。两汉时，以洱海为中心的大理地区经济文化不断发展，大理一带是当时中国和印度蜀身毒道的站点。唐宋时，诺邓有较长一段时间归属于南诏、大理国（今天白族先民的聚居区洱海区域），因此诺邓自古与洱海区域之间有很深的历史渊源。徐嘉瑞先生认为："爨中之乌蛮，乃羌之一种，西北高原经越嶲入滇。其风俗文化，与白蛮完全不同。"[②]方国瑜先生在其《唐代前期洱海区域的部族》中，认为乌蛮与白蛮是相区别的。[③]马曜先生综合各家观点提出了"白族异源同流

火塘边的老人

① 云南省云龙县志编纂委员会:《云龙县志》，北京：农业出版社，1992年，第205页。

② 徐嘉瑞:《大理古代文化史》，昆明：云南人民出版社，2005年，第104页。

③ 方国瑜:《唐代前期洱海区域的部族》,《云南民族史讲义》，1953年，第28页。

说”。[①] 洱海文化是云南文化的一个重要组成部分，洱海流域的白族先民是新石器时代以来从我国西北甘肃一带南迁的氐羌人与史前土著居民相结合而形成的，他们是白族的族源。从这个意义上分析，诺邓古村的先民应该是古老白族的一支。这成为诺邓古村原始定居型特征的重要阐释。

## 三、外来移民促进古村发展

福建移民黄家

唐代以后，盐业生产和销售规模逐渐扩大，吸引了大量的外来围井户。元代诺邓发展为盐业商贸中心。据村里的老人讲，诺邓杨姓铨应公的第25代孙杨天庆，在其家谱中记载，杨家是从四川迁到云龙诺邓井的，杨家前五代祖为火葬。元代至明初，白族地区包括诺邓都实行火葬，诺邓村的西南边，原财神殿的右侧有个“烧尸箐”。元代时，杨姓厚保公从江西抚州府临川县迁到诺邓，之后还迎娶了当地一名杨姓的女子为妻。诺邓的取卤制盐权逐渐从土著居民转到杨姓等外来姓手中。同时期，大理国国王段思平的第19世孙段世，在明征南将军傅友德、沐英攻入大理时被俘，段世在获释后移居诺邓。正统年间，杨先胜落籍诺邓，“因奉旨剿伐榆城焚王段氏，遂落籍邓川州，继先胜公游宦云龙，落籍

① 马曜：《马曜文集》第3卷，昆明：云南人民出版社，2008年，第140—155页。马曜先生认为从新石器时代的考古发现中能较好地追溯白族的起源。认为白族是以生长于洱海地区，到商代就进入了青铜文化时期的“洱滨人”为主体，不断融合和同化了西迁的僰人、蜀（叟）人、楚人、秦人、汉人以及周围的一些民族的人，同时吸收了大量汉族和其他民族的文化而形成的一个开放性的民族共同体。最早活动于洱海周围的“洱滨人”，他们不是滇僰人，而是“西洱河蛮”的前身。

诺邓”。明成化二年，黄孟通落籍诺邓。黄姓原籍福建邵武郡三十都，举孝廉敕授奉直大夫，出仕五井提举，任职9年后因辖区顺荡井盐课未完，于是让其孙子黄贵、黄俸、黄禄三人继续在诺邓留守，其本人和长子讳景、次子讳泰、景公长子福、五子爵均随孟通公回福建原籍。归时留诗曰：“荣仕滇南近十秋，闷对青山作酒筹。君恩放归思故土，诺阳风脉却难丢。留下儿孙居此地，崇山当作铁幞头。它日帝都若相会，只说邵武是故州。”[①] 明嘉靖年间，原籍江苏上云县的张姓迁入；明万历年间，原籍江西的徐姓因火灾迁入诺邓，原籍南京应天府上云县的杨姓落籍诺邓；清初，张姓从邓川大邑里移居石门，后迁诺邓。在当地人的叙述中，诺邓古村自元明清以来，形成了大约20个姓氏，主要有杨姓、李姓、张姓、黄姓、徐姓、段姓、孙姓、施姓、车姓等，他们分别来自福建、江苏、江西、河南、四川以及云南大理、洱源和剑川、云龙宝丰。从这段不是很完整的叙述中，可以得出一个初步的结论，外来移民落籍诺邓这一移民过程推动了民族融合，构建了当地人对地缘、亲缘和血缘关系的历史记忆以及诺邓多元一体的村落格局，加强了诺邓村的国家认同，而历史记忆的发展必然会带来古村社会文化变迁。

## 四、茶马盐古道交通促进村落繁荣

茶马古道，是指古代西南地区的民间商业贸易通道，是古代中国和南亚与东南亚之间的一条重要国际贸易线路。[②] 广义

茶马盐古道

① 李文笔、黄金鼎编著：《千年白族村 诺邓》，昆明：云南民族出版社，2004年，第50—53页。

② 木霁弘等：《滇藏川“大三角”文化探秘》，昆明：云南大学出版社，2003年，第11页。滇藏茶马古道从唐代到20世纪70年代滇藏公路通车之前一直存留着，是以人背马驮的方式，从云南的茶叶产地出发，穿越横断山脉以及金沙江、澜沧江、怒江、雅砻江向西延伸，覆盖云贵高原和青藏高原，通往喜马拉雅山南部南亚次大陆的贸易通道。茶马古道的路线主要有两条：一是从云南的普洱出发经大理、丽江、中甸、察隅、波密、拉萨、日喀则、江孜、亚东、柏林山口分别到缅甸、尼泊尔、印度；另一条从四川的雅安出发，经康定、昌都到尼泊尔、印度。

通往腾冲的古道

村中巷道台地

的茶马古道应包括了唐宋以来的丝绸之路。丝绸之路是连接欧亚大陆的重要通道，但由于丝绸不是生活的必需品，丝绸之路不时中断。伊斯兰教东渐以后丝绸之路出现了一个大的中断。随后，恃茶习俗的形成导致丝绸之路上形成了茶马互市，丝绸之路得以复兴。唐宋时，茶叶成为丝绸之路上不可缺少的运送商品，丝绸之路开始向茶马古道转型。① 本书所指的“茶马古道”是指狭义的茶马古道。茶马古道作为唐宋以来汉藏等民族之间商贸往来的重要通道，在茶马互市的过程中它有效地连接了祖国内地与藏区，并外延至南亚、东南亚，形成了中国西南各民族自古以来相交往、融合的民族文化走廊。诺邓古村是一个因盐业而发展起来的聚落，曾一度是滇西地区的经济重镇，由于诺邓制盐业的兴旺，带动了其他商贸往来的发达。诺邓古村段的茶马古道还具有盐业运输的功能，因此，也称“茶马盐古道”。

在当地人的记忆中，茶马盐古道的近程交通从滇西重镇大理到达诺邓的线路是大理 — 喜洲 — 邓川 — 凤羽 — 翻越大罗坪山 — 小罗坪山 — 云龙境内 — 诺邓，行程大约5 — 7天。从诺邓到达腾冲的线路是诺邓 — 暑海 — 过澜沧江 — 翻越漕涧梁子（怒山）— 渡怒江 — 翻越高黎贡山 — 腾冲。这段路是茶马盐古道的必经之地。因此，一般认为，诺邓是“滇藏茶马盐古道”的重要中转站。远程交通可以从诺邓沿着沘江北上，经过丽江、兰坪、香格里拉，到达西藏；沿沘江南下，越过高黎贡山，经过保山和腾冲后可以进入缅甸。诺邓主要有4条青石板铺成的

① 陈保亚：《论丝绸之路向茶马古道的转型 —— 从词与物的传播说起》，《云南民族大学学报》（哲学社会科学版），2011年9月第28卷第5期，第60 — 67页。

宽敞的道路向外辐射和延伸。东北是“通京路”，可以到达州、府、省、京城；东南面通山后村到丫口，经过关坪和漾濞后通往大理；南面通往石门桥头古道；西面经过果郎、旧州和漕涧到达六库、片马、保山和腾冲。藏族马帮也经常到达诺邓驮运食盐，并在诺邓停留或住宿，今天的诺邓古村附近还留下了“古宗坪”[①]和“回民坪”，可见，诺邓自古以来对外商贸往来的道路网络非常发达。

古村内现有5条主街道以及与5条主街道连接的巷道，主要由石砌路面和台阶组成。主街道从山脚向山坡方向纵向延伸，巷道联结主街道的两侧横向拓展开，村落民居沿着巷道台地一台一台地建设。由于山高坡陡石头多，古村的形成只能依山就势建房，巷道靠山坡的上边是一个组团建筑，巷道的下一台又是另一巷街道的建筑。主街道和巷道之间参差错落，高低起伏，层层叠叠，独具山地白族建筑景观风貌。

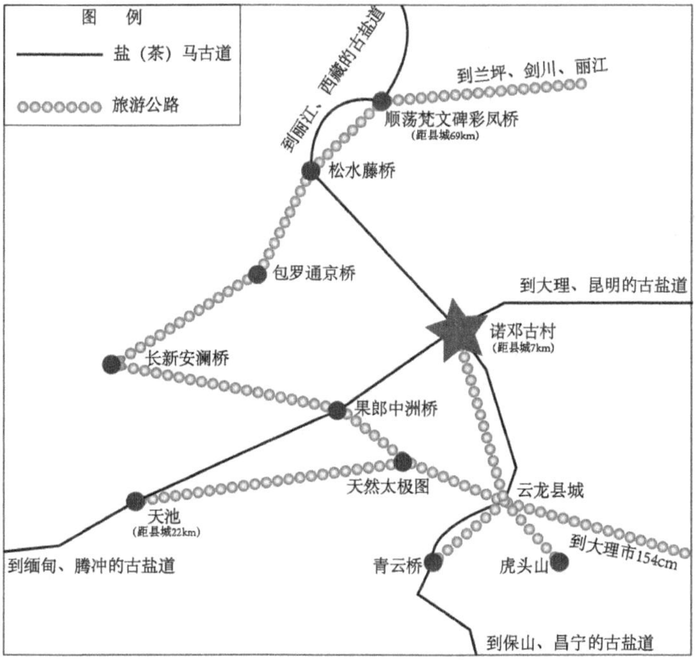


茶马古道上的诺邓[②]

---

① 当地人称呼藏族为“古宗”。

② 笔者制图。

明代以后，盐商在云龙县境内的河流上架起四通八达的各式桥梁，云龙县也因此美其名曰“桥乡”。清代修筑了诺邓桥。《诺邓桥碑记》记载：“山高势迅，激湍桥低，溪水暴涨，将何以济?”“舍傍山隈，所处既高，水口低洼，形不相称。非仅病涉，且泄地脉，会当架屋敷板于上，奈有志而未逮也。”① 诺邓的交通自然地理“所处既高，水口低洼”，还要经常面临“溪水暴涨”的问题。诺邓桥的修建，较好地保护了诺邓盐井的风水。从诺邓古村前往云龙县的路上也有多座古桥，形成了诺邓发达的网状古道、古桥交通枢纽。云龙境内的梁桥类型以长新乡大保罗村的通京（金）桥、白石镇顺荡井的彩凤桥为代表，拱桥类型以检槽乡炼灯村的双龙桥、检槽乡师井村的关帝圣君桥为代表，吊桥类型以白石镇松水村的松水藤桥、县城诺邓镇南端的青云桥为代表。② 诺邓古村通过茶马盐古道和古桥，为当地居民带来了良好的物质生活条件，也带来了为以汉族为主体的外来移民先进的文化，并参与盐业的生产和销售，促进经济发展。

诺邓古桥分布和类型③

| 名称 | 地点 | 类型 | 备注 |
|---|---|---|---|
| 扁担桥 | 诺邓镇石门虎头山 | 梁桥类 | |
| 寿光桥 | 诺邓镇虎头山 | 拱桥类 | |
| 观音桥 | 诺邓镇虎头山 | 拱桥类 | |
| 狮尾桥 | 诺邓镇狮尾河上 | 拱桥类 | |
| 中州桥 | 诺邓镇桥头村 | 吊桥类 | |
| 青云桥 | 县城诺邓镇南端 | 吊桥类 | 县级文物保护单位 |

中华人民共和国成立以前，由于商品经济落后，货物奇缺，物价昂贵，茶马古道在诺邓自给自足以自然经济为基础的社会里发挥了重要作用。

① 《诺邓桥碑记》：诺邓桥位于诺水出村后下流约一里处，又称秉礼桥，碑和桥毁于20世纪60年代。

② 中共云龙县委、云龙县人民政府编：《云龙风物志》，潞西：德宏民族出版社，2008年，第69页。

③ 中共云龙县委、云龙县人民政府编：《云龙风物志》，潞西：德宏民族出版社，2008年，第69页。

彩凤桥

青云桥

藤桥

云龙县商品表（民国九年）[①]

| 类别 | 进口 | | 出口 | | 附记 |
| --- | --- | --- | --- | --- | --- |
| | 数量 | 价值 | 数量 | 价值 | |
| 布 | 2000驮 | 36000元 | | | 布每驮180元 |
| 茶 | 120驮 | 3600元 | | | 茶每驮30元 |
| 糖 | 300驮 | 3000元 | | | 糖每驮10元 |
| 菸（烟） | 200驮 | 10000元 | | | 菸每驮10元 |
| 盐 | | | 1600担 | 80000元 | 每担五元二角 |
| 骡 | | | 2000头 | 60000元 | 每头平均30元 |
| 马 | | | 1000头 | 30000元 | 每头平均30元 |
| 牛皮 | | | 1000张 | 2000元 | 每张二元 |
| 羊皮 | | | 500张 | 500元 | 每张一元 |
| 丝 | | | 10驮 | 5000 | 每驮500元 |

通过以上民国九年的云龙县商品表中以“驮”和“担”计算商品数量，可以看出当时的主要运输方式是古道，茶马古道在云龙县商品流通和日常生活用品运转中具有重要作用。诺邓古村作为“滇藏茶马盐古道”的重要中转站，交通的畅达和盐业、教育业的繁荣，共同影响了诺邓古村的形成，促进了滇藏茶马盐古道沿线“藏彝走廊”多民族文化的交流。

① 云龙县志办公室编:《云龙县志稿》，1983年，第267页。

# 第三节　诺邓古村存留原因

古村镇存留往往是多方面因素造成的，单一的因素通常较为少见。有的是因为失去了便利的交通条件，有的是因为失去了政治，经济的中心地位，有的是因为经济发展停滞，有的是因为治所迁移或另建新村镇，有的是因为建筑坚固而保存。[①] 也有学者认为古村存留的原因：一是地理环境的封闭性；二是自然资源禀赋较好；三是宗法制度较严；四是文化的认同。[②] 诺邓古村存留的主要原因有以下三个：

## 一、盐业衰败导致经济发展停滞

唐代以来，诺邓村的发展完全依赖于盐业经济。元明清以后，诺邓是茶马古道贸易市场和马帮、商旅的聚集地，盐业繁荣兴旺稳定。导致诺邓盐业衰败的因素比较复杂和多元，主要体现在以下几个方面：

### （一）外来海盐的竞争

清代，从越南、缅甸转运到云南的海盐等外来盐，通过边民互市的方式进入云南，在一定程度上影响了诺邓盐业产业的发展。“（缅甸）沿海富鱼盐，缅人载之，溯江上行十余日，抵老官屯、新街、蛮暮鬻市，边内外夷人皆赖之。”[③] 清政府未将海盐列入禁止边民互市的商品，海盐入滇是合法的。清代前中期，不断有省外或国外的私盐进入云南，但对云南官盐的影响不大。清末，来自四川、越南和缅甸的私盐物美价廉，大量进入云

---

① 苍铭：《古村镇研究》，北京：中央民族大学出版社，2014年，第54–67页。

② 董虹、马智胜：《中国古村保护与开发的经济学思考——以流坑古村为例》，《科技进步与对策》2014年第5期，第171页。

③ 赵尔巽等撰：《清史稿》卷528《属国·缅甸》，北京：中华书局，1977年标点本，第14662页。

南，使云南官盐的运销受到严重影响。[①]“兹查云南永昌府腾越、龙陵等厅，保山、永平等县，向系本省乔后、云龙等井销岸，地处极边，与缅甸处处毗连，路路可通，以致缅甸海盐侵入销岸。迭据各该井禀请查禁，以顾课款，均经严饬所属文武认真堵缉，毋稍疏纵。乃近闻沿边各处海盐仍复充斥，查因地面辽阔，奸商、莠民勾结贩运，稽查难周，边营将弁以向无考成，未能兼顾，遂致侵销日广，井盐不能畅行，课款日形短绌。”[②] 可见清末私盐入滇后，海盐充斥市场，导致诺邓井盐的销售受到影响，进而严重影响了诺邓盐业的发展。

### （二）政策因素

中华人民共和国成立初期，诺邓盐业属于乔后盐场云龙分场诺邓办事处管辖。诺邓盐业对云龙乃至滇西、云南的经济发展发挥了重要的作用。1949年前后，诺邓的第一产业（农业）占10%左右，第二产业（制盐和加工业）占35%左右，第三产业（商业、服务业、运输业）占55%左右。根据当地老人回忆：

中华人民共和国成立以后到20世纪60年代中期，诺邓盐业经济发生变革。诺邓的灶户逐步转行改为以种植粮食为主的农业经济维持生计。这个过程大约可以分为三个阶段：

第一阶段从1950年7月至1951年6月，分散在全村的80多座盐灶集中起来在盐井旁归并为16座正灶，每灶选代表1人管理本灶，原来的灶户仍然按产权私营、交官盐、领薪本、卖私盐的方式谋生。

第二阶段从1951年7月至1952年8月，新设国营一灶，把私营个体生产改为联营，所生产的食盐交办事处，每月底发薪，核算分红，这个阶段对灶户私营作出限制。

第三阶段为1952年9月“土改”开始至1954年2月，废除了原来的私有产权，重新组织入股，并对重新入股的联营灶在燃料供给、生产、资金等方面作出限制，加上盐价低，灶户每月末的分红非常少。1954年3月，

---

① 曾凡英主编：《盐文化研究论丛》第7辑，成都：巴蜀书社，2014年，第5页。

② （清）谭钧培撰：《谭钧培治滇奏疏》，康春华校注，昆明：云南美术出版社，2014年，第14页。

20世纪50年代的盐厂

诺邓的私营盐业经济逐步削减并废除，盐业经济的主体作用弱化。盐业的全部产权收归国有，全部由国有灶经营，取消了私有联营，从此，延续了一千多年的私有股份制经济宣告结束。

1955年下半年，国办盐场停产。一部分诺邓盐厂的工人调到乔后盐厂，其余大部分工人转行当了农民。诺邓村的耕地面积从1000多亩增加到3000多亩。1956年下半年，云龙县在龙王庙前重新开办盐厂，改用装有20口铸铁大锅的一座大灶生产盐。1965年县办盐场停产并撤销。1967年，经群众强烈要求，云龙县批准组建了生产队联营盐厂，恢复了盐的生产，不少社员又脱离了农业生产成为盐厂的工人，生产出来的食盐由供销合作社负责销售。①

从以上叙述我们可以看出，中华人民共和国成立以后国家有步骤地进行了私营工商业的社会主义改造，诺邓盐井在经历了公私合营之后，明清以来沿袭的建立在私有制经济基础之上的诺邓灶户私有丁份制被取消，小、散、弱的家庭作坊式生产方式逐步转型为规模化、集中性的生产和管理。盐井的卤权收归国有，原来以盐业生产为主要经济来源的诺邓盐井灶户转型从事农耕生产。诺邓盐厂的体制刚开始是国营，后来又经历了县办、生产队以及诺邓村的变更。煮盐需要烧柴，大量砍伐树木对当地生态环境的破坏非常严重，随着政策方面对生态环境保护的重视，诺邓煮盐所用燃料的来源进一步受到限制。

另外，从云南省盐业发展的背景来看，1991年，云南省人民政府成立省盐务管理办公室；1994年，省盐务管理办更名为省盐务管理局，和省盐业总公司合署办公。1996年，云南省人民政府确立全省的食盐专营工作

① 2016年8月5日，访谈诺邓文化人HJD，根据录音整理，访谈地点：HJD先生家。

由省盐务管理局负责。[①] 1996年，云南省盐业公司行业内评估认为诺邓井属于“土法制盐”，不符合现代食盐的质量标准，下令封井，停止生产。[②]这些因素，进一步加速了诺邓盐业的衰败。

### （三）技术和质量因素

云南现代化盐厂建立以后，诺邓井盐传统的生产技术显现出其较大的落后性，与现代盐业经济发展的要求越发不相适应。国家对食盐标准中碘的含量和取样方法的要求不断提高，对食盐加碘方法、技术的要求更加均匀和科学，但诺邓井盐的加碘技术和工艺都不达标。

技术和质量因素带来了诺邓盐产量逐渐降低，盐业在地方经济发展中的地位发生了变化。云龙县1952—1956年期间的盐产量由1952年年产242吨上升到1954年年产1573吨（最高），1956年的1048吨。1957年由于柴薪工本高，卤水淡的盐矿亏本，宝丰、天耳井、石门井停办，盐年产量降为636吨。1960年产盐1102吨。1961年，通过撤销、归并和下放职工回农村以后，诺邓盐厂的职工只剩下30人。[③] 1963年体制调整，诺邓、大井改由生产大队集体经营，1964年大井盐厂停办。1963年盐产量994吨，1966年盐产量31吨，以产盐著称的云龙，出现食盐供应紧张。1969年大井、顺荡重新由生产大队办厂。1971年成立了云龙县办盐厂，1974年因亏本停办。1975年师井大队办盐厂，年产盐约15吨。1969年至1979年的十年期间，以集体办厂为主，年产量低、不稳定、发展不平衡。1969年产盐570吨，1975年产盐200吨，1979年产盐631吨。这一时期，产量较高的是诺邓。全县1979年产盐780.38吨，1981年产盐426吨，1982年产盐373吨，1983年产盐293吨，1984年产盐277吨。1970年至1989年以诺邓盐厂为主，全县共生产食盐7597吨。[④] 当地干部讲述：

诺邓盐业经济主体地位散失后，以盐业为主要生活来源的灶户和盐

---

① 刁殿伟主编：《云南盐业体制改革调研报告》，昆明：云南大学出版社，2011年，第115页。

② 朱霞：《云南诺邓井盐生产民俗研究》，昆明：云南人民出版社，2009年，第206—207页。

③ 云南省云龙县志编纂委员会：《云龙县志》，北京：农业出版社，1992年，第215页。

④ 云南省云龙县志编纂委员会：《云龙县志》，北京：农业出版社，1992年，第216页。

商，只能通过开荒种地解决吃饭问题，当地人的购买力普遍下降，原来因为盐业兴盛带动的餐饮、屠宰、土产品销售等行业的繁荣，也都消失殆尽，大部分转向以农业生产维持生计。①

诺邓盐

诺邓盐井被封之后，诺邓盐的生产停止并荒废，诺邓丧失了盐业经济的优势，从一个中心大村落转变成了靠开荒种地的贫困小山村，经济发展几乎停滞。诺邓盐商是诺邓历史上重要的群体角色，对当地的政治、经济、文化生活影响非常大。他们拥有巨额财富，兴建牌坊、住宅、会馆、庙宇，重视文化教育，依山而建了“三坊一照壁”“四合一天井”“四合五天井”的“台梯式四合院”，构思变化精致奇巧，形成了独特的山地白族建筑文化，推动了诺邓文化的发展。盐业衰落以后，诺邓原来四通八达的茶马盐古道突出的交通要道地位也逐渐陨落。自然条件和人为因素共同导致了没有直接到达诺邓古村的线路，传统人背马驮的交通方式与社会的发展不相适应，落后的交通导致古村经济进一步衰败。诺邓盐井的变迁和衰落导致了盐业的衰败，也带来了白族采卤煮盐这项传统手工业生产技术的逐渐消失，还进一步引发了诺邓人口的迁移，从根本上动摇了诺邓的经济基础和生产方式。盐井重镇的地位丧失后，诺邓成为一个交通落后的山地农耕村落，盐业带百业的繁华景象一去不复返。

## 二、当地居民教育与文化水平较高

诺邓盐业经济的发达提升了诺邓的文化教育水平，全面带动了诺邓的教育和文化的发展。明朝崇祯十二年（1639年）农历九月九日立的《皇

① 2015年8月23日，访谈云龙县原旅游局副局长YXY，根据录音整理，访谈地点：YXY先生家。

棂星门

诺邓文庙

图巩固——玉阁常住碑记》①记载：闽人黄府君，盖宪宗世②主五井盐政孟通公之孙，今广东盐提举月襟文魁君之父。其性笃善，始家诺阳，持诵尊经，谓有人信，不可无天。至尊其众仙天子，何作宅崇奉，使主人知所本。因谋于庠友③杨廷兰暨众姓等，命匠鸠工④，克成宝阁。康熙时，浙江上虞人顾芳宗到云龙担任知州后带头捐款重修学宫，新建的孔庙集儒学馆和祭祀为一体，是云龙第一个正规的学馆。雍正十一年（1733年），徐本仙知州在诺邓的文昌宫、石门的蟠龙寺、大井关圣庙开办义学。1734年，又在漕

① 《皇图巩固——玉阁常住碑记》：此碑现镶嵌于玉阁大院前房后走廊东墙。

② 宪宗世：明成化年间。

③ 庠：乡学。

④ 鸠工：召集工人。

涧、旧州、顺荡井、师井、顺荡井开办义学，一共开办了9所义学，同年，徐本仙知府还在宝丰捐资兴建“修翎书院”。[①] 乾隆九年（1744年）留下的《至圣宫碑记》里记载：“诺邓以边隅井地，诸生睹先圣遗像杂处于虚无寂灭间，心既不安，而像又不忍毁，议立庙以昭虔敬。事则非制，然感被于教化，易习俗以正人心，于此亦可见矣。况乎襟沘水，枕崇山，形势高爽，峰峦拱峙，夫庙所以肇文明，将地灵而人杰，由此掇科拾第[②]，可卜为拭目间事；且更为学舍讲堂于其中，帅一井之子弟，蒸蒸然以兴于学，呜呼，其日盛矣！庙立之井，士而助之成功，顺人情以广化导者，皆州候张公之善举云。”[③] 诺邓古村离盐井比较远的建筑是文庙棂星门，牌坊上刻有“腾蛟”“起凤”，始建于清初，是滇西地区现存最古老、最大的木牌坊。文庙是重要的礼制建筑，一般建于县以上的驻地，诺邓行政级别不高，却建有文庙，可见诺邓教育的兴盛。

明洪武十六年（1383年），五井提举司在诺邓建立后，1384年随即建立了浪穹儒学（当时诺邓地属浪穹），带动了诺邓的教育发展。明末，诺邓人黄文魁首贡并任广东提举，至清朝康熙年降，科举渐趋兴盛。传说到清末时，诺邓村有二进士、五举人、贡爷五十八、秀才四百零。当时诺邓进京九千九（里），下省一千三百九，赴京会试或骑马步行，或乘舟风雨兼程，需要半年之久，入省乡试也需要如此风餐露宿20多天，舟车劳顿的程度可想而知。[④] 深厚的文化积淀，是诺邓人精神文化生活的重要组成部分。诺邓人自古以来重视教育，培养后学的优秀传统，对家乡的文化有强烈的认同意识，对诺邓古村的存留也起到了重要作用。

## 三、地方政府的保护意识强

诺邓古村的自然遗产、文化遗产是当地人的生存依托和精神家园。诺邓古村受到遗产保护部门的关注早，保护利用的意识比较好。诺邓村的文

---

① 陈云华编著:《云龙往事》，昆明：云南民族出版社，2007年，第98—100页。

② 掇科拾第：参加科举考试，取得功名。

③ 《至圣宫碑记》：此碑镶嵌在孔庙大殿走廊东侧的山墙上。

④ 2015年8月22日，访谈诺邓文化人HJD，根据录音整理，访谈地点：HJD先生家。

政府对民居进行保护

庙、武庙、玉皇阁、题名坊、棂星门、盐局、龙王庙、万寿宫等8处古建筑群，曾作为诺邓白族乡土建筑群修缮项目严格按照“修旧如旧”的原则进行过整体修缮。保护性修缮使当地的村落空间格局、村落形态、盐业景观、院落、古道承载的历史厚重感与自然融为一体。居民的生活方式、文化观念、语言、文字、村落的文化意象和氛围与当地居民的文化认同、文化心理、共同心理素质合而为一。对诺邓丰富的自然遗产和文化遗产保护，当地政府先后采取了一系列保护措施，促进了诺邓古村的存留。2007年，在大理州博物馆的协助下建设了两个家庭生态博物馆；2008年，县里成立历史文化研究会，完成了黄桂故居等20个大院的历史文化资料整理收集；2008年8月至今，诺邓每年都组织传统祭孔活动；2012年，制定了《诺邓盐文化博物馆布展规划》；诺邓白族乡土建筑群、古盐井遗址分别成功申报为第七批国家文物保护单位和第七批省级文物保护单位；白族吹吹腔、山地白族刺绣、诺邓白族生态文化保护区成功申报为省级非物质文化遗产。[①]

盐业衰败导致经济发展停滞，村民无力拆旧建新，当地居民教育与文化水平高，地方政府的保护意识强，使诺邓古村延续至今。诺邓古村的形成和存留不是一种固有的客观存在，它利用人为的、社会的因素，在特定的历史条件下形成。诺邓古村作为西南边疆白族和谐的人类聚居空间的“遗留物”，是白族民间民众生活风俗的重要组成部分，是历史的产物，承载着璀璨的村落文化，真实地体现在诺邓古村的历史文化积淀中，构成了一个存留至今的古村生活文化空间。在这个生活文化空间里，诺邓古村的

① 董姗姗:《云龙县文物保护与非遗保护传承有声有色》,《大理日报》，2016年6月22日第2版。

村落体系保存比较完整，既有人居生态之美，又有民间艺术的留存。诺邓古村内在价值的重要体现就是物质空间的真实性，历史文脉的延续性，它既延续了动态的历史发展，又保存了山地白族特有的文化情结，以及当地居民传统生活方式的真实性。

# 第二章 诺邓古村的自然与文化景观

诺邓古村的自然与文化景观与其形成历史和存留原因紧密联系。考察诺邓古村景观的基本特征，以及诺邓古村文化的时间传承和空间扩散的特点，是认识诺邓古村景观与景区化发展关系的基础。

关于“景观”的研究，始于19世纪初德国自然地理学家洪堡（Alexander von Humboldt）。[①] 19世纪下半叶，德国地理学家弗·拉采尔（F. Ratzel）在他的《人类地理学》中首先提出了“历史景观”的概念，他认为历史景观即为文化景观。[②] 1925年，美国地理学家卡尔·索尔（C.O.Sauer）继承并发展了弗·拉采尔（F. Ratzel）的文化景观概念，他认为文化景观是人类按照其文化的标准对其自然环境中的自然和生物现象进行改变的结果，景观与人类文化之间存在的相互关系就是景观的形态，文化景观是附着在自然景观中的人类活动的形态。[③] 20世纪初，“文化景观”一词开始广泛应用，主要是指自然风光、田野、村落、建筑、交通、厂矿和城市，以及服饰、人物等要素构成的文化现象的复合体。[④]

从景观到旅游景观是一个从现象成为行为的过程。旅游吸引物的核心部分是由旅游景观构成的。自然界中，不是所有的景观都能成为旅游景观。只有那些能与旅游者形成审美和被审美的关系，被认可为旅游景观的客体，才能进入旅游行为的环境成为旅游吸物（tourist attraction），最终完成价值交换。[⑤] 马克思说：“劳动和土地，是财富两个原始的形成要素。”按照恩格斯的解释，财富的源泉是劳动和自然界共同构成的，自然界提供劳动所需材料，劳动对材料的转变形成财富。[⑥] 因此，在诺邓古村景区化

① 董新：《论人文地理学的三大支柱》，《南京师大学报》（自然科学版）1991年第4期，第132页。

② 王煦柽：《文化地理学》，北京：科学出版社，1985年，第38页。

③ C.O.Sauer, “The Morphology of Landscape” ,1925,Reprinted in J.Leighly ed.,Land and Life:Selections from the Writing of Carl Ortwin Sauer.Berkeley ,Ca.:University of California Press,1974,pp.315-350.

④ 单霁翔：《文化景观遗产保护》，天津：天津大学出版社，2015年，第177页。

⑤ 吴必虎、刘筱娟：《中国景观史》，上海：上海人民出版社，2004年，第10页。

⑥ 马克思、恩格斯：《马克思恩格斯选集》第4卷，北京：人民出版社，1995年，第373页。

发展的背景下，景观一方面通过当地的生态环境、历史背景、民居建筑、民俗风情使旅游者产生对诺邓的历史记忆和情感，形成诺邓古村景观的价值。另一方面，诺邓古村丰富的自然景观和文化景观，历史文化资源价值极高，具有不可替代性，与旅游者的劳动实践和生活经历紧密相连，符合旅游者的审美需求。两个方面共同构成了诺邓山地白族古村的景观价值，是发展旅游的物质基础，可以说，没有诺邓古村的自然与文化景观，景区化发展就是无源之水、无本之木。

# 第一节　自然景观

云龙县位于大理、保山、怒江三地的结合部，是一个以白族为主多民族聚居的山区县。[①] 澜沧江、沘江从北向南流经云龙境内，怒江绕西部边境流过，澜沧江以西是怒山山脉，澜沧江以东是云岭山脉，形成高山峡谷相间的地貌，地势北高南低，山高谷深，古称“岩疆”，意为边远险要的地方。云龙县的最高点是表村乡喇嘛枯山，海拔3663米，最低点是怒江边的民建乡岔花村红旗

澜沧江

① 云南省云龙县志编纂委员会:《云龙县志》，北京：农业出版社，1992年，第15页。

坝，海拔730米。[①] 云龙县境内的山脉由于受到南北走向的澜沧江、怒江、沘江的深切割，形成由北向东南倾斜的走势特点。出云龙县城往北3公里，顺着澜沧江支流沘江形成的S形大湾子天然太极图再沿河而上4公里，就是诺邓古村。这个S形大湾子是由地质构造运动中经过百万年江水冲蚀河流，自然形成的特殊地貌奇观，兼备传统的道教图案神形。它拥有阴极和阳极两个鱼形的平坝，“天然太极图”拥有“太极锁水”“狮象把门”“云岭天仪”“沧海桑田”四景，灵气弥漫，神意纵横。

云龙太极图

虎头山

诺邓古村距天池国家级自然保护区29公里，距“天然太极图”3公里，距虎头山道教建筑群7公里，距顺荡梵文碑火葬墓群68公里，位于世界自然遗产三江并流风景名胜区的南端，自然景观独特。诺邓古村枕山环水，背靠香山，周围树木繁茂，山岚雾霭，青翠欲滴，仿佛世外桃源。古村内既适合动游，登山涉水，茶马古道探险览胜，也适合静游，古民居院落内品茗赏月。山地是诺邓古村独有的自然景观。诺邓古村的山地特征建立在地理地质学的基础之上，资源的原生性强，景观层次性丰富，自然景观时空的动态性强，气候气象风光和生物多样性的景观季节变化多样。由于交通可进入性差，信息闭塞，诺邓古村的山地多年来形成了空间上的封闭性、

① 云南省云龙县志编纂委员会:《云龙县志》，北京：农业出版社，1992年，第1页。

时间上的历史延续性特点。清代《诺邓桥碑记》云："峰回路转，崇山环抱，诺水当前。箐篁密植，烟火百家，皆傍山村舍，高低起伏，差错不齐。如台焉，如榭焉，一瞩而尽在目前。"[①] 诺邓古村垂直分布的山地林地、耕地、果木、天然的给水排水系统，形成了丰富的生态经济资源，使地处山地的古村成为一个自给自足的生态区。旅游发展以后，诺邓山地白族与东面的关坪、南面的宝丰、西面的旧州、北面的检槽和长新，以及云龙县城、大理剑川、鹤庆等地的白族、彝族、纳西族等少数民族交往日益密切，当地的农、林、果、药等土特产品，以及手工腌制火腿有机会外销和转运。

## 第二节　盐文化遗存

盐文化遗存是诺邓古村景观的核心要素，是其景观文脉的重要标志物。盐文化遗存动静结合，大自然与人水乳交融，神与物游，物我合一，天人合一，道教文化、孔子文化、盐井文化以及民俗文化交相辉映。

### 一、龙王庙

诺邓龙王庙位于盐井后面，民间认为，龙王主管着明初的诺邓井、顺荡井、山井、师井、大井等五个盐井的卤脉。[②] 白族地区供奉的龙王有盐龙王和水龙王两类，白族村寨龙王居住的地方，严禁牲畜饮水，严禁洗

① （清）知州王府：《诺邓桥碑记》。庙和桥、碑在20世纪60年代期间被毁。诺邓桥位于诺水离村后继续向下流大约一里处的吕祖阁和旧关圣殿旁河上。民间称为"关老爷桥"，知州王府曾在此题匾额曰"秉礼徙义"，也称秉礼桥。

② 中共云龙县委、云龙县人民政府编：《云龙风物志》，潞西：德宏民族出版社，2008年，第246页。

衣、洗澡，必须保持水质的绝对洁净，遇到久旱不雨的时节，便要祭水龙王求雨。诺邓龙王庙里供奉的是盐龙王，当地关于诺邓盐井“青龙吐卤”的传说是这样的：

当地人认为卤龙王是一条青色的母龙，诺邓的盐源就是从村子南边的山崖壁上一个形似母龙生殖器的石崖口流出来的。过去的龙王庙之前还有一个戏台，传说龙王喜欢听滇戏，每年农历六月十三日的龙王会这天，都会有戏班子来给龙王唱滇戏。龙王会前后经常会下大雨，这是来自四面八方的水龙王来给四方龙王中排首位的卤龙王祝福拜寿。龙王会由灶户共同出资举办，全村的男女老少都可以参加，杀猪宰羊，喝酒相聚，由于资金来源充足，再加上当地人认为卤脉是盐井的盐层矿脉，卤脉阻塞就不能制盐，卤脉也是当地人的生命之脉络，保护卤脉就是保护了盐井的源头，所以每年的龙王会办得特别隆重。①

龙王庙

卤脉龙王

从这段传说中可见龙王在诺邓古村具有神灵的地位，龙王庙是诺邓古村最重要的象征符号之一。从古至今，盐井的祭祀仪式和龙王会同期举行，盐井祭祀与龙王会是诺邓最隆重的节日之一。从历史文献的记载中也能看到诺邓卤脉的重要性：“在州署东北，距石门十五里，山东山下，名大井，介两溪之中，深七丈，方围二丈余，卤脉微细，以人进井，舀入桶内，然后用木车扯出井，灶敷一百八袋，与金泉以角计者相似，而其名异。”② 诺邓祭

① 2015年7月26日访谈诺邓文化人HJD，访谈地点：HJD先生家。

② 雍正《云龙州志》卷6《赋役》，第36页。

祀卤脉龙王一般有“接水魂”、祭祀、唱戏娱神等仪式，具有娱人、娱神，人神自娱的功能，是当地人看护、管理卤脉的民间仪式，龙王会、盐井祭祀、卤脉龙王共同构成了诺邓盐文化的符号，是可参与可观赏的文化景观。

## 二、古盐井

诺邓古盐井位于诺邓村口两河的交汇处，开凿于唐代。诺邓盐井深21米，历代都进行过维修，今天我们看到的是始于唐代，用木枋支撑井洞的建筑式样。诺邓盐井历经唐、宋、元、明、清、民国各朝代，到1996年停产，是中国历史上延续时间最长、保存最完好的盐业遗址之一。盐局位于诺邓村内，始建于民国初年，是管理诺邓盐业的行政机构。民国初年，诺邓盐井改变了清代实施的“民煮民卖，缴纳课税”的盐务政策，实行“民煮官卖”。灶户从盐井分到卤水后各自回家去煮，将制成的食盐交到这里，由盐局统一发卖到各地方。盐局为传统的民居四合院，有两层，占地面积369.38平方米。[①]

① 中共云龙县委、云龙县人民政府编:《云龙风物志》，潞西：德宏民族出版社，2008年，第243页。

盐局

诺邓古村存留有大量关于诺邓盐坊、盐井、盐店，以及盐井工人迎神的对联等文化遗存。盐坊的对联有："春水新炊云子糖，晚烟细煮白花盐"；"国富兴家推煮海，堆金积玉在熬波"。盐井的对联有："事业鼎新恒大有，人需井养益风亨"；"味醇滇南无双卤，身洁迤西第一泉"。盐店的对联这样写道："常将直道拥天宝，别有奇功润物华"；"春涌财源争发达，世承德业愈兴隆"。[①] 这些盐业对联是诺邓村民的盐文化表达遗存，有助于理解历史上诺邓白族古村的盐业文化，以及古村以盐业文化为中心的社会关系、社会生产和社会生活。

## 三、茶马盐古道

诺邓茶马盐古道是滇藏茶马古道的组成部分之一，生产方式变革以后存留至今。古道悠久的历史，灿烂的历史文化，优美的自然风光，丰富多彩的民间文化，浓厚的盐文化底蕴，保存完好的山地白族建筑群和盐文化遗存，聚集了滇藏川最壮丽的自然景观和少数民族风情，是中国西南地区最引人注目又最具特色的自然与文化景观。

"文化线路"概念提出的历史背景是：在1993年圣地亚哥线路和1994年马德里国际会议上，来自联合国教科文组织(UNESCO)和国际古迹遗址理事会(ICOMOS)的代表，对"线路与文化遗产"进行了广泛讨论。会后，根据讨论内容形成《马德里专家报告》，从"文化线路"的文化遗产价值、文化景观意义、时空的动态性和连续性、跨文化交流的意义、多种发展和附加的价值等角度对"文化线路"进行了定义。认为"文化线路"是文化遗产的一部分，是一种具体的动态的文化景观。其基础是动态的交流和迁移，在时间和空间上具有连续性。"文化线路"是一个整体，在不同国家和地区间进行对话和交流，它的价值大于使它获得文化意义的各个部分价值的总和。具有多维度的，如宗教的、商业的、管理的等多种发展与附加的

① 黄金鼎编：《千年白族村诺邓传统对联拾遗》，昆明：云南民族出版社，2007年，第33—47页。云子糖：指白色的饴糖，用来比喻盐。熬波：煎盐。《齐书》："熬波出素。"煮海：《世本》载："皇帝臣夙沙氏，始煮海为盐。"后煮卤为盐，称煮海。大有：易卦名，意为盛大丰有之象。滇南：云南。身洁：盐质白净。直道：心肠坦直，不走歪门邪道。天宝：天地自然之宝，比喻食盐。物华：万物之精华。

价值和功能。① 文化线路的研究在1994年之后逐渐受到重视。2008年10月4日，在加拿大魁北克召开的第十六届国际古迹遗址理事会大会上，通过了由国际古迹遗址理事会文化线路科学委员会（CIIC）编撰的《国际古迹遗址理事会文化线路宪章》，对“文化线路”的定义是：只要是有明确界限，有自己独特的动态和历史功能，服务的目标特殊，无论是陆地上、海上或其他形式的交流线路，确定并且满足以下条件的线路可称为文化线路：必须来自并反映人类的互动，和跨越较长历史时期的民族、国家、地区或大陆间的多维、持续、互惠的货物、思想、知识和价值观的交流；必须在时空上促进涉及的所有文化间的交流互惠，并反映在其物质和非物质遗产中；必须将相关联的历史关系与文化遗产有机融入一个动态系统中。②

根据对“文化线路”理论和概念的辨析，诺邓茶马盐古道属于独具特色的“文化线路”景观和遗产，具有独特的文化线路遗产景观特色和旅游价值。自唐宋以来，诺邓茶马盐古道是联系汉、藏、白、傣、傈僳、哈尼、拉祜、纳西等少数民族的茶、马、盐民间贸易商道。是人们通过茶马盐古道进行商品物资交流的交通路线，思想文化、宗教文化和价值观互动和传播的路径，表现了在特定的时间和空间阶段，产生诺邓古村文化和经济繁荣的过程。茶、马、盐是历史上诺邓马帮的三宝，是诺邓古村生活的基本要

茶马盐古道

① CIIC Reports of Experrs Madrid，Spain。1994[EB / OL][2007-05-08]http://www international icomos org.

② 丁援翻译:《国际古迹遗址理事会（ICOMOS）文化线路宪章》，国际古迹遗址理事会文化线路科学委员会（CIIC）制定,《中国名城》2009年第5期，第52页。

素。因此，茶马盐古道也是诺邓古村文明的标志，集中展现了历史时期诺邓的盐文化遗存价值。

2000年以后，诺邓古村景区化发展，景区环线不断完善，在当地居民生计方式向旅游业生计方式转型的过程中，诺邓茶马盐古道的主要功能不再是交通运输，原有的交通运输功能废圮。当地尊重茶马盐古道景观的整体文化意义，发掘茶马盐古道的自然遗产和文化遗产的保护价值，结合滇西北茶马古道旅游的利用和开发，在加强古道自然和文化景观保护的基础上，针对古道的绿色通道特点，以及动态特征的线性景观属性，精心设计和修缮了诺邓茶马盐古道的旅游者步道，重新规划了旅游线路，在古道沿线设置了景点解说系统，区域文化生态环境有很大改善。诺邓茶马盐古道旅游现有的线路主要有翻越诺邓古村后山，徒步行走茶马盐古道，向北到达丽江、沙溪和西藏，向南到达楚雄、大理、保山、德宏等云南旅游区。旅游者可以参与体验诺邓古村农历初一、十五赶大街，初八、二十三赶小街的习俗，祭孔习俗，多姿多彩的白族村镇和集市，寻找诺邓茶马盐古道各民族商贸往来、文化交流的历史体验，以及沿途各少数民族的文化多样性体验。感受高品质的阳光、空气和水，观赏因古道而存留下来的文物遗迹、山地民族风情，重新捡拾行走茶马古道的文化意义。

## 第三节　山地白族建筑群

诺邓古村里由血缘、地缘和亲缘关系形成的山地白族建筑群，与得天独厚的自然景观辉映成趣，具有较强的实用居住功能和建筑景观审美价值。诺邓山地白族建筑群落中家家有天井，透过天井，阳光、空气和水等自然物可以与人亲密接触，梯台式层层叠叠的民居建筑作为村落精神的物化载体，把人们内心的诉求转化成现实的人居环境。诺邓山地白族建筑群的寺观宗祠、本主庙和古民居，与天、地、人、神共同栖居，构成了古村“天人合一”的乡村社会空间。

## 一、古民居

古村民居群全部位于山地，山高坡陡，民居建筑的墙石脚基由较高的石台垒成。密密麻麻，鳞次栉比的民居前一家的后院与后一家的前院紧密相连。诺邓古村的民居建筑因山就势而建，多为台式式样，与大理洱海周边坝子里的白族传统民居有较大差异。诺邓民居建筑重视细部装饰，门窗、门扉、梁、柱、檐都进行雕刻，图案美观，工艺精美，山墙、院墙都绘有图案，有“四滴水”“五滴水”“六滴水”以及“台梯式四合院”等院落样式。诺邓古村四周重峦叠嶂，古木参天，村内高阁耸立，气势雄伟。村中小箐溪流，古树名木，奇花异草、寺庙牌坊、古盐井、古街道，三步一阶，五步一台，风格独特，是较为典型的具有中国传统和地方特色的乡土建筑村落。

五滴水民居

民居大门

诺邓古村现保存完好，比较有代表性的11座古民居建筑景观

装饰有悬鱼的屋面

石柱础

是：①

杨义民民居院落：因清代祖孙三代出过数名贡生，又被称为“贡爷院”，始建于清中期，有一进四个院落，2002年被确定为县级重点文物保护单位。

黄文瑞民居院落：“四合五天井”式建筑，始建于清中期。民居占地面积923.94平方米，是该村占地面积最大的一所民宅，2002年公布为县级重点文物保护单位。

杨叶香民居院落：三坊一照壁式建筑，始建于清代。占地面积101.2平方米，构造小巧玲珑，并因院子四边墙的长度和宽度基本一样长，俗称为“一颗印”，2002年公布为县级重点文物保护单位。

杨汝杰民居院落：台阶式四合院建筑，始建于清代。民居占地面积345平方米，全部房舍建在3个依次升高的台阶上，充分体现了诺邓当地居民居建筑因山就势的特点，2002年公布为县级重点文物保护单位。

徐发胜民居院落：四合院式建筑，始建于清代，占地面积409.4平方米，2002年公布为县级重点文物保护单位。

杨斌全民居院落：四合院式院落，始建于清代。占地面积182平方米，2002年公布为县级重点文物保护单位。

① 根据田野调查资料整理。

大门石刻装饰

石水缸

杨梅枝民居院落：三坊一照壁式建筑，始建于清代。占地面积320.16平方米，2002年公布为县级重点文物保护单位。

杨汉民民居院落：三坊一照壁式建筑，部分梁柱有明代建筑遗存。占地面积639平方米，2002年公布为县级重点文物保护单位。

李世俊民居院落：四合院式建筑，始建于清代。占地面积343.44平方米，2002年公布为县级重点文物保护单位。

黄必英民居院落：四合院式建筑，始建于清代。此院主人祖上是木匠，故也称木匠家。占地面积323.91平方米，2002年公布为县级重点文物保护单位。

李鹏程民居院落：为二进式四合院建筑，始建于清代。占地面积313.15平方米，2002年公布为县级重点文物保护单位。

此外，还有银匠家民居院落、黄家瑞民居院落、杨艳芳民居院落、黄占前民居院落、黄生民居院落、徐树民居院落、徐天成民居院落、杨丽梅民居院落、孙复兴民居院落、杨德清民居院落、黄建国民居院落、杨文江民居院落等12个明清民居院落至今保存完好。①

与古民居建筑景观相互映衬，极具景观价值的是位于村中已有三百多年树龄的大青树。大青树是白族村落的风水树，诺邓村的大青树下有一个

① 根据田野调查资料整理。

小广场，是村民休闲、聚会的地方。树旁是明代盐课提举司衙门旧址。诺邓村南、西、北三面有以黄连木为主的百年古树200余株，其中树龄高达400多年的古树有20多株，古树与古民居建筑融为一体。

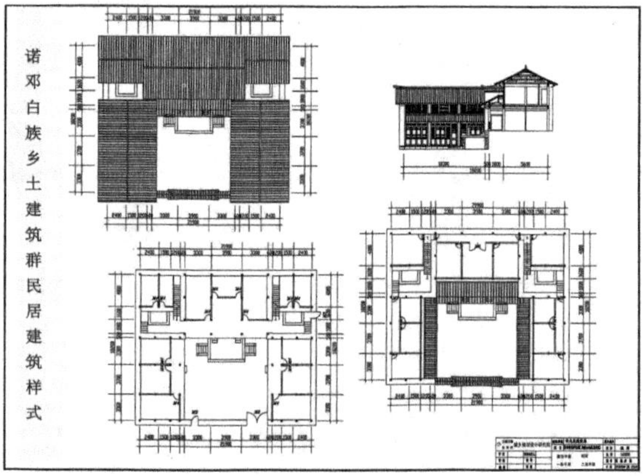


诺邓民居建筑样式①

## 二、寺观宗祠、本主庙

诺邓古村现保存完好，较有代表性的寺观宗祠主要有8处：②

万寿宫：位于村内，是村中现存最古老的建筑。据记载始建于元代，原为外省客商的会馆，到明初将会馆改为寺庙，称为“祝寿寺”，明朝嘉靖年间，诺邓盐课提举司提举李琼重新修建，并改名为“万寿宫”。万寿宫占地面积323.32平方米，现仅存大殿，建筑保存有部分明代木架结构和墙体。殿面阔13.7米，进深6.6米，殿内保存有1通明代碑刻和2通清代碑刻。

龙王庙：位于村中，建于元末明初，“文化大革命”时期遭到破坏，2005年重新修复，现存正殿及东厢房。龙王庙占地面积592.8平方米，大殿为单檐歇山顶，三开间，面阔10.7米，进深9.43米。龙王庙内供奉诺邓盐井的“卤脉龙王”，以祈求盐井“卤旺盐丰”，故在大殿龙王塑像两侧有

① 资料来源于云龙县文物管理所。

② 根据田野调查资料整理。

对联云：“玉液甘霜徐徐润，金波法雨涌涌来；龙颜有喜家家乐，玉泽常流处处恩。”现为县级重点文物保护单位。

万寿宫

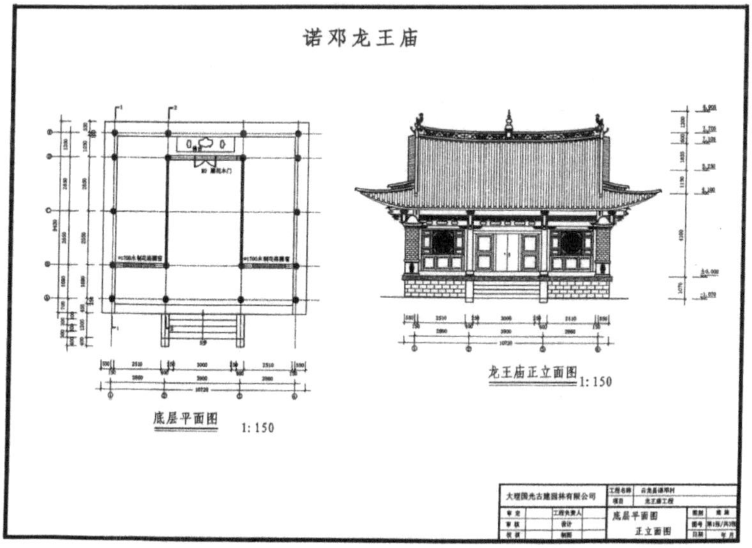


诺邓龙王庙①

① 资料来源于云龙县文物管理所。

玉皇阁建筑群：现存建筑有玉皇阁、三清宫、弥勒殿、文昌宫厢房、静室、棂星门等。玉皇阁为主体建筑，是以道教为主的儒、释、道建筑群，始建于明嘉靖年间，崇祯十年维修扩建。清道光七年、十一年陆续修建，清咸丰七年部分建筑毁于兵火，光绪年间陆续修复。玉皇阁为三重檐楼阁式建筑，建在高2.15米的方形台基上，歇山顶，檐下用雕花斗拱，阁面阔13.8米，进深13.3米，高16.4米，阁两侧有两层楼的厢房，殿内现存6块明、清碑刻。

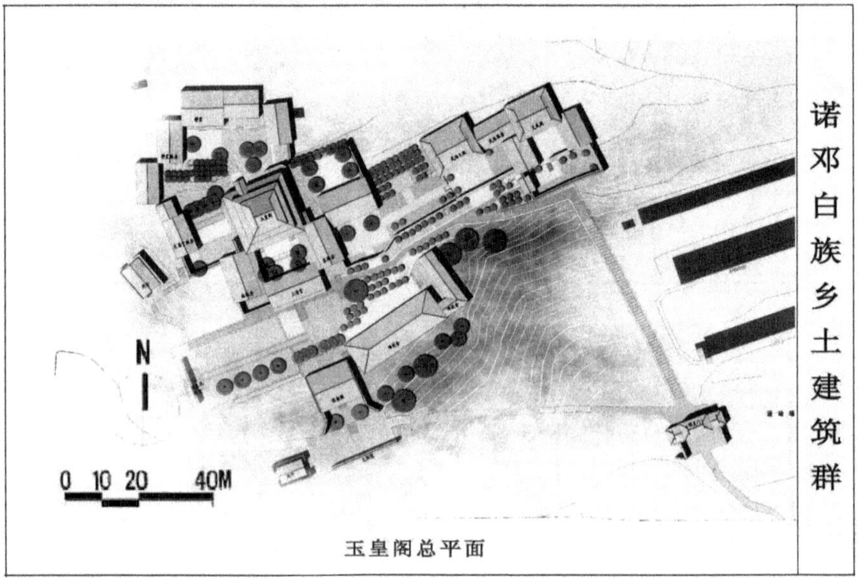


玉皇阁总平面图[①]

① 资料来源于云龙县文物管理所。

玉皇阁

棂星门：位于文庙前，始建于清初，四柱三楹，高9.65米，后有百米石阶，直通文庙。整座建筑雄伟壮观，现为州级重点文物保护单位。

文庙：位于玉皇阁的东侧约30米处，现存大殿及两侧厢房。大殿始建于清乾隆九年（1744年），单檐歇山顶，通面阔8.6米，通进深6.7米，高7.31米，檐下雕花斗拱，木作雕刻精美。2008年诺邓当地居民重塑了孔子像，并举行祭孔，现为州级重点文物保护单位。

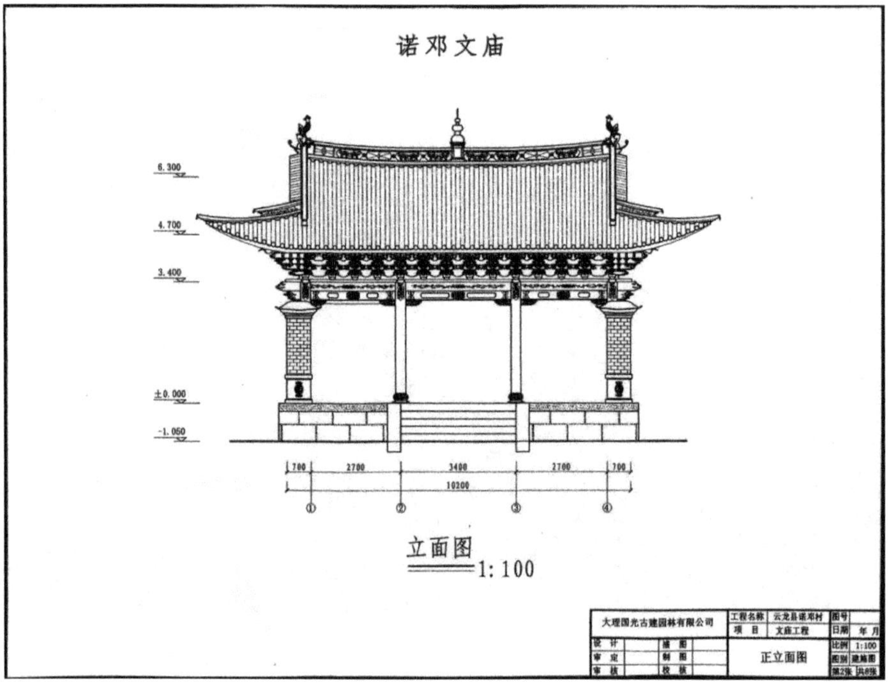


诺邓文庙立面图①

黄氏宗祠：位于玉皇阁左下方，棂星门东侧，为本村黄氏家族宗祠，始建于清中期。两院递进式院落，现仅剩后院，为传统的“一正两耳”民居建筑。占地面积791.18平方米。保存完好，现为县级重点文物保护单位。

黄氏题名坊：位于村子中部大青树旁，始建于清道光三年（1823年），坊从基座到门楣、枋柱、匾额都用石条镶砌而成，两边建有砖砌八字墙。坊正上方门楣刻有“奉直大夫五井提

黄氏题名坊

① 资料来源于云龙县文物管理所。

举黄孟通”，其下匾额刻“世大夫第”，两侧石刻对联“祖德光中叶，君恩启甲门”，牌坊背面横匾石刻“科贡传家”。本村黄姓从黄绍魁于乾隆庚辰科中进士后，黄云书又于道光癸未科中进士，故有一门两进士、祖孙进士之荣，为此，建立此牌坊。现为县级重点文物保护单位。

武庙：位于玉皇阁东侧约20米，建于民国二十年（1931），建筑式样与文庙相同，现为州级重点文物保护单位。

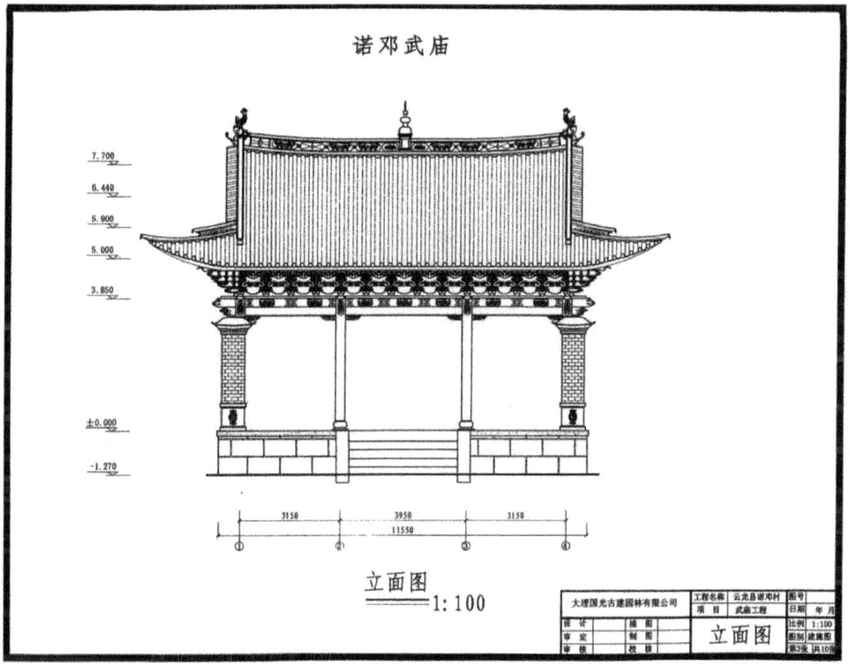


诺邓武庙立面图①

诺邓人通常把本主庙称为“三崇庙”。在当地的叙述中，本主和三崇都是他们的本主，本主是文官，三崇是武官。当笔者问村里的老人，三崇是从哪儿来的？老人笑笑说：“三崇是明代正统年间的兵部尚书王骥，他曾‘三征麓川’；也有的认为三崇是明洪武年间帮助云龙土知州段保，平

---

① 资料来源于云龙县文物管理所。

武庙

三崇庙

定佛光寨叛乱有功的‘鸡足皇帝’。”据村里的老人讲，历史上，“在家求本主，出门求三崇”是诺邓人的固有传统观念。整个云龙县都信仰三崇，三崇管辖的范围要比本主大，本主是诺邓本村的神灵。关于诺邓古村的本主庙来源也有一个传说，传说在诺邓古村的北边有个“额”（“ē”，白语意为山坡），那里塑有一座“亥之”的庙宇，“亥之”（白语hài zhī），意为“天子”，于是后人就把它称作“祷觋危”（巫觋司祭的神佛）。本主是“本境佛祖”，是“地方的保护神”。[①] 本主庙是诺邓先民的宗教信仰由自然崇拜发展到有庙有神，有巫觋歌舞，降神祭祀的原始宗教遗迹。在诺邓本主庙中，供奉着多位神灵，他们是诺邓本主信仰的系统。当地人认为这些神灵掌管着他们的日常生活，生育繁衍和身体健康。本主庙是诺邓当地居民宗教和生活的核心区域，也是村民经常光顾的地方。本主庙在村民的日常生活中发挥了深远的影响，本主文化把诺邓当地居民紧紧地凝聚成了一个社会单位。诺邓是云南省重要的产盐地区，诺邓山地白

① 杨政业:《白族本主文化》，昆明：云南人民出版社，1994年，第1页。“本主”，又叫“本主神”。白语意为“我们的主人”，具有村社祖先的含义。“本主”的确切含义是白族乡村的“村社保护神”。汉语中的“本主”一词，早期记载为“本境土主”“本境福主”“本境恩主”，“本主”是简称。

族的本主信仰与盐井文化息息相关，与诺邓的历史、政治和经济的发展紧密相连。诺邓当地居民在盐业发展的漫长岁月里，早已把本主文化深深地渗透到当地民俗中，成为诺邓民俗的重要组成部分。

卫房圣母塑像

# 第四节　耳子歌和吹吹腔

诺邓白族的耳子歌、吹吹腔是诺邓具有代表性的非物质文化遗产。古村里天然的层层叠叠的石板台阶巷道对古村的文化中心、非物质文化技艺的传承区、吹吹腔小戏台进行有效连接，自然过渡，形成了诺邓古村的非物质文化遗产景观活态保护区域，是旅游者可进入、可参与、可欣赏的文化景观。

## 一、耳子歌

“耳子歌”是白族村寨中一种群众喜闻乐见的传统喜庆活动。主要流行于云龙诺邓、检槽等地，又称“田家乐”“装饰红”。这种亦歌、亦舞、亦戏的民间艺术是现在仍然保存于白族文化中的十分珍贵的古傩文化。[①]

① 谢道辛:《傩仪与白族“耳子歌”》，赵寅松主编:《白族研究百年》，北京：民族出版社，2008年，第536页。

耳子歌”被誉为舞蹈的“活化石”，是国家级非物质文化遗产。

活动中的主题是诙谐台词对白、白族山歌演唱、舞蹈。“耳子”意为憨厚、说话不清楚的男子，云南方言即“憨包”。“歌”为舞，“耳子歌”就是“憨包舞”“哑巴舞”的意思。“耳子歌”对表演的时间、场所、性别、道具有严格的要求。只在婚宴和新房建成时表演。“演员”全部为男性，男扮女装，所有道具都是古老、原始的生产生活用具。目的是驱疫辟邪、祈求生殖，同时，也包含着儒家的“礼乐教化”，以及寓教于乐的文艺表演功能。参加“耳子歌”演出的有24人，主要有耳子3人、伴娘3人、老妈、老倌、主人、新郎、新娘、郎中、春官各1人，唢呐手2人，要狮子7人，鼓手2人，以唢呐、击乐为主进行伴奏。“耳子歌”的传承形式主要是以家传为主，老倌（道人）是一名祭祀师，是整场活动的主心骨，其他舞狮者的技能和唢呐手的演奏都属于民间传承。当地文化干部讲述：

表演中，“耳子”全身用棕树皮包裹，头和脸也用棕树皮蒙住，腰系牛铃和马铃，系猪尿泡，手上分别拿着杵棒、笊篱、连枷、荨麻、反向锄头等日常生产、生活用具。通过跳四方，朝着东、南、西、北的方向挥舞荨麻四下驱疫辟邪，通过在席间穿梭跳唱，语言和动作的暗示，在猜答过程中巧妙表现男女交媾以及劳动生活。

“耳子歌”的演出都在晚上，时间大约三个多小时。演出内容有三场：第一场“耳子戏新娘”。在喜庆的唢呐曲中以“三吹三打”“狮子贺棚”“央客入席”“上菜舞蹈”“耳子讨红肉”，亲朋好友向“耳子”抢红肉展开。在“耳子戏新娘”中，耳子向新娘讨红肉、亲朋好友向“耳子”抢红肉与“耳子护肉”。相传谁抢到红肉谁的运气好，所抢的红肉能祛邪祛病。第二场是“耳子闹婚”。以“拦彩门”“拜喜神”“祭祖宗”“点菜名”（耳子用谈吐不清的白族话与菜名相联系说一些男女情话的诙谐语句）引发人们大笑。“耳子舞”以粗犷有力的舞蹈体现生产劳动，以及春官“审案”等白族民俗。第三场是“耳子祈福”，有“祭土神”“起五方土”“松土神”等表演，在表演的过程中都用白语。民歌用“已是已”歌韵，在山歌“送土调”和“谢客调”中，送出邪气而结束。整个过程都用诙谐的白语不时引起宾客的欢笑，以自娱自乐自教的形式启迪人们做人的道理，以及“家和万事兴”的古训。[①]

根据以上描述可以看出“耳子歌”表演的原生态特征突出，充分表现了白族先民在原始社会的生产和生活中对神灵的敬仰，对繁衍生息的渴求，对生殖的崇拜，对美好生活的向往和追求。

## 二、吹吹腔

元末明初，“其节以鼓，其调喧”为基本特点的弋阳腔在内地兴起。[②]《南词叙录》云：“今唱家称弋阳腔则出自江西，两京、湖南、闽、广用之。”[③] 弋阳腔在湖南的后来发展为湘剧高腔、辰河戏等，在四川的后来发展为川剧高腔，流入云南白、彝族地区的发展为吹吹腔。明初，大规模流向洱海地区白族聚居地的移民，其中包含有不少当时弋阳腔流传地区的军民。[④] 根据杨明对白族吹吹腔剧《血汗衫》的分析，大约是当时沐英部下大将蓝中秀弟兄投军从征大理，其弟蓝季子至大理寻兄，蓝氏部下津津乐道而编为剧本，用他们习知的弋阳腔演出，而成为白族吹吹腔的一个传统剧目。吹吹腔就从这时起，在白族地区传播生根，慢慢生长起来。[⑤] 吹吹腔是现代白剧的前身。分南、北两个流派，现称白剧。[⑥] 吹吹腔和大本曲是白剧音乐的两个有机组成部分。吹吹腔部分是白剧传统音乐，大本曲部分是白族民间曲艺音乐经过吸收、利用，然后发展成为白剧音乐。

吹吹腔戏分布云龙的绝大部分地区，诺邓、功果桥、宝丰、长新、石门、顺荡等历史上都有唱大戏、过大年的习俗。诺邓古村是白族吹吹腔主

① 2015年7月25日访谈云龙县文联主席ZSL，根据录音整理，访谈地点：云龙县文联。

② 冯光钰主编：《中国少数民族音乐史》第2卷，北京：京华出版社，2007年，第751页。

③ （明）徐渭：《南词叙录注释》，李复波，熊澄宇注释，北京：中国戏剧出版社，1989年，第75页。

④ 冯光钰主编：《中国少数民族音乐史》第2卷，北京：京华出版社，2007年，第751页。

⑤ 杨明：《戏曲杂谈》，昆明：云南人民出版社，1980年版，第35页。

⑥ 和云峰：《中国少数民族音乐文化》，北京：中央音乐学院出版社，2011年，第72页。1960年曾成立大理市吹吹腔剧团，1962年1月成立大理白族自治州白剧团。

吹吹腔脸谱

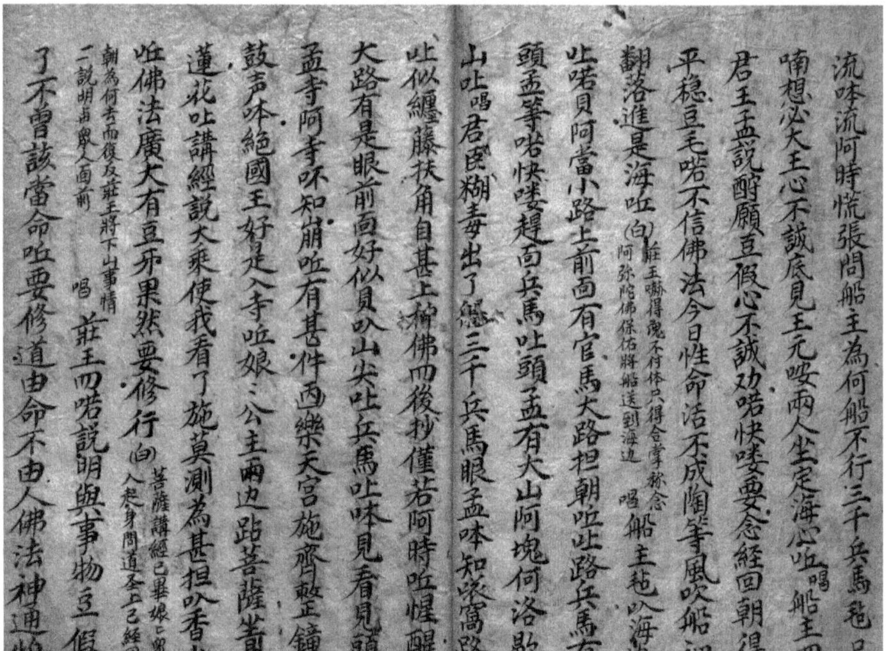

流咊流阿時慌張問船主為何船不行三千兵馬毛只
喃想沁大王心不誠底見王元㗎兩人坐定海心吔 唱 船主四
君王孟說酧願豆假心不誠劝啱快嘍要念經回朝得
平穩豆毛啱不信佛法今日性命活不成陶箏風吹船初
翻落進是海吔（白）莊王嚇得魂不付体只得合掌稱念阿彌陀佛保佑將船送到海边 唱 船主㐌叺海边
吐啱貝阿當小路上前面有官馬大路担朝吔吐路兵馬有
頭孟箏啱快嘍趕面兵馬吐頭孟有大山阿塊何洛歇
山吐 唱 君臣糊毒出了艦三千兵馬眼孟咊知㗎寫路
吐似纏藤扶角自甚上㭠佛四後抄僅若阿時吔惺醒
大路有是眼前面好似貝叺山尖吐兵馬吐咊見看見頭
孟寺阿寺吥知崩吔有甚件西樂天宮施齊敲正鐘
鼓声咊絕國王好是入寺吔娘娘公主兩边跕菩薩蓋是
蓮花吐講經說大乘使我看了施莫測為甚担叺香山
吔佛法廣大有豆邪果然要修行（白）菩薩講經已畢娘娘衆人起身問道圣上已經回
朝為何去而復反莊王將下山事情二說明與衆人面前 唱 莊王四啱說明與事物豆假
了不曾該當命吔要修道由命不由人佛法神通怕

吹吹腔曲本

要的发源地和传承地区之一，吹吹腔是白族独有的民族戏剧。当地文化干部说：

吹吹腔有一套完整的表演程式及身段谱、步法与唢呐旋律相适应。舞蹈性特别浓，行当分工细致，“生、旦、净、丑”俱全，讲究手、眼、身、法、步。以唱、吹为主，吹就是吹唢呐，唢呐是剧种特色乐器，其音乐嘹亮，高亢激扬，贯穿于吹吹腔的各种曲调之中，所以又称“唢呐戏”。是一种“有说、有唱、有舞、有戏”的戏曲形式。吹吹腔的音乐题材丰富，主要由唱腔音乐和器乐音乐（唢呐和打击乐）两个部分组成。其中最能体现其风格的是唱腔音乐和唢呐曲牌音乐。演唱方式道白与唱腔相结合，唱腔曲调质朴亲切。吹吹腔的剧目分为袍带戏、武打戏、生旦戏、杀场戏、丑角戏和生活戏、现代戏。现代吹吹腔戏反映白族人民崇尚文明，向往美好生活，讴歌赞美新时代的新人新事新气象。①

从以上这段叙述中可以看出，白族吹吹腔文化是诺邓山地白族民俗文化的重要组成部分。

在诺邓古村的村落空间中，吹吹腔戏台是古村中重要的建筑。它与大青树和本主庙组合成为当地居民节庆祭典、集市贸易、休闲娱乐、民族宗教活动的场所，形成传承和展示白族传统文化的文化空间。一年一度的本主节、龙王庙会都有吹吹腔表演。吹吹腔比较完好地保存了白族社区的历史文化传承和群体文化记忆。

综上所述，诺邓古村自然、文化景观的生成与民间文化、民间信仰之间存在着密切关系。当地人对其自然与文化景观的认知包含三个层次，体现为自然、遗产与民间信仰三重结构。每一重结构都因其地域范围和边界的不同而拥有不同的象征物。天然太极图是其自然精神的象征物；古盐井、茶马盐古道、古民居、耳子歌、吹吹腔是其文化遗产的象征物；三崇、本主、龙王是诺邓古村的守护神，是古村民间信仰最复杂最核心的部分。三重结构在当地人的生活中，具有不同的作用和意义。它较好地表达和延续了古村的历史记忆，体现了诺邓景观文化发展的生命力，也因此进一步形成了诺邓古村现代景区的边界与空间。

诺邓白族古村的景观由于生产关系改变、生产方式变革、发展旅游等因素的作用，也处在发展变迁当中。但由于有自然、遗产与民间信仰三重结构的存在，自然与文化景观的变迁相对比较缓慢。诺邓盐业衰落后，需

① 2015年7月25日访谈云龙县文联主席ZSL，根据录音整理，访谈地点：云龙县文联。

要有新的行业诞生以保持村落的发展和平衡。1978年改革开放以后，大理旅游起步并逐渐发展，在大理旅游发展的历史进程中，诺邓古村以其丰厚的历史文化底蕴、自然景观和文化景观的稀缺性、保存良好的文化生态系统而进入人们的视野，并融入景区化发展中。诺邓古村景观遗存的持续性文化意义，体现了景观遗产的历史记忆价值。作为诺邓古村形象的载体，它维系着当地居民的思想、情感、记忆和生活方式。它不仅成为诺邓古村景观的基本要素，也是古村景区化影响的焦点之一。随着旅游的发展，古村的部分区域已被旅游活动彻底改变，再加上由于耕地减少、城市半径扩大、交通路况改善等一系列原因，2000年以后，诺邓古村逐渐开始接待旅游者，古村的自然与文化景观在景区化发展中得到进一步完善与发展。

# 第三章 诺邓古村的文化保护

景区化发展对那些具有旅游吸引力的文化遗产，在保护的基础上进行科学规划和适度开发，在开发取得经济效益的基础上进行保护，是遗产活化的重要途径。在文化、环境、经济和社会等综合效益相统一的条件下，诺邓古村文化的保护，既考虑当地居民的因素，又考虑旅游者的因素，保障旅游可持续发展，保证诺邓古村当地居民和旅游者的主体尊严，通过文化保护进行古村文化生态空间的留存，体现旅游人文关怀，进行诺邓古村精神的重塑。

## 第一节　乡土建筑的保护

诺邓古村的旅游发展促进了乡土建筑的保护。诺邓白族乡土建筑进行恢复修建之后，进一步成为新型的古村遗产。在乡土建筑的保护过程中，诺邓古村曾经历了一段拆旧建假的坎坷的古建筑修复道路。但在《历史文化名城名镇名村保护条例》和《文物保护法》的指导下，情况有所好转。针对诺邓古建修复出现的自然因素和人为因素破坏的情况，古村通过及时开展分类指导，提升了保护效果。自然因素破坏的情况根据普查存在的问题，制定出合理的修复方案。人为因素破坏主要表现为部分群众对古建筑保护和修缮办法的科学合理性不太清楚，经过解释和说明以后，当地居民对保护乡土建筑的态度是包容、认同的，并表现出积极支持和配合的态度。当地居民这样说：

我们更希望住在白族传统民居中，诺邓白族乡土建筑群是第七批国家文物保护单位，修建传统民居，我们可以领取地方政府发放的建房补贴，修建好后，还可以发展民宿，参与到当地的旅游发展中。①

大青树古民居是诺邓一个重要的文化元素。我们大青树古民居一方面完整地保持了祖传老房子的原样，另一方面，我们在老房子的后面，按照“规划标准”新建了白族乡土建筑民居，古民居和新房同时开展旅游接待。我们家新落成的白族乡土建筑民居适当使用了现代白族建筑装饰材料，我们希望为旅游者打造不同的旅游体验场景，丰富旅游者的选择。②

当地政府重视乡土建筑的保护，通过诺邓的历史文化层清晰地提取景观文脉，保留完整的千年古村形态，有利于诺邓古村景区化的空间重建。当地对乡土建筑的保护主要采取了以下措施：

首先是指定专门机构和专人负责管理，科学划定保护范围和建设控制地带，制定保护措施。诺邓历史文化名村的保护范围是：诺邓镇诺邓行政村范围内诺邓自然村北至玉皇阁北60米，西至西片区诺邓名村西60米，南至进村公路南沿，东至东片区古树东沿60米，总面积39公顷的范围。分为核心保护区、建设控制区、环境协调区三个等级进行保护管理。③ 诺邓民居（24个院落）的四至范围是：东至以诺邓自然村为中心东延1000米；南至以诺邓自然村为中心南延1000米；西至以诺邓自然村为中心西延1000米；北至以诺邓自然村为中心北延1000米；保护范围占地面积为100000平方米。诺邓玉皇阁的四至范围是：东至南大门（木牌坊）与东面房屋外墙东移15米为东界限；南至南大门（木牌坊）南延15米与西边墙壁连线南延10米连线为南界限；西至球场西侧箐沟边；北至以学校北围墙后延至大坎为界限。保护范围占地面积为10600平方米。④

---

① 2016年8月25日，访谈诺邓古村村民YLH，根据录音整理，访谈地点：诺邓古村大青树下。

② 2016年8月25日，访谈诺邓古村大青树掌柜HLY，根据录音整理，访谈地点：大青树民宿。

③ 2014年10月27日，云龙县人民政府《云龙县诺邓历史文化名村保护管理办法》，见文末附录1。

④ 1995年11月1日，云政〔1995〕56号文件《关于印发云龙县各级重点文物保护单位四至范围标志说明的通知》。

重修后的龙王庙大门

重修后的玉皇阁建筑群

在乡土建筑保护中，当地政府对诺邓古村遗留的建筑、景观以及古树名木都进行了非常详细登记和整理。对每幢建筑都备注了户主的姓名，明确了保护的具体措施，并根据国家的相关要求和规定，结合诺邓的实际情况，提出了具体的修缮方法。针对诺邓的房屋格局、观景点、山林、沟壑、古道、街巷和路面修缮铺装等提出了科学的景观修复计划。当地干部说：

为了使用地方材料对乡土建筑进行修复，达到“修旧如旧”的效果，我和我的同事，曾经挽起裤腿，到澜沧江边，选择适合修复诺邓村巷道和街道的石材，对修复古建所使用到的木材和其他材料，我们进行了严格把关，尽量使修复的古建能再现历史上诺邓古村山地白族聚落景观的特质。①

① 2016年8月25日，访谈云龙县旅游发展与管理委员会主任GXL，根据录音整理，访谈地点：云龙县旅发委。

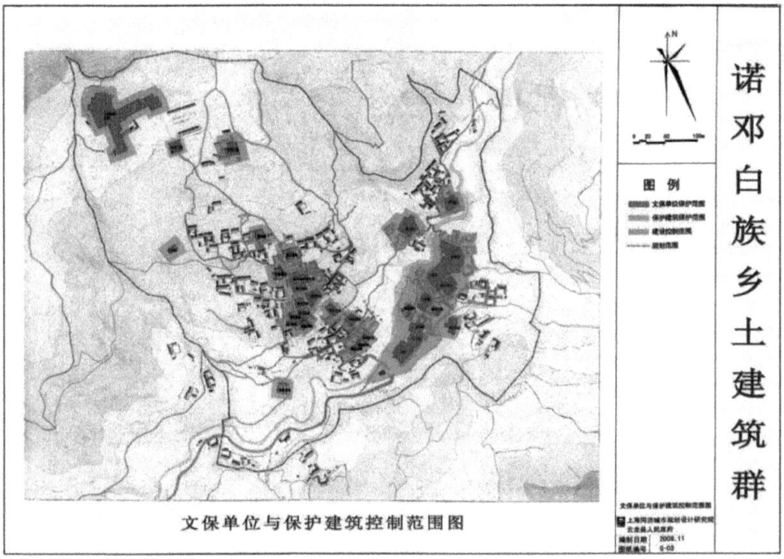


诺邓文保单位与保护建筑控制范围图一①

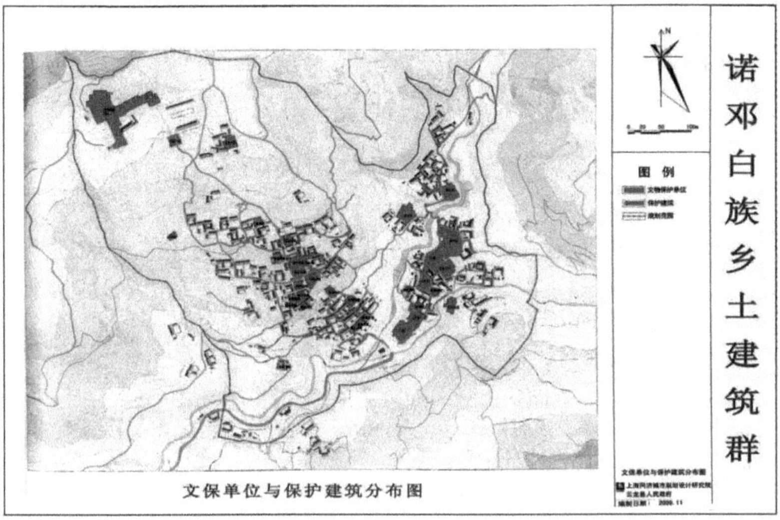


诺邓文保单位与保护建筑分布图二②

① 资料来源于云龙县文物管理所。
② 资料来源于云龙县文物管理所。

其次，当地政府制作文物保护标志牌、说明牌，并将牌挂于棂星门前西边的墙上和县级文物保护单位24个院落的墙上。

经过修复的民居

再是科学合理地建立保护档案。云龙县于1995年对诺邓白族乡土建筑群建立了文物保护档案。2007年，县里在参照原有档案的基础上，又参照全国重点文物保护单位的“四有”记录档案进行整理和完善，并整理了相关电子文档。诺邓白族乡土建筑群档案现存省文物局一份，县文物管理所一份。

当地政府对诺邓白族乡土建筑群保护工作的重视与诺邓古村的景区化发展紧密联系在一起。

诺邓白族乡土建筑群保护工作大事记①

| 时间 | 事件 |
|---|---|
| 1988年 | 云龙县人民政府拨款3000元，对玉皇阁大殿进行检漏维修，更换部分腐朽的木构件。 |
| 1989年 | 县人民政府曾拨款对木牌坊进行维修、彩画。 |
| 1993年 | 完成“文物四有”工作，划定保护范围，州人民政府拨款1000元修建“州保”保护碑亭。 |
| 1996年 | 县文体局出资2000元，对木牌坊进行维修。 |
| 2001年 | 云龙县人民政府发文（云政发［2001］8号文件）《关于加强诺邓自然村保护的通知》，对诺邓村的保护范围、保护内容、保护措施做了要求。 |

① 2016年9月3日田野调查，根据田野调查资料整理。

续表

| 时间 | 事件 |
| --- | --- |
| 2002年 | 云龙县人民政府编制了《云龙县诺邓省级历史文化名村保护规划》。 |
| 2003年 | 文体局出资9900元，修复倒塌的大殿西厢房；对静室、文庙、武庙、木牌坊进行检漏维修；云龙县设立旅游事业局。 |
| 2005年 | 完成对文庙、武庙、龙王庙的揭顶维修。 |
| 2006年 | 大理州博物馆对诺邓村居民家藏文物进行普查。 |
| 2007年 | 大理州博物馆帮助诺邓2户农民建立“家庭生态博物馆”；成立诺邓村遗产保护与旅游开发协会。 |
| 2008年 | 大理州文化局出资4万元对玉皇阁进行了部分维修，在文庙重竖孔子像，诺邓村恢复祭孔。成立诺邓村旅游开发与保护协会。 |
| 2009年 | 县文体局对弥勒殿进行检漏维修；开展诺邓村民居院落普查工作；开展诺邓景区旅游培训。云龙县人民政府委托同济大学城市规划设计研究院制作了《云南省云龙县诺邓国家级历史文化名村保护详细规划》。 |
| 2010年 | 制定《诺邓盐井恢复重建井口、井壁和坑道修复方案》，并组织修复。 |
| 2011年 | 成立诺邓景区保护与利用领导小组；制定《诺邓景区旅游收入分配建议方案》；进行4000平方米的游道修缮铺设工作；古戏台、盐井房的恢复重建和周边环境整治；主体院落打造；古村防火工作。 |
| 2012年 | 启动玉皇阁整体修缮；诺河地质灾害工程整治申报工作；组织诺邓盐文化博物馆布展规划；院落打造，扶持农户；完善和出台《天然太极保护与利用管理办法》；制作诺邓景区标识；规划古村和太极保护范围内搬迁户的住宅用地。 |
| 2013年 | 2013年投资130多万元，重修了古戏台、盐井房。投资300多万元，修建诺邓盐文化博物馆。投资530万元进行诺邓历史文化名村基础设施建设项目并按期完成。投资1300多万元推进诺邓古村国保文物修复项目。诺邓保护与综合管理工作组进驻景区，组织海选诺邓村遗产保护与旅游开发协会第三届理事会；制定《诺邓古村建筑景观贡献率评分标准（暂行）》；与管理员签订“文庙”“武庙”管理协议书。 |
| 2014年 | 制定并通过《云龙县诺邓历史文化名村保护管理办法》；成立诺邓历史文化名村保护管理所。诺邓镇人民政府和诺邓镇文体广电服务站与云龙县文物行政主管部门签订了《诺邓云南省各级重点文物保护单位保护使用合同书》。 |
| 2015年 | 制定并通过《诺邓古村传统文物建筑修缮的基本要求》。 |
| 2016年 | 筹建诺邓景区旅游发展公司；筹备诺邓古村3A景区申报工作。 |

经过修复的民居廊下

经过修复的民居外墙

诺邓白族乡土建筑群保护工作大事记表明，乡土建筑保护是诺邓古村发展旅游的资源基础。由于保护工作历时近20年，涉及的部门和群众较多，相关利益主体观念的冲突比较大，诺邓白族乡土建筑群保护中不断出现了拆旧房建新房的情况，古村古建筑修缮、电线设置、下水道以及消防设施的安装，成为保护和利用的难点。通过田野调查获得的以下数据，可以看出2013—2016年诺邓白族乡土建筑群保护中出现的一些新问题。

诺邓古村 2013—2016 年新建建筑物影响整体景观情况汇总①

| 影响整体景观15户 | | | |
|---|---|---|---|
| 序号 | 姓名 | 事件 | 地址 |
| 1 | 胡晓林 | 新建耳房一间二层40平方米，挡墙30立方米，围墙12平方米，大门一座。 | 河头坡 |

① 2016年9月3日田野调查，根据田野调查资料整理。

续表

| 序号 | 姓名 | 事件 | 地址 |
|---|---|---|---|
| 2 | 杨斌全 | 新装太阳能一个。 | 佛寺门外 |
| 3 | 李会军 | 新装太阳能一个。 | 佛寺门外 |
| 4 | 杨双辉 | 新建彩钢瓦12平方米。 | 佛寺门外 |
| 5 | 盐博物馆 | 砖混一幢。 | 佛寺门外 |
| 6 | 杨四海 | 新装太阳能一个。 | 桥下 |
| 7 | 李固 | 新装太阳能一个。 | 营尾 |
| 8 | 李乾龙 | 新装太阳能一个。 | 营尾 |
| 9 | 诺言别院 | 新装太阳能一个，5立方米水箱一个。 | 营尾 |
| 10 | 古道坊 | 新装太阳能一个，5立方米水箱一个。 | 营尾 |
| 11 | 刘杨杰 | 新建民宿二层一间20平方米。 | 营尾 |
| 12 | 黄树江 | 新建挡墙110立方米。 | 营尾 |
| 13 | 黄文江 | 新建卫生间5平方米，大门一座。 | 大青树 |
| 14 | 杨家全 | 新装太阳能一个，7立方米水箱一个。 | 大青树 |
| 15 | 诺邓完小 | 新建砖混学生食堂一间200平方米。 | 阁坪 |
| 影响局部景观8户 | | | |
| 序号 | 姓名 | 事件 | 地址 |
| 1 | 李汉明 | 新装太阳能一个。 | 秉礼桥 |
| 2 | 杨志雄 | 新装太阳能一个。 | 腌鸭蛋箐 |
| 3 | 杨照明 | 新建卫生间6平方米，民宿二层一间20平方米。 | 天子箐 |
| 4 | 黄松 | 新建卫生间5平方米，化粪池1平方米。 | 香树岭 |
| 5 | 杨银针 | 火腿加工房一间25平方米。 | 香树岭 |
| 6 | 杨利光 | 新建耳房一间二层40平方米。 | 天子箐 |
| 7 | 王世清 | 猪圈砖木一间20平方米。 | 麦子箐 |
| 8 | 杨天全 | 新建简易石棉瓦棚烤房一间3平方米。 | 佛寺门外 |
| 室内装修：有18家民宿对房屋内进行了不同程度的装修。 | | | |

存在以上问题的原因，许多村民的回答是：

新建卫生间、新装太阳能和水箱是为了发展旅游的需要。原来也打算为新装的太阳能进行古建筑材料装饰，但这样会提高装饰成本，感觉很不划算，计划先使用一段时间，等赚了钱又考虑装饰太阳能的问题。①

类似这样的矛盾，每天都在诺邓古村里发生。随着诺邓古村景区化的发展，矛盾还将会更加突出，诺邓白族乡土建筑保护成为诺邓古村文化保护中的重点和难点。当地居民和旅游者是白族乡土建筑历史价值、艺术价值、科学价值、经济价值的感受者和评判者，但如果没有树立科学的保护观念，诺邓古村的旅游也就不存在了。

## 第二节　家庭生态博物馆

诺邓古村杨黄德、黄霞昌两户“家庭生态博物馆”是全国最早以家庭为单位的生态博物馆，2007年6月正式对游客开放。两户家庭生态博物馆以家传文物449件（其中包含珍藏了500多年的藏品）为基础，以耕读传家为主线，展示了黄家源远流长的家史。黄霞昌的孙子黄永寿、杨黄德的儿子黄文光分别是两户家庭遗留文化的主人。家庭生态博物馆建成后，黄永寿和黄文光两家人的居住地继续住在家庭生态博物馆里，他们的生产生活方式在原有农耕生产的基础上多了两个角色：博物馆的讲解员和管理员。主要特点是让原生家庭成员直接参与保护、展示和介绍老祖宗留下来的藏品，并在保护中受益。

什么是生态博物馆？20世纪70年代，西方的博物馆学界针对传统博

① 2016年9月3日田野调查诺邓古村村民，根据录音整理，地点：诺邓村委会。

物馆提出了生态博物馆的新理念。法国的乔治·亨利·里维埃是生态博物馆的创始人之一。他认为生态博物馆的主要特点有三个。一是一种工具，是由公共权力机构和当地人共同修建和经营管理的工具；二是当地人向参观者展示其风俗习惯和特性的一面镜子；三是对可以在里边停留或游览的特殊空间的一种解释，这个空间兼具学校、资源保护中心和实验室功能。①生态博物馆使用真实的日常生活、工艺品和具体的环境作为表现手段，让公众通过生态博物馆参与社区的规划和发展。②还有学者对生态博物馆和传统博物馆进行了对比研究：

生态博物馆和传统博物馆比较③

| 学者 | 生态博物馆 | 传统博物馆 |
| --- | --- | --- |
| 勒内·里瓦德 | 地域、传统、记忆和居民。 | 建筑、收藏、专家和观众。 |
| 约翰·杰斯特龙 | 社区、遗产、居民、文化技艺与公众知识。 | 建筑、藏品、观众、科学知识和科学研究。 |
| 皮特·戴维斯 | 包含自然和文化遗产，通过文化管理、科学、教育、研究和创新等手段对社区遗产进行公共参与和发展。 | |
| 苏东海 | 对自然环境、人文环境、有形遗产、无形遗产进行居民自己保护、整体保护和原地保护的方式。 | |

生态博物馆的理念进入中国后，最早的实践是1998年10月31日开馆的中国第一个生态博物馆（梭戛生态博物馆），由中国和挪威双方共同合作创建。④ 2000年9月，在挪威举行的中挪生态博物馆国际研讨班上，双

① [法]乔治·亨利·里维埃:《生态博物馆——一个进化的定义》,《中国博物馆》1986年第2期，第10页。

② 苏东海:《国际博物馆运动述略及中国的实践》,《中国博物馆》2001年第2期，第4页。这是国际博物馆协会自然历史委员会的观点。

③ 苏东海:《生态博物馆的思想来源及其在中国的传播》(摘要),《中国博物馆》2006年第3期，第83页。

④ 段阳萍:《中国西南民族地区不同类型生态博物馆的比较研究》，博士学位论文，2012年，第9页。

方研讨班成员经过讨论，一致通过了《六枝原则》。[①] 在生态博物馆理念进入中国后的本土化运用中，主要强调文化遗产的本源、本真、本位、本地等四个方面的特点，以政府主导、专家指导、村民参与为主要途径，以保护文化和发展经济为主要目标，承担了对社区文化遗产进行原真性保护的功能，在中国的许多少数民族特色村寨和传统村落中相继出现了“贵州模式”[②] 和“广西模式”[③]。

当时梭戛属于贵州省最贫困的村落之一，主要经济基础是男耕女织的自然经济，当地严重缺水，水和电等基础设施建设的投入成为建设生态博物馆的主要问题。村民受教育程度较低，缺乏自我文化保护的能力和意识。因此，在生态博物馆建成以后的后续管理中，距离《六枝原则》的要求比较远，利用生态博物馆发展民族旅游，出现了民族事项活动和民族节日经常化、庸俗化，纯朴的民风遭到破坏和侵蚀，大量的村民向旅游者推销同质化旅游纪念品的现象。生态博物馆不是不能搞旅游，关键是如何搞。是按旅游的吃、住、行、游、购、娱六大要素来搞旅游，还是按生态博物馆对文化的保护原则来搞旅游，这是一个关键的问题。[④]

生态博物馆现又称社区博物馆，是国家文物局推广的新型博物馆。诺

---

① 胡朝相:《贵州生态博物馆纪实》，北京：中央民族大学出版社，2011年，第212—217页。《六枝原则》的主要内容是：1. 村民是其文化的真正拥有者，有权认同和解释其文化。2. 文化的含义和价值必须与人联系起来，并得到加强。3. 生态博物馆的核心是公众参与，必须以民主的方式加以管理。4. 当旅游业和文化保护发生冲突时，应以文化保护为优先，不应出售文物，但鼓励以传统的工艺制造高质量的纪念品出售。5. 重视长远的和历史的规划，应避免通过损害文化而获得短期经济利益的行为。6. 文化遗产的核心部分是传统技术和物质文化资料，必须对文化遗产进行整体保护。7. 观众有道德上的义务以尊重的态度遵守一定的行为准则。8. 生态博物馆没有固定的模式，因文化及社会的不同条件而千差万别。9. 社会发展在生态博物馆的建设中是先导条件，促进社区经济发展和改善居民生活应受到重视，但不能以损害文化价值为代价。

② 汪欣:《传统村落与非物质文化遗产保护研究 以徽州传统村落为个案》，北京：知识产权出版社，2014年，第54页。“贵州模式”以贵阳花溪镇山布依族、黎平县堂安侗族、锦屏县隆里古城生态博物馆等形成的贵州生态博物馆群为代表。

③ 万辅彬、蒋延瑜等:《大器铜鼓 铜鼓文化的发展 传承与保护研究》，北京：中国科学技术出版社，2013年，第220页。“广西模式”以南丹里湖白裤瑶、三江侗族、靖西旧州壮族、贺州客家、那坡黑衣壮、灵川长岗岭商道古村、东兴京族、融水安太苗族、龙胜龙脊壮族、金秀坳瑶等10个民族生态博物馆为代表。

④ 胡朝相:《生态博物馆与非物质文化保护》，北京：中国戏剧出版社，2008年，第23页。

邓古村自古以来有“以井代耕”的文化传统，繁荣的盐业经济为古村留下了大量丰富的原始文化遗存。除了大量的古建筑以外，诺邓古村中几乎家家都保存着家谱、家书、契约、匾额、生产生活用具等家传文物，以及木刻、雕版、泥塑、陶塑等民间工艺品。一些在大理已多年不见的白族传统技艺、习俗、节日活动、民间信仰等白族传统文化，在诺邓古村也有很好的存留。从这个角度上看，诺邓古村同时也是一座非物质文化遗产博物馆。根据《六枝原则》，结合贵州等地生态博物馆建设的成败经验以及诺邓古村的实际，大理州博物馆为两家农户提供了1.5万元左右的设备材料和展柜，并通过专业技术人员进行了大量的资料建档、布展等工作，顺利建成了两户家庭生态博物馆。

两个家庭生态博物馆的建立，为诺邓白族古村文化遗产的保护和利用提供了良好的场所和展品支持。两座家庭生态博物馆深藏于诺邓白族乡土建筑群中，典型的“四合一天井，三坊一照壁”白族民居建筑，院内建筑物工艺精美，门、窗、木梁、柱、檐上雕刻的图案美观精细，山墙、院墙上都绘有图画和图案。正房、厢房、面房或照壁的布置和工艺都各显特色，具有较高的历史、科学、艺术价值。在陈列物品的摆放设计上，展厅设置在两户人家楼上的房间里，不影响古民居的主要生活功能。旅游特色餐饮点在景观院落中，对博物馆的参观不会产生直接的视觉影响。黄霞昌家庭生态博物馆主要展示和传承白族民间工艺，杨黄德家庭生态博物馆主要展示和传承白族家庭历史和白族习俗文化，屋里陈列的物品与文化遗产的文化氛围和文化符号一致，集中体现了诺邓古村家庭生态博物馆遗产、居民、社区和文化记忆的特点。

## 一、黄霞昌家庭生态博物馆

黄霞昌家庭生态博物馆主要以黄家的家庭原型为基础，重点展现黄霞昌民间艺人的精湛作品，以及作品深层的文化内涵。展室面积有46.5平方米，展线35.4米，以“诗书传后世，民艺甲乡里”为主题。[①]

① 2016年9月1日，访谈黄霞昌家庭生态博物馆的负责人兼讲解员HYS，根据录音整理，访谈地点：黄霞昌家庭生态博物馆。

## （一）空间构成

院落位于诺邓村黄家登西北侧，距村中心黄家题名石坊约200米，建筑面积约为250平方米，是典型的三坊一照壁白族民居建筑。建于清代道光年间，坐北朝南，有两个门，分别为大门和二门。大门朝东，为人字形厦门阙，上有翘角，较短，为木结构。进大门左侧两间梁架结构的瓦房是猪圈。大院的二门，为厦门阙，木结构，有翘角，较短。二门通道占据了右厢房的右次间，通道较为宽敞。通道右侧墙上挂着黄家以前用过的背卤水桶。过去，后院里有一个制盐作坊，作坊里安放着两口熬盐的锅灶。制盐时，先把卤水缸中的卤水放入锅中，下面烧火，卤水经过长时期的煮熬后，大量的水分蒸发，剩下糕状的盐巴，将其装入筒状的盐模中，进行烘烤，待干后，打上印章，就可上市。石手磨，是用来磨苞谷、麦子、大豆的，磨成粉末状后制作面馍、豆腐等食品。石水缸内装生活用水。石手碓，主要用来捣碎谷物。左侧墙上摆放的是马鞍和各种农耕生产工具。

马鞍

石臼木杵

院落由主房和对面的照壁（照壁已毁）、中天井、南北厢房组成。主房为重檐楼房，二层三开间，为抬梁和穿斗式结构。一层中间为堂屋，次间为卧室，在左右两侧设有两个楼梯，由此可以登上主房的二楼和左右厢房。厢房为抬梁和穿斗式结构，是二层重檐楼房，三开间。南北厢房的腰厦之下，是狭窄的走廊，与主房的走廊连成一体，当地白族人称它为“屋檐台”，地面用六方形青砖铺成。

火塘

门窗装饰

堂屋是白族接待客人、家人议事和重大活动的主要场所。堂屋正面摆放着长条木案，木案由上等木料雕琢而成，木案两端雕刻成上翘的卷云纹状，木案下面雕刻有吉祥喜庆的精美图案。木案的案面光滑而平整，上面摆设有香炉和两扇大理石座屏。木案前面摆设着方形八仙木桌，桌子两侧摆设有太师椅。堂屋的左右两侧各摆放一条长椅，以供客人就座。堂屋的结构和装饰极为精致，在堂屋的左右两侧各设一个木门，木门上面雕刻有花纹菱形格子窗。门的中间平时为木隔板，到家中有人去世，把木板中间的活动窗打开，放置棺材。木板上层雕刻有春、夏、秋、冬及长寿安康的窗花。堂屋的两侧用木板隔断。木板中间一般有精美吉祥的彩画图案，两端留有一副对联的空间。木板上面雕刻着富有白族民居建筑特色的窗花。堂屋的顶棚是福字纹长方形竹篾，中间垂吊的是黄家以前用的提灯，提灯的骨架为木结构，上下可以伸缩，往下缩动时，下面留出可以装油灯和蜡烛的空间，往上提起，四周即可封闭。

### （二）知识视觉化

知识视觉化是黄霞昌家庭生态博物馆展品陈列的主要特点。它较好地协调了知识、展品与观众的关系，强调知识、展品和观众的系统观。有序地把黄霞昌一生的白族民间工艺技艺主题进行了串联，对白族民间工艺进行了知识的整合和通俗化。使参观者对白族民间工艺形成了系统化的知识及其价值判断，有效激发了参观者的兴趣。

黄霞昌家庭生态博物馆知识视觉化的展品陈列，主要介绍爷爷黄霞昌留存至今的一些优秀民间艺术作品。爷爷生于1891年，于1960年去世，是一位学识渊博、德艺双馨的民间艺术家，擅长泥塑、纸扎和绘画。他的泥塑艺术作品造型精美、惟妙惟肖，准确地刻画出人物的内心活动。纸扎民间手工艺制作技艺超群，各种飞禽走兽、花灯、龙灯形象逼真。绘画作品具有质朴的民间气息，蕴藏着深厚的文化内涵。HYS讲述：

和其他诺邓人一样，我家祖祖辈辈以盐业为生，是典型的“以井代耕”家庭，到了近代才转为以农业为主。这里展出的是我家世代相传的生产工具、生活用具。这是首饰箱、梳妆箱和嫁妆箱，用于装出嫁时所带的各种嫁妆和物件。在当地风俗中，姑娘出嫁的头一天晚上，亲戚朋友纷纷赠送礼物，各人赠送的礼物放入此箱中。这是木马鞍，有两百多年的历史。历史时期，各种货物的运输主要靠骡马驮运，诺邓历史上的“万驮盐巴千石米，百货流通十土奇”，说的就是骡马运输十分发达的繁荣景象。①

陶火锅

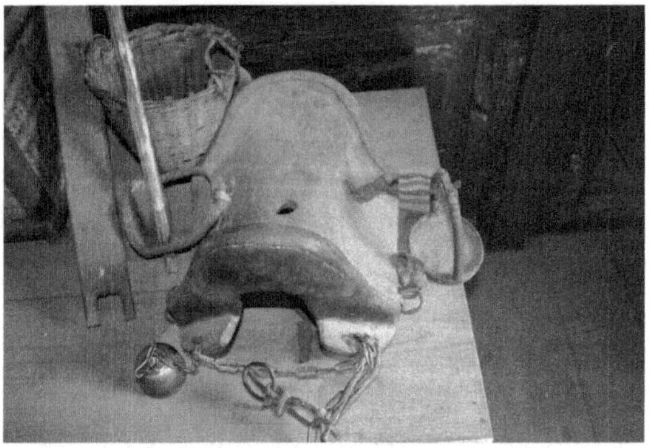
木马鞍

黄氏祖先在四百多年的繁衍发展中，主要以盐业为主，从事盐业的直接生产和盐业的营销和管理。从HYS的讲述中，我们进一步了解黄家兼营农耕生产和商业贸易等行业，为诺邓盐业繁荣做出贡献的历史。

这是木斗和木升，是口大底小的方形量器，主要用来称量粮食。古时，十合为一升，十升为一斗，十斗为

① 2016年9月1日，黄霞昌家庭生态博物馆的负责人兼讲解员HYS讲述，根据录音整理，地点：黄霞昌家庭生态博物馆。

一斛。这是陶火锅，在家中遇到一般节日和客人来访时，用它来烧煮火腿杂菜汤，土鸡火锅等菜肴。土陶火锅烧做的菜肴味美香甜，沁人肺腑。这是盛祭品的木盒，清明时节，里面可以放各种祭品，带上它到祖先坟前将贡品摆放好后，进行祭拜祖坟。这是篾饭盒，家人在野外干农活时，可用于装饭菜。这是我爷爷外出做活时用于装颜料和毛笔的篾提篮，便于野外作业。①

黄家在或耕或读中竭力保持着自己“书香世第”的传统，十分注重对孩子的教育和培养，历代酷爱藏书，家中设有书房，内放历代藏书和谱牒，多达数柜。同时，文房四宝齐备，父传子，子传孙，口授心传，绵绵不绝。后因历史的变故，烧毁了许多书籍和典藏，现在家庭生态博物馆里展出的是祖先留存至今的一些藏书。HYS的讲述是黄家自古以来重视教育的真实写照：

这是我家历代弟子所用的专门书房，外面的房间用于读书习字，里面的房间用于住宿。这里陈列着我家历代留下的部分藏书和谱牒。有《论语》《大学集注》《中庸述要》《学而述要》《孟子集注》《尚书离句》《古唐诗》《四书正蒙三辨》《墨卷精锐》《千家诗经》《告子白文》等古书几十本，有《孝友传家》黄家家谱。还有我爷爷年轻时读书的作业簿，上面清楚地记录了我爷爷的习作和老师的批文。②

黄霞昌家庭生态博物馆的展品陈列通过静止的陈列内容，使旅游者身临其境地理解和认知白族民间工艺文化，展品陈列的内容与自我的家庭生活经历，对逝去长辈的怀念、对白族民间工艺文化的探究紧密联系在一起。旅游者在陈列中感受到知识视觉化带来的全新的原真性体验，和展品产生了良好的互动，这与传统的观看型博物馆体验相比具有不可替代的效果。

① 2016年9月1日，黄霞昌家庭生态博物馆的负责人兼讲解员HYS讲述，根据录音整理，地点：黄霞昌家庭生态博物馆。

② 同上。

### （三）白族民间工艺描述

在对爷爷留下来的白族民间工艺进行介绍时，黄霞昌家庭生态博物馆体现了很大的创新。博物馆民族志的研究认为，自帝国时期以迄当下，西南族群的历史和现状，始终体现为“国家叙事”，与文化中心和政治中心表现出空间和时间的隔离和疏远。但不容忽视的是，在国家叙事之外，“自我描述”和“我族叙事”以弥散的形式——口头文学、仪式、歌舞存在于西南民族地区民族生活的各个方面。诺邓古村的两个家庭生态博物馆以单一的白族作为展示对象，属于单族群类博物馆。器物陈列、静态的图画描摹、动态的影像记录，以及以“人”为中心的活态展演，作为视觉主义开辟出来的新的表述空间，存在于“文本”所叙述的人类经验世界之外。[①] 黄霞昌家庭生态博物馆的管理员以孙辈人的口吻，在生态博物馆的讲解中恰到好处地使用了“自我描述”，进行白族民间工艺描述。HYS讲述：

这间展室陈列我爷爷用过的泥塑模范及其作品。模范主要用来成批制作粗模，粗模制成后，要经过精心的雕刻和彩画，一件作品才算完成。这是弥勒像陶范，用来制作彩色弥勒佛像。具体的制作过程是：先在模范内侧均匀涂上一层灶灰，然后把胶泥放入模范内，进行均匀捻压，待胶泥干

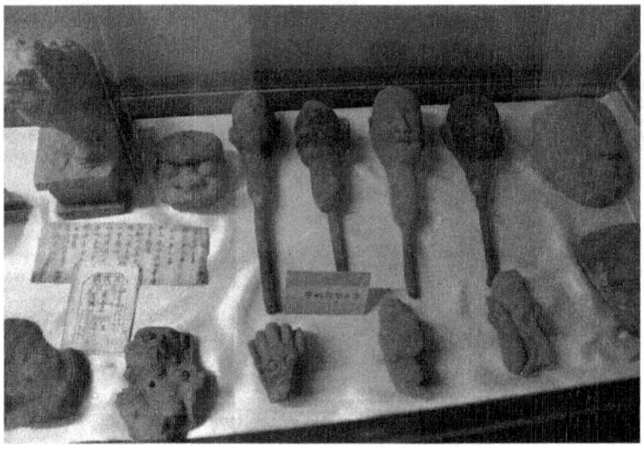

陶塑

剪纸

到一定程度后，把内范取出，待干后，进行精雕刻，这道工序是最能体现

① 安琪：《博物馆民族志 中国西南地区的物象叙事与族群历史》，北京：民族出版社，2014年，第10–18页。

作者技艺水平的重要环节。这是帝君、太上老君、观音、文昌、帝君、钟馗、寿星的陶范，用同样的手法也可以制作他们的彩色雕像。

这个展柜陈列的是我爷爷的泥塑作品，有带柄陶塑头像、陶塑猴头、陶塑龙头、陶塑罗汉头像、陶塑头像、陶雕狮、陶塑狮子头等。展墙上展示的是我爷爷的绘画作品，这些作品取材于民间素材，大多是喜庆吉祥的图案。这是猴子登科图，寓意儒生登科进爵，步步高升，书山有路勤为径，学海无涯苦作舟。①

爷爷和祖辈刊印的书籍是黄家谋生和致富的途径，HYS讲道：

我家是白族民间工艺美术世家，擅长木雕刻板。这间展室陈列的是祖辈遗存的部分木刻雕板。主要刊印各种乡土教材，道教经文和民间甲马。这里陈列的是刊印道家经典的木刻板，有妙法缘经、妙法经、四品经、关圣帝君觉世真经、三圣律解的木刻版。所印的经书中充满了善恶因果报应和积德惩凶、与邪魔势力斗争等内容。既向往超尘出世的仙景，又主张入世的重生和乐生，提倡在日常言行中，积德修身，行善止恶。②

爷爷留下的白族民间工艺，包含了历史、宗教、民俗、艺术、商贸等内容。HYS继续讲到：

木刻雕版

祖先龛

① 2016年9月1日，黄霞昌家庭生态博物馆的负责人兼讲解员HYS讲述，根据录音整理，地点：黄霞昌家庭生态博物馆。

② 同上。

白族人家的主房二楼一般设有三个神龛。中间为佛龛，一般供养佛像，佛龛正对面为天地堂，上面摆设有香炉和香台。佛龛的左侧为祖先神龛，右侧为灶君神堂。中间的佛龛中供奉着彩绘的陶弥勒佛像，旁边是彩绘陶财神和彩绘魁星占鳌头陶塑像，这三尊是我爷爷亲手塑造的泥像，塑像保存完整，是珍贵的艺术品。这是供奉灶君的神堂，一般没有塑像。这是我家的祖先龛，供奉着历代我家祖先亡灵的牌位。到七月半中元节时，我家每天三次向祖先龛进行祭拜。遇到家人长时期外出做活，出门之前也同样要向祖先龛进行祭拜，以求祖先保佑。①

这可以被称作是一篇关于白族传统民间工艺的解说词，是对白族民间工艺审美的再现。总结一下，可以看出黄霞昌家庭生态博物馆的主要特征和核心：一是当地居民直接参与保护和建设；二是家庭生态博物馆发挥了教育和白族民俗文化保护中心的功能；三是通过空间构成、知识视觉化以及对爷爷白族民间工艺的描述，使旅游者全面通过实证性地自我描述，在“家庭”和“生态”的语境中，参与和回顾了“我爷爷”取得的极大成就，这些宝贵的精神财富是诺邓古村文化保护的主要对象。

## 二、杨黄德家庭生态博物馆

杨黄德家庭生态博物馆也称为“复甲流芳家传陈列室”。以“耕读传家，复甲流芳”为主题，重点展现白族习俗文化。主要有黄家的传世书籍、存稿、契约、家谱、药方，各时期在盐井工作的证件，各种生产工具、生活用具及其各种工艺品等。展品数量有198件。展室面积共28.5平方米，展线19.4米。②

### （一）白族家庭历史

白族家庭是白族社会的基本细胞，在漫长的白族历史中承担着价值观塑造以及文化传承的主要功能。景区化背景下，建立杨黄德家庭生态博物

① 2016年9月1日，黄霞昌家庭生态博物馆的负责人兼讲解员HYS讲述，根据录音整理，地点：黄霞昌家庭生态博物馆。

② 同上。

馆的意义在于认识白族家庭历史的完整性，提升诺邓古村景区的历史文化内涵。明成化二年（1466年），黄家始祖奉直大夫黄孟通担任云龙的五井提举，从福建邵武落籍诺邓，融入当地白族中，现传至19代。到第18代时，父亲杨黄德入赘，生三子。现在负责杨黄德家庭生态博物馆管理和讲解的是杨黄德的儿子黄文光，他的哥哥和弟弟归杨家宗族，他是二子，立黄家世祖。以下是HWG关于这段家庭历史的叙述：

黄氏祖先世代以盐为主业，他们在开发卤源，改进生产方式，提高盐业生产，开拓销售渠道，完成科税并维护生产者利益等方面都作出了卓越的贡献。同时，他们兼营农耕生产、商业贸易、手工技艺制作、医药治疗等行业，并取得极大的成就。祖辈以耕读传家，500多年来，共出了100多名秀才，26名贡生，4位举人，2位进士（云龙县共出过3位进士）。他们在文学、诗歌、艺术等方面颇有成就，并有大量的作品存留于今。展柜里摆放的是祖辈遗留下的实物。有黄家第五代祖黄诏手书给儿子的分家单，内容为分给每个儿子的详细家业。最后，特别写明四子黄文魁当时为浪穹县增广生员，为支持儿子继续求取功名，解决“束脩”及应试往返的费用，以两块田地的形式多分给他白银70两，并把书童一人归其随从。黄家自古就有重视教育的传统，对于求学深造的学子予以全力支持。盐业是诺邓的

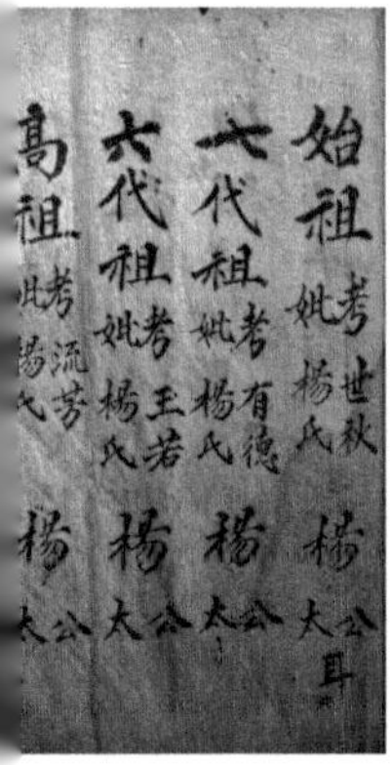
家谱

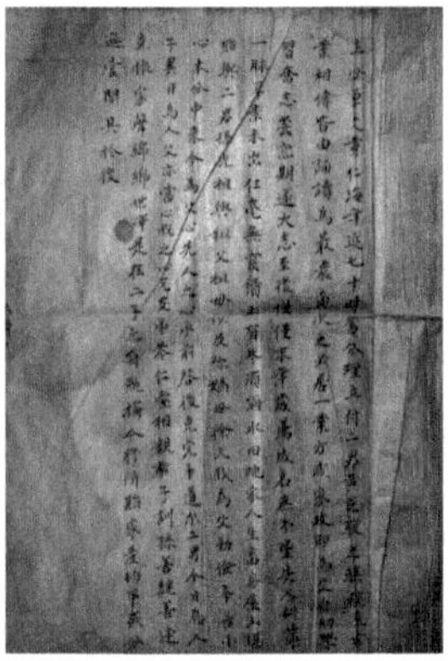
分家清单

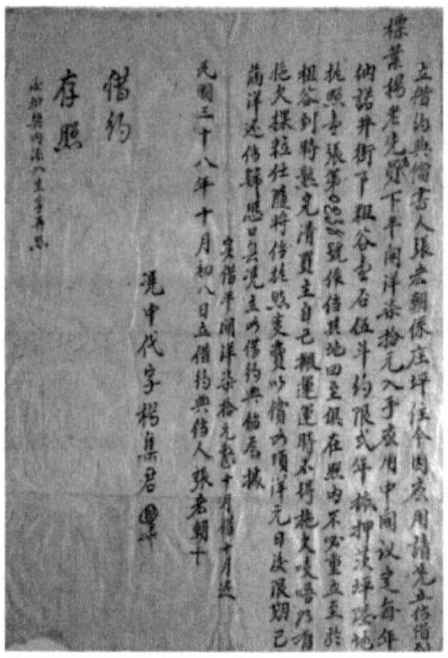
契约

药方

经济命脉，是诺邓千余年辉煌历史文化的基石。“九州之贡盐为首”，黄家

自落籍诺邓以来，与其他居民一道为古诺邓的繁荣和发展做出了贡献。在500多年的繁衍发展中，世世代代以盐业为主，从事着盐业的直接生产、管理、经营和销售。[①]

从以上叙述，真实直观地了解到黄家从福建移民诺邓，为诺邓盐业发展做出贡献的历史。以杨黄德家为代表的白族家庭历史，是西南边疆少数民族白族历史发展的缩影和窗口，也是费孝通先生提出的中华民族多元一体格局在白族地区的体现。各民族通过长期接触、混杂、联结和融合，形成了你中有我，我中有你，你来我去，我来你去的各具个性的多元统一体。各民族在日益密切的交往中，相互熟悉、相互认同、相互渗透和相互影响，不断发展，缔造出团结、巩固和成熟的中华民族共同体。[②] 这对于协调景区化背景下，诺邓古村中出现的利益驱动、旅游不文明行为、族群文化、文化生态的保护和发展起到了很好的调试和示范作用。

### （二）复甲流芳

“复甲流芳”源自历史上诺邓流传下来的诗句“青箱遗泽，复甲流芳”，意为诺邓自古以来重视文化教育。“耕读传家，复甲流芳”主题，不仅体现了《六枝原则》在家庭生态博物馆建设中的运用，还表现了杨黄德家庭生态博物馆的历史和当下的意义，有利于解读诺邓白族先民与盐业的联系，以及诺邓白族自古以来重视教育的历史文化内涵。HWG讲述：

展墙上展出的是我家的家谱世系表，以及我家祖上留下的地契和验契。这张照片是我家祖先黄绍魁的诰封石亭及其墓葬山的石刻艺术。黄绍魁，字希桥，号砥石，乾隆年间中进士，先任直隶顺天府宁河县知县，六年后升刑部广西司主政，敕授文林郎，赠承德郎。他公于家乡，热心公益，对家乡教育事业的发展做了大量的工作。这一张是明代翰林院修编、监察御史李元阳为我家第四代祖黄本清撰写的墓志铭。

这个展柜中陈列的是分单存照手书本、《孝友传家》手抄本、《黄姓家

① 2016年9月1日，杨黄德家庭生态博物馆的负责人兼讲解员HWG讲述，根据录音整理，地点：杨黄德家庭生态博物馆。

② 费孝通:《中华民族多元一体格局》，北京：中央民族学院出版社，1989年，第2—3页。

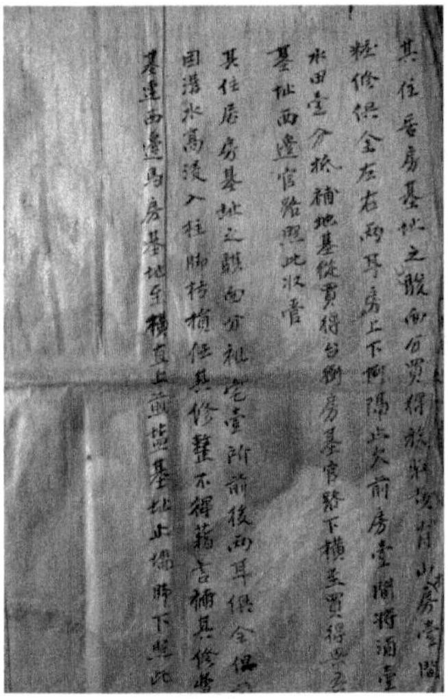

地契

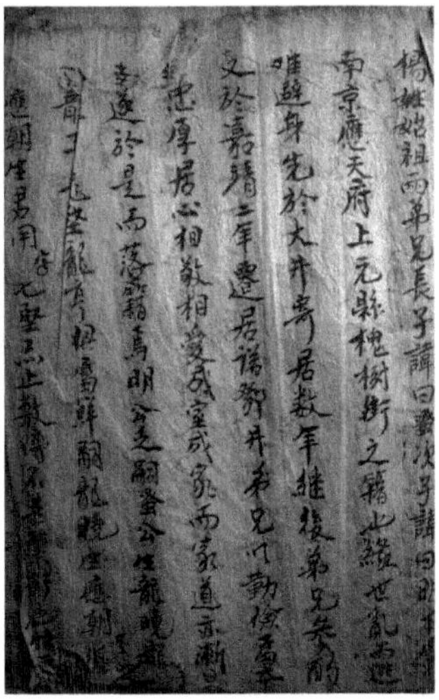

手抄家谱

谱》手抄本和《杨姓宗谱》手抄本。下一展柜中展出的是祖辈读过的《南诏野史》等书籍。展台上是我家祖先黄云书用过的书箱，黄云书于道光年间中进士，写过《云龙州志》，可惜于丁巳年间兵中烧毁，曾写过许多诗文，有一部分还存留至今。书箱里装有《会真楼仙集》《文成字汇》《字汇辨似》《重订验方》《字汇集》《春秋左传》《孟子训士歌文》《春秋全经左传》《三字经白话》《四书白话解说》《监本诗经注解》《古文观止》《古文释义》《四书读本》《诗法楷模》《四书读本》《韩非子解集》《两朝御批历代通监辑览》等古书上百本。展墙上展出的是我祖先结婚时的礼单及山水人物直幅画。这个展柜陈列的是我家祖辈所用的文房四宝、笔架、镇纸，我家世代都有书房，书房中文房四宝必备。同时展出的还有各个时期所用的铜钱，有永历通宝、乾隆通宝、嘉庆通宝、咸丰通宝、咸丰重宝、同治通宝、兴朝通宝、道光通宝、光绪通宝及宣统银元等。[①]

从以上讲述可以看出，黄氏始祖自落籍以来，与原土著白族互相融合的同时，竭力保持着“书香世第”的传统。在这样的家学、家风影响下，许多人选择了入仕做官。获得功名后，他们积极参与到加强地方教育设施

① 2016年9月1日，杨黄德家庭生态博物馆的负责人兼讲解员HWG讲述，根据录音整理，地点：杨黄德家庭生态博物馆。

的建设中。在他们的倡导和参与下，在诺邓的山水之间建设了玉皇阁、孔庙、文昌宫等一批文化教育设施。他们当中许多学识渊博的贡爷和秀才甘为人师，培养出了一批德才兼备的优秀学生，形成了文风蔚然、复甲流芳的景象。

### （三）白族习俗文化叙事

西南族群表述有“自我描述”和“我族叙事”两重路径。理解博物馆比较好的方式之一是把博物馆看作是一种典型的“异质空间”，这个“异质空间”是一个没有被破坏的时代的缩影，时光、形式、品味和时代都封闭在“异质空间”里。① 唐代历史学家刘知几的《史通》对叙事进行了系统研究,《史通》里称历史叙事是“国史之美者，以叙事为工”② 。叙事与生活史有紧密的联系，也是人类的智慧形式之一，大多数参观者在没有白族习俗文化背景的情况下，是很难看懂杨黄德家庭生态博物馆的藏品意义的。白族文化叙事，较好地实现了对时间和空间的转换，把参观者放入白族文化习俗体验场景中，HWG讲述：

这是煮卤水时烧火所用的铁叉，从这一件藏品中可以看出，当时煮熬卤水所用的规模和器具十分庞大。下一件是铁筒盐模，卤水经煮熬后，大量的水分蒸发，剩下糕状的盐巴，将其装入盐模中进行烘烤，待干后打上印章就可上市。这是背卤水桶，盐井所出的卤水就用背卤水筒背到各灶户，放入卤水缸中熬制盐巴。下一展柜陈列的是我祖父黄绍鹏在诺邓盐井工作的证件和徽章。其中有监工执照、云南盐务管理局工作证、云龙井场务所诺邓井童工证、监工身份证、云龙县委证明书、云南乔后盐场云龙分场分会证明书、监工凭证、童工领发工资执证，还有公盐1号印章和诺井同一盐号木章，成品盐制成后，用此印章在盐上印上商标就可上市。

展架上陈列的是我家祖上传下来的各种陈设品和生活用具。上层陈列的是木雕和陶雕座狮、兽身鱼尾形木鱼。中间陈列的是各种陶瓷花瓶，下

① 陈志梧:《不同空间的正文与上下文》，夏铸九、王志宏编译:《空间的文化形式与社会理论读本》，台北：明文书局，1993年，第399—410页。

② （唐）刘知几撰:《史通》，黄寿成校点，沈阳：辽宁教育出版社，1997年，第50页。

层是瓷壶、五彩八仙钵、青花花纹碟等器具。木甑子一般用来做米饭及馒头。盛漆木桶一般用来装树脂漆。木研臼用于捣碎花椒、辣椒、草果等调味品。

展架上层展出的是制作冥纸所用的铁质打孔器、憨态可掬的木雕猪、民国时期村民大量使用的水烟锅、暗刻花卉纹带系银杯、铜带扣和铜杯。下层展出的是带盒等子，等子是用于称量贵重药材、兽角、金银的。这是祖先在附近山林中猎获的一对野兽兽角。接下来展出的是一枚银锭纽离纹圆铜镜，一枚福寿康宁铭文圆铜镜。白族婚俗中，新娘胸前都佩戴一面镜子，以示趋邪避祸。现在，村中有办结婚喜事的人，都来向我家借用这两枚铜镜。墙上展出的是杨标叶和胡春菊两位户主的房产证，房产证上标注有房子的范围，当时的人口及签发单位等信息。①

以上叙述，可以清晰地看出黄家历史的建构过程。黄家以盐业为主，兼营农耕生产、商业贸易等各行业发展的家庭生活史，构成了诺邓家庭生态博物馆的主要历史文化内涵，也是诺邓历史文化名村、特色村寨保护的重点区域，在景区化发展中具有深层而多样的含义。HWG对白族手工艺品制作的讲述，再现了白族习俗文化的丰富内涵：

这是铁质和木质的烟罩。以前，各家各户晚上照明都用蜡烛和树脂，烟灰较多，用它罩在蜡烛和树脂上面，除去了大部分烟灰，以防污染房屋建筑和家具。这是我家老房子上拆下来的福、寿、双、辉木雕窗花，窗花为两层雕花，雕刻细腻有神，寓意吉祥、兴旺发达。这些是我家留下的木刻版，主要印制各种家用的甲马纸，其中有喜神甲马，印出的甲马纸供村结婚的人家使用。还有一块民国时期的公民证木刻板，当时就用它来印制公民的身份证。②

家庭生态博物馆的两位主人每天通过“自我描述”和“我族叙述”，为来自海内外的游客介绍诺邓白族古村社会生活。馆内静态的空间构成、视觉化的知识，白族家庭历史、复甲流芳，静态的器物、书籍、工艺品陈列，以及两位“黄叔”对白族民间工艺的描述、白族习俗文化叙事，体现

---

① 2016年9月1日，杨黄德家庭生态博物馆的负责人兼讲解员HWG讲述，根据录音整理，地点：杨黄德家庭生态博物馆。

② 同上。

了古村对文化遗产的保护和利用，也为诺邓古村的文化遗产保护和利用提供了时空阐释的新视野。

在景区化背景下，两个家庭生态博物馆逐渐体现了旅游价值。要进一步维护两个家庭生态博物馆，除了政府的持续性投入之外，让其主人获得直接的经济利益，从事导游讲解的收入也是主人比较重要的收入来源。这两位讲解员是古村里地道的农民，诺邓古村旅游发展以后，家庭生态博物馆吸引了全国各地的游客。为科学合理地安排博物馆导游讲解与干农活的时间，博物馆门口留有电话号码，需要聆听讲解的游客，可以与他们联系，每位游客付费10元。可见，发展旅游有效促进了家庭生态博物馆的保护，提高了古村旅游参与户的经济收入。从家庭生态博物馆与诺邓古村文化保护的关系来看，家庭生态博物馆在诺邓古村景区化发展的背景下，已成为文化保护不可缺少的途径之一，体现了诺邓古村文化的保护价值、科研价值和旅游价值，促进了诺邓古村文化的复兴。但由于家庭生态博物馆的功能比较有限，离开这两个家庭区域就很难实施保护，因此，诺邓古村的文化保护单靠这两个家庭生态博物馆还远远不够。

## 第三节　非物质文化遗产保护

非物质文化遗产与物质文化遗产的差异在于前者具有“活态性”，非物质文化遗产的本质属性是“代代相传”“世代相承”，只要有利于存续非物质文化遗产的活态传承，不管采用什么保护方式，就是合理的。[①] 诺邓

① 祁庆富:《存续“活态传承”是衡量非物质文化遗产保护方式合理性的基本准则》，刘守华、罗杨主编《中国民间文艺学年鉴2009年卷》，北京：中国传媒大学出版社，2013年，第60页。

古村里的“耳子歌”、吹吹腔、洞经音乐、白族歌舞等白族民俗文化、民间艺术保存完好。

“耳子歌”作为诺邓古村反映原始信仰的民俗喜庆祭祀舞蹈，“文革”期间曾一度中断。十一届三中全会以后，经文化部门发掘后重返民间，1992年开始向外界推介。2002年到日本参加国际民俗艺术节演出，并多次参加云南省、大理州、云龙县的民族民间原生态传统文化展演，受到海内外学者的广泛关注，2014年被列为国家级非物质文化遗产保护名录。ZQF讲述：

我们对“耳子歌”的整个演出过程进行了实地录像和相关文字的整理，对“耳子歌”濒危项目开展了大量的就地保护工作。在县委、县政府的重视下，首先加强了老艺人的带徒授艺工作。在县文化部门的组织辅导下，“耳子歌”现在已有了一支50多人的业余演出队伍。县里重视提高老艺人的社会地位，并对困难艺人给予适当的生活补贴，省级民间艺人每年有3000元的补助。由文化部门牵头组织辅导“耳子歌”业余演出队伍，通过加强耳子歌的创作和演出，建立了一支高素质的耳子歌表演专业队伍，加强“耳子歌”的保护和传承。但部分干部群众对“耳子歌”艺术价值的认识不够，保护意识不强，当地有些干部认为“耳子歌”是封建迷信思想。县里财政比较困难，对“耳子歌”的保护和发展资金投入不足，对民间艺人的培训、扶持、重视不够。目前，由于有一批民间艺人因年龄原因相继去世，年轻一代还不能完全胜任，“耳子歌”艺术的保护和抢救，民间艺人的传承面临自然损毁、人为破坏和建设性破坏等困难。①

2006年5月，云南省人民政府将云龙吹吹腔艺术列入云南省第一批非物质文化遗产保护名录。2008年，云龙县被中国文化部命名为“中国吹吹腔艺术之乡”。② 目前，云龙县存留有11座古戏台，有8个常年活动的业余戏班子。云龙县境内吹吹腔古老风貌遗留保存完好的是南派吹吹腔。诺邓古村内保存了两个常年活动的吹吹腔戏班子和1座古戏台。

① 2016年8月31日，访谈云龙县原文体局副局长ZQF，根据录音整理，地点：ZQF先生家。

② 董姗姗：《云龙县文物保护与非遗保护传承有声有色》，《大理日报》，2016年6月22日第2版。

ZSL说：

白族吹吹腔文化展示是抢救、收集和整理吹吹腔这一古老、珍贵的民族民间剧种的有效手段。我们在加强采风调研的基础上，组织举办了各类讲座和传承培训班，有效传播了吹吹腔这一古老的剧种。曾先后举办了吹吹腔唢呐演奏培训、吹吹腔表演培训、吹吹腔唱腔培训、吹吹腔脸谱培训、农家乐演出培训等。共培训学员300多人次，促进了艺人之间的传、帮、带。云龙县还邀请老艺人到学校授课，开展“吹吹腔演唱进校园”“民族歌舞进校园”等活动。县里的小学每个班每星期上一节吹吹腔演唱课，现已培训400多人次。鼓励老艺人收徒弟，言传身教，传承吹吹腔，很多年轻人得到了老艺人的真传。①

以上叙述，我们可以看出当地政府对吹吹腔保护非常重视，在非物质文化遗产保护工作的体制和机制创新方面，开展了大量的工作。应该看到，当地在非物质文化遗产保护中，专门成立了诺邓白族传统文化保护区管理委员会，负责对诺邓白族传统文化区的日常管理。尤其重视对滇西盐业经济型文化、宗教文化活动、地方文艺、地方民间节日、传承人的资料收集、整理和发掘，促进了非物质文化遗产的活态传承。但由于诺邓古村的非物质文化遗产原真性较强，资金投入不足，目前古村里还缺乏非遗传习所、非遗博物馆、非遗文化广场等专门的非物质文化遗产保护机构。缺乏非遗保护的专业技术人才资源。受到普查和挖掘力度不足因素的影响，古村的保护难度很大。有些非物质文化遗产濒临消失或失传，部分民族民间艺术由于缺乏传承人和传承基地，有的由于老艺人的离世而消亡，有的依靠口传心授的传统技艺正在消失。

综上，诺邓白族乡土建筑群的保护、家庭生态博物馆、非物质文化遗产是诺邓古村文化保护的多样化形式。也是诺邓古村文化保护的主要途径，是诺邓古村可持续发展的重要基础，以及创造未来文化遗产的重要组成部分。旅游发展使村民有意识地对自身文化进行保护，尤其是对当地标志性符号景观的保护。在诺邓古村的景区化发展中，追求文化遗产的原真性，与追求诺邓山地白族生活的原真性、白族文化的原真性、古村旅游文

① 2016年8月29日，访谈云龙县文联主席ZSL，根据录音整理，地点：云龙县文联。

化的原真性是一脉相承的。与加强山地白族文化的独特性和古村旅游的吸引价值紧密相连。随着景区化的发展，诺邓古村文化保护受到了外来多元文化的挑战。要推动诺邓古村景区化的可持续发展，只有当地居民自觉融入社区建设，培养文化传承人，全面珍视文化资源的稀缺性以及保护价值，成为文化传承、保护和发展的主体。

# 第四章 诺邓古村景区化发展

诺邓古村的传统行业是盐业，“以井代耕”是其传统生计方式，光绪《云龙州志》云：“盐策之利，古今皆同。井灶之情，彼此各异，云郡山多田少，以井代耕，不唯灶户赖以养生，即居民亦仰之延命，所谓井养不穷也。”[①] 从位于诺邓盐井东面的龙王庙庙门的匾额横批“以井养民”，对联“井养不穷资国赋，龙颜有喜利民生”[②] 中，可以追溯诺邓“以井代耕”的历史。清末到民国，诺邓的私盐现象比较普遍，私盐就是灶户缴纳完官盐后对所生产的多余部分的盐进行销售，许多诺邓人加入高风险的私盐贩运队伍中以维持生计。私盐的贩运常常建立在熟悉的本井人之间，利用农闲时节进行，背私盐的人不仅要力气大，会组织马队，还要灵活机智，因为常常需要在夜晚抄小路背运盐，以逃避缉私队伍的围追堵截。从诺邓内部的生计方式上看，盐在诺邓人的生活中，作为商品交换的意义早已超越了盐的餐桌调味品属性。诺邓盐井天然的资源优势，发达的盐业转运和分销交通系统造就了富庶的诺邓，造就了诺邓人靠山吃山，靠井吃井，主要靠盐井养家糊口过日子的生计方式。

马队

① 云龙县文史资料委员会编：《云龙文史资料》第4辑，1990年，第92页。

② 黄金鼎编：《千年白族村诺邓传统对联拾遗》，昆明：云南民族出版社，2007年，第97页。

中华人民共和国成立以后，诺邓盐井衰落，诺邓古村居民的生计方式逐渐从传统的盐业经济为主导，转化为耕田养牛、养猪过年的农耕生产经营方式。2000年以后，逐步接受了市场观念，参与旅游市场，在竞争中进行生产和发展，在传统农业生计方式中融入了现代旅游业的元素。许多居民开始了从农民到旅游经营者的转型，逐渐从事旅游餐饮业、民宿、自制火腿外销、旅游运输等工作，实现了从“以井代耕”到旅游为主业的生计方式转变。

## 第一节 旅游餐饮业的发展

餐饮是景区化发展中的重要因素。2000年以前到诺邓古村旅游，需要到云龙县城用餐，因为古村无经营性餐馆，大大降低了诺邓古村的旅游体验效果。景区化发展以后，带动了诺邓古村旅游餐饮的发展。诺邓古村现有47家旅游餐饮店，其中有45家是集民宿业和餐饮业于一体，餐饮店的名称与民宿同名称，有2家是专业化白族庭院式餐饮店（诺邓鱼庄和盐泉农家），有6家为外来户租用经营。[①] 诺邓古村的旅游餐饮经营户基本上同时是民宿经营户。旅游餐饮业的发展，打破了诺邓古村原来单一的收入来源结构，既满足了旅游者身体能量的需要，又使诺邓地方特色的“味”更足。诺邓古村旅游餐饮业的发展主要有以下特点：

① 2016年8月29日田野调查，对诺邓古村开展餐饮的住户进行入户调查后整理为“诺邓古村民宿业和餐饮业目录”，见文后附录2和附录3。

## 一、白族庭院式经营

诺邓古村的旅游餐饮业利用白族古民居院落，以农业家庭经营户为主，大多数是利用自家的古民居以及现有的生活设施进行改建或改善。当地政府对诺邓古村的旅游餐饮业制定了比较严格的行业审批制度，以及食品加工过程的安全管理制度。村民说：

民居庭院

我们首先根据村里的要求建设后厨和餐厅，然后向村里递交进行旅游餐饮经营的申请，村里批准后出具证明，有了村里的证明后需要到镇上办理税务登记证、卫生许可证和营业执照。之后，镇防疫站要对餐饮店的卫生设施、房屋的基本格局进行检查。检查合格后我们才能领到营业执照。诺邓镇政府、诺邓村公所和村委会对我们餐饮店的经营范围、食材、加工程序和安全卫生等方面进行全过程监督，县里相关职能部门经常采取不定期抽查的方式对我们进行检查。①

诺邓白族庭院式餐饮经营在服务中融入了大量的白族文化元素。村里重视旅游餐饮业管理，每年统一组织培训，提高餐饮服务质量。餐桌台布使用白族扎染布，服务员身着白族服饰。诺邓古村的旅游服务培训中包含了餐饮服务人员应身着白族服装，尽量使用普通话进行对客服务的要求。白族庭院式经营既是诺邓古村旅游餐饮业的主要经营方式，也是其主要特色。诺邓古村里有的白族庭院很大，有的却很小。大的如诺邓鱼庄和盐泉农家，就在路边比较好找，小的如“一颗印”“五滴水”等白族庭院式餐饮经营院落，显得幽静而隐蔽。原真性越强的古民居，其白族庭院式餐饮

① 2016年8月29日田野调查，根据诺邓古村大青树掌柜HLY的口述录音整理。

经营越有历史感，如“大青树”“诺邓人家”等。由于诺邓古村的自然环境优美，天人合一，白族庭院式餐饮经营中的人与自然和谐统一，因此形成了与自然共生，和谐相处的不可替代性的环境优势。庭院内，一年四季，各种带香味的古宅庭院植物次第开放；庭院外，呈梯台式分布的山地古民居风景如画，草鸡满地觅食，黑山羊在坡上吃草。诺邓古村的白族庭院式餐饮经营，一年四季为旅游者提供了自然生态健康的美食享受。

## 二、“舌尖上的诺邓”菜品

诺邓古村的旅游餐饮业开发出了一系列“舌尖上的诺邓”菜品，满足了旅游者品农耕文化，尝乡村美食，赏古村美景的愿望，提升了诺邓古村景区的餐饮文化品质。诺邓古村里经营餐饮的，一般利用自家古民居，用家里人作为帮手，没有房屋租金压力。但由于他们没有菜地和养殖业，大量的食材仍然需要到诺邓集市上依靠马驮或者外运，导致餐饮业的成本比较高，旅游餐饮消费的价格也比较贵，2016年8月期间的人均最低消费为50元起。

归真小筑

古村里大多数的餐饮店菜品基本保留了白族菜的特色，体现了白族民俗风情，烹调方法传承了滇菜的特点，主要口味是酸、辣、甜、麻和鲜脆。菜品主要有腊菜类的诺邓火腿、腊肉、香肠、吹肝；油炸类的鸡枞油、玫瑰糖夹沙乳扇、地参

驴窝国际青旅

子、黄金片、香椿；炖煮类的酸辣鱼、砂锅鱼、诺邓火腿炖土鸡、千张、粉蒸牛羊肉、百合肉丸；炒菜类的有火腿炒时鲜、野生木耳炒肉片、树胡须炒肉片、炒饵块，应季的蘑菇、鸡枞；凉菜类的小葱豆腐、凉拌鱼腥草、黄瓜等。饮品主要有自制冰粉、凉虾、烤茶、药茶，有的店家还提供白族“三道茶”和各类泡酒。为体现菜品的地方性，有的店家在午餐时还提供白族饮食习俗中的腌生肉和生皮，丰富游客的选择。

少数餐饮店体现了中西合璧的特点。在“归真小筑”“驴窝国际青旅”“素心若水”等外地人经营的店里，店家除了提供当地白族菜品外，还提供咖啡、各式面包、蛋糕、西式甜点、冰激凌和酒水。充分体现了景区化发展中诺邓古村旅游餐饮业与现代旅游休闲文化紧密结合的特点。

## 三、村民收入增加

诺邓旅游餐饮业的发展，使当地村民的收入增加，生活质量和水平提高，促进了当地居民职业技能的提高、农村劳动力转移，推动了农业产业结构的转型。近几年，随着到诺邓古村旅游者人数的增加，旅游餐饮消费在诺邓经济发展中的重要性逐渐显现。旅游餐饮业逐渐成为诺邓古村的可持续生计。生计是由资产（社会资源和物质资源）、能力和谋生之道构成的，生计能提供给下一代可持续的谋生机会，能在维持或提升能力的同时增加资产，能应对和恢复冲击或压力，生计是可持续的。① 可持续生计认为，文化和经济增长是社区的基础，应根据个体和社区的财产、权利和谋生之道，整合社会、环境和经济资源，展示社区真实生活的多领域特质，引导采取最佳谋生方式，使其更具有可持续性和多产性。② 旅游餐饮业成为诺邓古村各个家庭为了改善生活质量的一种综合型生计组合，是景区化发展背景下当地居民的谋生之道。以2015年和2016年为例，对诺邓古村内10家餐馆的净收入统计分析如下：

---

① Scoones,I.,Sustainable rural livelihoods：A framework for analysis.Brighton,U.K.:Institute of Development Studies，University of Sussex.1998:pp.4–5.

② Helmore，K.and Singh.N.Sustainable livelihoods Building on the wealth of the poor. Bloomfield：Kumarian Press,2001:pp.11–12.

2015 年和 2016 年诺邓古村 10 家餐馆净收入统计①

| 序号 | 餐馆 | 2015年（万元） | 2016年（万元） | 增长% |
|---|---|---|---|---|
| 1 | 盐泉农家 | 22 | 27 | 23% |
| 2 | 诺邓鱼庄 | 26 | 31 | 19% |
| 3 | 大青树 | 8 | 11 | 37.5% |
| 4 | 五滴水 | 5 | 7 | 40% |
| 5 | 诺邓别院 | 10 | 12 | 20% |
| 6 | 欣客来 | 11 | 13 | 18% |
| 7 | 素心若水 | 12 | 15 | 25% |
| 8 | 五云幽兰 | 7 | 9 | 29% |
| 9 | 归真小筑 | 8 | 10 | 25% |
| 10 | 古道坊 | 6 | 8 | 33% |

从统计数据来看，两年来，这10家餐馆的净收入呈增长趋势，净收入增长率都在18%以上，增长率最高的“五滴水”达到40%。古村旅游餐饮业的发展增加了村民的收入。许多“90后”大学毕业生返乡创业从事餐饮业，成为自家古宅的掌柜，在他们的带动下，家里的父母、亲戚较快地接受了旅游餐饮业的生计方式。比较典型的如2013年毕业于中医学院的“大青树”掌柜HLY，2014年毕业于职业院校的“五滴水”掌柜LHJ。他俩在古村的餐饮经营群体中年纪较轻，外出旅游经历比较丰富，对于餐饮经营有独特的理念，并形成了自己的风格和特点，餐饮收入增长也较快。原来经济条件较差的当地村民，通过从事旅游餐饮服务，在短期内获得了良好的经济收益，生活有了很大改观，社会地位也有了很大提高。

① 2017年1月18日田野调查，数据由餐馆掌柜提供。地点：诺邓古村相关餐馆。

# 第二节 从民居到民宿

诺邓古村的山水民居古宅，承载着诺邓山地白族的文化基因。但是随着现代化进程的加快，旅游者的进入，不同族群文化之间的交流与融合，诺邓古民居所处的文化环境发生了变化，导致诺邓古村居住文化的涵化。涵化也称文化适应，是文化变迁理论中的一个重要概念。梅尔维尔·赫斯科维茨（Melville HerskoVits）、罗伯特·雷德菲尔德（Roben Redfield）、拉尔夫 — 林顿（Ralph Linton）在《涵化一文化接触的研究》（1938）一书中认为：涵化是一方或双方原有文化模式改变的现象，是由不同文化的群体持续发生文化接触之后形成的。① 涵化在民族旅游中是指不同民族接触而产生的文化变迁过程及其结果。诺邓古村当地居民的生计方式随着古民居居住文化的涵化，进一步演化为旅游业生计方式。

以下从诺邓古村民居民宿化、内部装饰审美化和古宅院落景观化等三个方面，可以看出古村从民居到民宿的旅游功能转型过程。

## 一、民居民宿化

旅游者进入诺邓古村以后，诺邓古村民居的社会文化功能发生了显著的变化，不同类型古民居建筑的社会文化价值与旅游元素相结合，呈现了民宿② 的特点。这种变化与进入古村的旅游者的需求有关，与政府的政策有关，也与当地居民的自发性选择有关。诺邓古村民居民宿化的特点是：突出了交往和空间文化的利用，突出旅游者的体验，创设亲近自然的意境。在民宿接待过程中，古民居与生俱来的，传统的自家居住、农作物储

① 黄淑娉、龚佩华:《文化人类学理论方法研究》，广州：广东高等教育出版社，1996年，第218页。

② 北京市第十四届人大常委会第29次会议:《北京市旅游条例（草案修改稿）》，2016年10月。目前能查询到的关于民宿的官方定义是：指利用自有住宅，结合本地人文环境、自然景观、生态资源及生产、生活方式，为旅游者提供休闲旅游住宿场所。

欣客来

大青树民居

藏、祖先祭祀、盐业盐局、民俗生产等功能已完成它的使命而逐渐退出了历史舞台。随着诺邓古村人民生活水平的提高，村民修复自家原有古民居开展民宿接待，成为一个趋势。在当地政府的严格管理和当地居民的文化自觉之下，在一定许可范围内的修复，既体现了诺邓古村传统民居“以井代耕”的文化意蕴和鲜明个性，又保留了山地白族梯台式传统建筑的文化元素。田野调查中入户对现在开展民宿旅游接待的当地居民进行了调查统计，古村现有45家开展民宿接待，其中35家具有民宿的名称，可提供餐饮服务以及310个住宿床位。[1] 有10家开展经营接待，但未有民宿的具体称呼，可提供餐饮服务和48个住宿床位。[2] 其中原真性保存较好，古村价值较高的有6家，分别是古村香树岭片区的诺邓人家、诺邓村中心的“一颗印木石雅居”、古村佛寺门外片区的五滴水、古村大青树片区的大青树、古村北山片区的古道坊，以及古村香树岭片区的林泉。[3] 受旅游经济利益的驱动，诺邓古村的民居民宿化成为一种普遍现象，村干部说：

① 2016年8月29日田野调查诺邓古村，对开展民宿的住户进行入户调查后整理为“诺邓古村民宿业和餐饮业目录”，见文末附录2。

② 2016年8月29日田野调查诺邓古村，对开展民宿的住户进行入户调查后整理为“诺邓古村民宿业和餐饮业目录”，见文末附录3。

③ 2016年8月29日田野调查诺邓古村，对开展民宿的住户进行入户调查后整理为“诺邓古村民宿业和餐饮业目录”，见文末附录2。

目前村里又有7家农户已准备好建筑材料，打算进行民居改建。如何在古建筑保护和科学合理的修缮方案指导下，针对即将备料修复房屋的群众，引导他们进行科学合理地修缮，工作人员开展工作的难度比较大。①

由于发展旅游的需要，当地对民居建筑改建民宿持支持的态度，一位村民告诉我：

我们家共有祖孙6口人，现只有一间正房，特别拥挤，同时也想借村里发展旅游的机遇开展民宿接待。我们向亲友借了6万多元钱，建盖了一间住房和一间仿古式房屋。由于我们家只有十几亩山地种苞谷，吃的大米还需要上街买，家里仅靠卖几头猪和卖点苞谷籽维持生计，筹集建房资金很困难。2014年4月18日，我向县旅发委申请补助资金3000元，主要用于建房和户外仿古粉饰资金，获得了县旅发委的支持。②

民居民宿化中也凸显了一些问题，在田野调查中，我还听到以下的说法：

诺邓古村刚开始选择了20多座建筑列为"县级文物保护单位"。村民们误认为除此以外更多的民居古建筑"不必认真保护"。于是，有好几家农户在没有征得保护与开发主管部门同意的情况下，随意在古村内架设新电线、裸露现代装饰材料、违规修建新建筑、使用新型建筑材料、刷白外墙，丝毫没有考虑到这些行为与古村风貌很不协调。这是对诺邓白族古村自然景观和文化景观的极大破坏。③

## 二、内部装饰审美化

诺邓古村的民宿类型分为原真型古院落、半原真型古院落、本地农家院落三类。④ 三类古院落的古村价值指数从高到低排列，内部装饰的审美差异较大。以下以原真型古院落为例分析。原真型古院落以"诺邓人家""五滴水""大青树""古道坊"为代表。"诺邓人家"的内部装饰审美

① 2016年8月29日，访谈村主任助理YQM，根据录音整理，地点：诺邓村委会。
② 2016年8月29日，访谈诺邓古村村民HBK，根据录音整理，地点：HBK家。
③ 2016年8月29日，访谈诺邓古村村民YYH，根据录音整理，地点：YYH家。
④ 2016年8月29日田野调查，根据入户调查情况整理，见文末附录2和附录3。

浑然天成，上百件明清时期的黄家民俗艺术珍品收藏和展示，形成原汁原味的诺邓古宅生活体验的审美效应。“五滴水”靠山而建，由于前房和正房、耳房不在同一个平面上，于是形成了四个层次错落有致的屋檐面，一滴雨水，从天上落到院子里的天井里，要滴五次，所以称为“五滴水”。“五滴水”的内部装饰突出明清时期存留下来的白族民居四合院古宅的原生态属性，屋内简单放置了游客生活用品，尽显历史沧桑。“大青树”（最早称为“古村吃住店”），基本保留了古宅原样，但在内部装饰上下足了功夫，以民族风格的床饰、白族扎染、彩花棉布、彩纱、帷幔、木桌、木椅、中式木雕床等为主要特点，为旅游者营造了洁净淡雅、民俗风情浓郁的家的氛围。“大青树”还根据民居的原有结构，装饰了普通大床房（小阁楼）、三人间、双人间、白族大床房和白族风情房等五种房源，增加了旅游者的体验层次。“古道坊”位于诺邓村黄氏宗祠旁，内部装饰有单间、标准间、普通房、特色景观房等四种房源，阶梯式四合院古宅，花木扶疏，木门、精美的栋梁花卉随处可见，小巧玲珑却古色古香、干净整洁，客房基本按照民居原来的格局布置，历经岁月沧桑却散发出更加沉静

五滴水民居

大青树客房

内部装饰

的美。为保证民宿的实用功能，以上原真型的古院落都在屋内或屋外专门修建了整洁干净的卫生间，与现代民居客栈独立卫生间的内部装饰具有明显的不同。

## 三、古宅院落景观化

不论是原真型古院落、半原真型古院落还是本地农家院落，诺邓古村民宿特别注重院落的景观化。每一个院落都体现了旅游者想象中的穿越千年，尽享古宅时光精华。

“一颗印木石雅居”，俗称“一颗印”，是诺邓黄绍魁进士后代的故居。民居建筑样式为“三间两耳倒八尺”，照壁在外，南面的门楼居中，正房有两层三间，稍高，两厢是耳房，耳房稍矮，构成了四合院，中间有一个小天井，门廊称为倒座，进深有八尺，称为“倒八尺”，平面几乎是正方形，建筑整体呈方形，像印章一样。“一颗印”现由外地人太极哥与房主人签订了一个租用10年的协议，用于民宿经营。天井里，栽了许多景观植物。游客可以尽赏蓝天白云之下的古宅堂屋、小柜子卯榫结构、木屏风、格扇门、格扇马蹄窗，以及二楼的中国结窗格、佛堂、瓦当、中堂的刺绣、毛体对联、形态各异的枋头造型、狮子滚绣球造型砖雕、祭祀用的大鲤鱼饵块、地面方砖的历史。院落玲珑精致、独门独户的造型，灵便小巧的体量，每天吸引大量的旅游者驻足拍照、写生、住宿、品尝火腿。“五云幽兰”属于半原真型民宿，院落开阔清新，掌柜秀秀把古宅院落作为天然的阳光午餐接待点，坐在院落里就可以观赏院落古风古韵，品尝秀秀亲自酿制的玫瑰陈酿、五味子酒、木瓜酒。“诺言别院”的院落里专门摆放了观景躺椅，

古宅院落景观

并专门设计了观景露台，休闲茶吧，院落景观自然恬静，超凡脱俗。

诺邓古村民居的民宿化演变，是古村当地居民生计方式变迁的主要表现之一。在旅游开发与保护的话语下，诺邓古村传统民居的功能出现了转型。转型过程中，当地居民、地方政府和旅游者在民居民宿化中，在经济利益和认知方面还存在着较大差异。诺邓古村的发展在生态和环境瓶颈的制约下，存在许多发展的困惑。如何进一步正确处理好发展民宿与保护诺邓古村之间的关系成为诺邓古村面临的主要问题。在这一波民居民宿化的进程中，当地人表现出了热心于民宿的态度。从民居到民宿，民居充分发挥了观光审美和实用价值。数码信息化时代为诺邓古村民宿的预订，掌柜与旅游者的无障碍信息沟通提供了便捷的渠道，加上旅游者的口碑以及地方政府的扶持、旅游网页、宣传图册的宣传等，诺邓古村的民宿获得了特别的推介方式，进一步推动了当地居民向旅游业生计方式的转变。

## 第三节 火腿加工业的发展

诺邓火腿的腌制历史悠久，传说南诏时期诺邓火腿是宫廷贡品。明代，由于诺邓井盐贸易繁荣，诺邓火腿成为名特产品。清代，诺邓火腿是盐商到达云龙除了食盐以外的必买土特产品，诺邓火腿经“南方丝绸之路”出口到缅甸、印度、越南等东南亚国家，至今已有1000多年的历史。

诺邓古村气候温润，地处高海拔小盆地，空气相对比较干燥，非常适合自然风干肉制品的腌制和加工。盐井之地自古以来传统的腌制业非常发达，手工腌制食品工艺在诺邓保持了良好的传承和发展。历史上，家家户户每年腌制火腿，一般是自产自吃，产量不大，也没有外部需求。因为家里有盐井，不用干农活，当地人都以“我们是井里人”感到自豪。腌制火腿的最

腌制火腿

晾制火腿

佳时间一般是在每年立冬以后到来年立春以前。诺邓火腿的腌制工艺独特，香味浓郁，色泽鲜亮红润，含盐量低，特别是亚硝酸盐的含量很低，品质独特，可以长期保存，三年以上的诺邓火腿可以生吃。诺邓盐富含钾，渗透力强，比使用其他盐腌制火腿时用盐量少。诺邓火腿因使用诺邓古盐井卤泥的独特腌制方法腌制诺邓黑猪后腿，得“盐泥火腿”的雅号。

2012年，中央电视台摄制的纪录片《舌尖上的中国》里，有一段时长6分钟的关于诺邓火腿的影像让诺邓声名远扬。借助《舌尖上的中国》热播之势，诺邓火腿全面带动了云龙县城和周边村落的通信、交通、民宿、观光、餐饮、养殖业和商业的发展。在诺邓古村景区化发展中，火腿从村民的日常生活必需品转型为旅游商品，从村民自家自制食用转型为企业商品化规模化生产，并实现了大批量外销，火腿加工业成为当地居民的生计方式之一。

近年来，诺邓还培养和产生了一批火腿民间艺人，[①] 进一步加强制作和手工艺传承，促进了火腿业的规范化和规模化。云龙县现有6家私营企业从事诺邓火腿的加工（其中有3家获云龙县食品药品监督管理局生产许

① 2015年8月29日田野调查。根据诺邓村委会介绍，诺邓古村现有火腿民间艺人16人。他们分别是：杨伍松、段杨松、杨九成、黄树江、李鹏程、黄泽兵、徐义江、徐会池、李金光、杨静坤、杨雪春、杨会芳、杨畅雄、黄雄文、黄胜军、杨立军。

可证），规模都较小，其中规模最大的一家诺邓火腿食品加工厂2016年加工生产火腿1.8万只，其余大多数属于家庭作坊式的企业，有的是农户杀年猪后加工的火腿，以自食为主，部分出售。全县年加工火腿约20万只，产值约1.6亿元，诺邓食品厂注册的“诺邓火腿”商标被评为“大理州知名商标”“云南省著名商标”。①诺邓火腿的销售方式主要有食品厂销售、作坊主自行销售以及网络销售等三种，还没有专营的火腿专卖店。火腿业的发展为云龙县发展高原生态产业开辟了新的途径，形成了诺邓山地白族群众增收致富的产业，促进了地方特色旅游商品的多样化发展。

但是，从行业长远发展的角度看，由于诺邓火腿主要以民间手工作坊式的自主生产经营为主，属于非标准化生产，因此，当地人认为，诺邓火腿加工业目前还处于初级发展阶段。一位自制火腿的村民认为应成立专门的诺邓火腿产业化发展机构，他说：

诺邓黑猪是云龙县长期选择培育的地方猪种，是加工地方特色诺邓火腿的原料猪种，猪肉肉质鲜嫩细腻，肌肉呈鲜红或深红色，肉的品质明显优于国外引进品种，用诺邓黑猪腌制的火腿才属极品。要实现诺邓火腿加工业的规模化发展，还需要加强投入，成立专门的产业发展机构。②

一位村民认为应加强生猪养殖。他说：

目前诺邓黑猪的生猪养殖技术还有待于提高。由于猪腿的大小形态差异比较大，影响了火腿的外观，以及诺邓火腿的品质和特色。③

还有一位村民认为应进一步加强诺邓火腿的市场管理。他告诉我：

诺邓火腿加工企业规模小，数量多，分布不集中。有的厂家和个人在利益的驱动下，随意提高火腿销售价格。部分在网店销售的产品存在以外地火腿冒充诺邓火腿品牌的现象，导致消费者很难判断真假诺邓火腿。对加工企业的生产、火腿质量、销售环节还需要进一步加强监管。④

---

① 2016年8月29日田野调查，根据云龙县旅游发展管理委员会提供的数据整理。

② 2015年8月29日，调研诺邓火腿业发展情况，访谈诺邓古村村民HCY，根据录音整理，访谈地点：HCY家。

③ 2015年8月29日，调研诺邓火腿业发展情况，访谈村民YQ，根据录音整理，访谈地点：YQ家。

④ 2015年8月29日，调研诺邓火腿业发展情况，访谈村民LLC，根据录音整理，访谈地点：LLC家。

总之，随着诺邓古村景区化的发展，原来传统的、供当地人自产自吃的火腿中注入了许多隐形的商品化和符号化元素。旅游者对诺邓火腿的消费蕴含了一种非生产性的消费需求，旅游者购买诺邓火腿除了获得火腿的使用价值外，更深层次的目的是获得诺邓火腿的象征价值和符号价值，以体现诺邓古村旅游消费的社会差异性。在火腿消费商品化和符号化的影响下，诺邓火腿加工业迅速发展。

## 第四节　从茶马古道到旅游公路

诺邓古村在不同的历史时期，始终都是茶马古道的重要站点。诺邓通过茶马古道运输和销售食盐，使云龙各井的食盐销路畅通。当地老人说，腾冲桥头街上的云龙人诺邓占了大半，并成立了“诺邓会馆”，家家开铺子卖食盐、卖杂货，并提供来往暂住条件。诺邓茶马古道上的主要运输方式是人背和马驮。运输队伍中，专门组织背夫的称为“夫头”，背夫多数是普通的劳苦大众，有男有女，一般每人背一驮盐，个别力气大的可以背两驮盐。马帮主要靠骡子从事运输，马帮以数量计算，一帮就是一个人赶5匹左右的骡子。马帮一般结伴而行，马帮的头目称“马锅头”，“马锅头”主要靠饲养骡子，做生意，帮助他人驮运物品收取运费而获利。“人背马驮”既是历史时期诺邓的主要运输方式，也是诺邓人的主要生计方式，体现了诺邓古村特殊的山地特点，山区面积大，生产条件差，贫困面大，森林覆盖率较高但农业综合生产率很低、商品率低且结构不合理，没有工业，资源开发利用程度很低的生计背景。诺邓特殊的山地地理条件和经济条件形成的马帮运输，可以说是世界交通史上的一个奇迹。发展旅游以后，诺邓古村内外大环境交通出行、运输方式的改变，大大方便了旅游者，促进了诺邓古村景区化发展。

## 一、历史时期的诺邓交通

诺邓海拔较高，地形复杂，交通建设具有很大的制约性。历史上，诺邓是“滇藏茶马盐古道”的重要中转站。诺邓盐商或一些比较富裕的人家都养有马匹，为保障“茶马古道”运输提供源源不断的马帮，诺邓的马不用于耕种，主要用于运输，尤其是长途运输。诺邓人的盐运输、山上植物的采集、农业生产、大量生活用品的流通等都要靠人挑、人背和马驮。由于高海拔山区经济贫困、生产技术落后、人才缺乏、剩余劳动力多但文化素质低，面临着比较大的扩大再生产困难，尤其是交通不便，路况差，马驮对于95%的面积是山地的诺邓，以及诺邓盐与外界的交换，药材、茶叶、土特产等贸易是十分重要的。历史上，诺邓盐主要以销往腾越、永昌和怒江泸水为主，诺邓马帮到达腾冲一个往返大约需要20天的时间。诺邓的食盐由马帮驮运到腾冲，通常在腾冲的门户桥头落脚。诺邓食盐转运到今天的怒江傈僳族自治州的泸水市，分为北、西、东三路。北路从诺邓盐井 — 保山 — 腾冲 — 片马；西路从诺邓盐井 — 漕涧 — 六库 — 片马 — 密支那；东路从诺邓盐井 — 下关 — 昆明。[①] 民国时期，马帮有骡、马两种驮运牲口，东路聚

古道和骡马

① 罗杨总主编，赵敏撰稿：《中国名村 · 云南诺邓》，北京：知识产权出版社，2013年，第88 — 89页。

集石门和天耳，西路聚集在桥街、旧州，中路聚集在县城宝丰，大约各有一两百头，驮价为每日三角。诺邓五井共有一千多匹驮马。[①]

中华人民共和国成立以前，诺邓是一个以盐业为主，只有少数农业、手工业的自给自足的社会，没有公路，交通十分闭塞。听老人讲，诺邓还有过专门的轿夫和脚夫职业。他们把煮盐巴的柴、井盐背到外地出售，到达保山、腾冲、永平等地，返回时又背回布匹等百货和粮食等。许多穷苦农民利用农闲季节背盐到腾冲等地出售，卖完盐巴就地帮人干活，春耕时节又赶回家来忙栽种，顺便买回粮食和生活必需品，这样诺邓每年外出做生意的人也有两三百，当地人称他们为“走夷方”。计划经济时期，商品经济受到极大限制，社会对交通的需求不旺，诺邓的道路交通矛盾不突出。改革开放以后，明显暴露出村内和村外交通运力整体规模不足，路网密度低、通达性不好、技术等级低、路况差，维护资金匮乏、养护水平低等问题。

## 二、现代旅游交通线路的兴起

中华人民共和国成立以后，诺邓古村主要依靠农耕为生，主业是种植业，也有的还从事手工业、商业和栽桑养蚕、种茶树等。农业生产经历了农村生产关系的变革、土地改革、互助合作、人民公社、“文化大革命”，以及农村经济体制改革等过程。[②] 党和政府非常重视发展个体工商业，通过各种方式活跃集市贸易，诺邓盐井衰落并失去了盐业集散地的优势，茶马盐古道废圮，交通运输条件改善，人背马驮的交通方式式微。当地居民的生计方式逐渐从人背马驮演变为从事农业生产、国营、供销合作社、个体商业、运输、旅游业等多元化的生计方式。

---

① 云南省云龙县志编纂委员会编纂:《云龙县志》，北京：农业出版社，1992年，第236页。

② 云南省云龙县志编纂委员会编纂:《云龙县志》，北京：农业出版社，1992年，第137—146页。

### （一）马帮数量发生变化

一位在诺邓从事了大半辈子赶马的大叔，叙述20世纪50年代期间，诺邓马帮数量变化的历史：

中华人民共和国刚成立的时候，公司合营、购销店和供销社逐渐建立，除了各基层供销社拥有马帮之外，社会上也还有一些马帮。1953年底，云龙县成立群众运输站，1954年成立民间运输管理站，主要是利用零散马帮进行全县的物资调拨和运输服务。当时有400多匹骡马入社，到1956年时增加到1200多匹。1957年，诺邓、大井、石门合并为石门运输社。1958年，随着石大公路（石门—大栗树）、诺邓公路的通车，运输骡马逐渐减少，当时的漕涧和石门有两个运输站，拥有马车42辆。1959年，拥有马车100多辆。①

从赶马大叔的叙述中得知，诺邓马帮数量减少的原因主要是云龙县道路修建、公路通车、运输骡马逐渐减少。赶马大叔继续讲述了群众运输站解体、骡马消失、汽车运输逐渐普及的过程：

1958年，石大公路通车后，云龙县购买了第一辆汽车。1961年，县里购买了第二辆汽车。1962年至1982年这20年间，全县大约有各类汽车70辆，云龙县的运输骡马从900匹减少至500匹。其中，1981年，云龙县建立了县车队，有职工30人。1984年，群众运输站解体，骡马基本消失。1987年，全县只剩下两三辆马车。1989年，云龙县有汽车240多辆，其中私家车50多辆，拥有货车、大客车、小车等车型，能基本满足客运需求。②

### （二）现代旅游交通的发展历史

诺邓古村现代旅游交通的发展历史主要分为以下四个阶段：

第一阶段是20世纪50年代末。1958年4月，从石门到大栗树的省管公路通车，全长38公里，后又开通了长达6公里的从庄坪到诺邓的诺邓公路，这个时期公路的主要功能是交通运输。

第二阶段是20世纪80年代。1983年，天池成为国家级自然保护区。1985年，云龙县成立旅游办公室，以高原明珠天池、五宝山省级自然保护

① 2016年8月29日，访谈诺邓古村村民YZS，根据录音整理，地点：YZS家。

② 2016年8月29日，访谈诺邓古村村民YZS，根据录音整理，地点：YZS家。

区为重点，开发高山生态观光旅游。天池生态风景区距离县城有24公里的山路，可进入性较差。

第三阶段是20世纪90年代初。当时的旅游发展重点是云龙县虎头山道教建筑群遗址。游览虎头山，没有直达公路，需要步行和爬台阶，体力消耗比较大，不适合大众旅游者，虎头山景区的发展受到交通条件的制约。

第四阶段是21世纪以后。2000年，云龙县将诺邓古村作为旅游发展重点。2009年，云龙县城至诺邓村的旅游公路通车。随后，逐年投入资金对古村村道、饮水、电力、消防、民居、公共建筑等进行修缮改造，诺邓古村的基础设施不断改善。在2010年至2015年期间，当地挖通了山后、曙光、牛舌坪公路，把果郎至地场的公路改造成砂石路，极大改善了交通条件。实施景观河道和山体滑坡地段的综合性治理，古村道路修复和排污，推进投资2000多万元的诺邓公路升级与停车场改扩建项目。其中，2011年，跃龙公路（漾濞跃进 — 云龙诺邓）建成通车，在云龙县旅游交通的发展历史上具有里程碑的意义。2016年10月，云龙县正式启动诺邓3A级景区的创建。结合创建诺邓3A景区的契机，诺邓公路、诺邓大桥、景区停车场、诺邓游客中心顺利竣工并投入使用。[①]

### （三）诺邓旅游交通的主要内容和特点

1. 建设旅游交通网络

按照国家新三级路的标准，改造和提升诺邓 — 天池、石门 — 诺邓、诺邓 — 苗尾的公路，公路里程为100公里。按照国家二级路的标准，改造和提升关西（云龙县关平至洱源西山）、云剑（云龙县长新至剑川）、石大（云龙县石门至大栗树）黄金公路连接线（云龙石门至兰坪），公路总里程为200公里。打通两条旅游自驾车路线。第一线：诺邓镇 — 宝丰乡 — 功果桥镇 — 果力（兔峨乡）— 大工厂村 — 山神庙垭口 — 天子山 — 麦地 — 海坪 — 天灯 — 上水磨场 — 那坝地 — 诺苗公路 — 诺邓镇；第二线：诺邓镇 — 宝丰乡 — 功果桥镇 — 苗尾乡 — 果力 — 大工厂村 — 山神庙垭

① 2016年8月29日，访谈云龙县旅发委主任GXL，根据录音整理，地点：云龙县旅发委。

口 — 大石板 — 老仙场 — 龙马山 — 清明场 — 炼登 — 师井 — 文兴 — 清朗 — 检槽 — 河口温泉 — 诺邓镇。在景区入口处结合诺邓古村的历史文化，结合天然太极锁水和狮象把门景观，建设“养生文化”入口区。入口区分为入口广场、游客服务中心、停车场和景区大门。在玉皇阁顶修建公路，既可以通向云龙县城，也可以作为景区的紧急疏散道路，平时作为诺邓古村村民进入村内的道路使用，解决村民日常进出的交通问题。

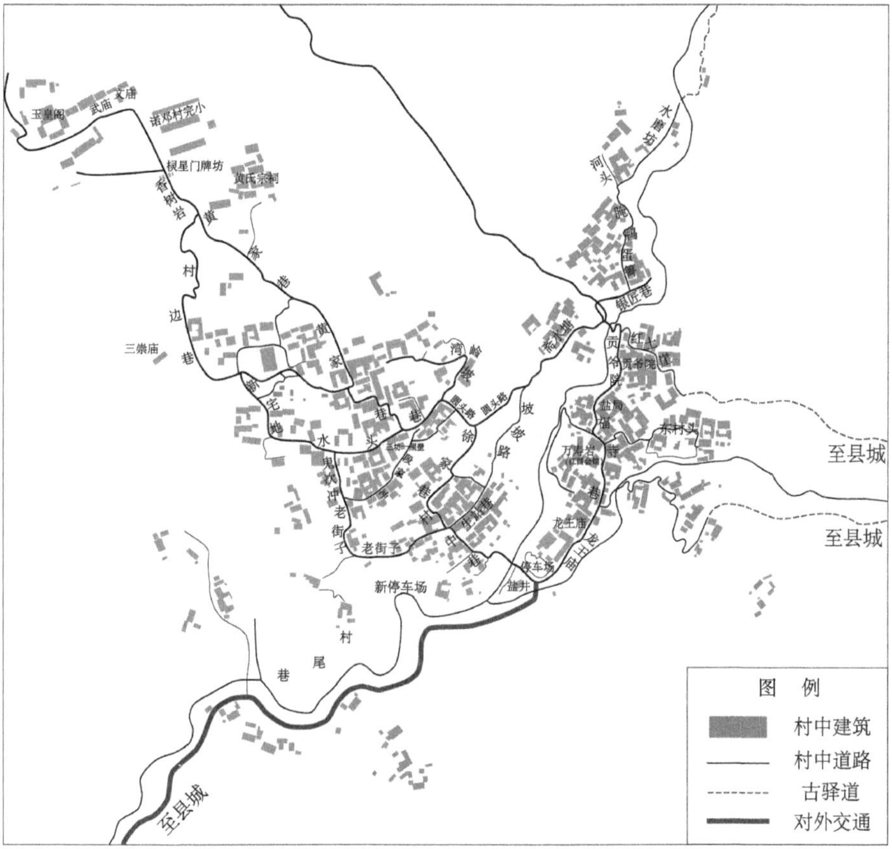


诺邓古村道路交通现状图①

① 诺邓古村道路交通现状图，笔者制图。

2. 合理设置景区游览线路

诺邓古村景区道路的交通从太极图的北上角入口，环太极的道路改为单向行驶。游客从太极图北面的公路进入口区，在入口区购票，换乘电瓶车，进入诺邓古村。进入诺邓古村的旅游专道后改为电瓶车道，降低旅游专道狭窄的危险性，缓解车辆对旅游区内部环境造成的压力，旅游区内部只允许少量的车进入，在服务建筑附近设置有临时停车场。从古村出来的游客从新云桥出游览区。同时，在诺邓古村景区内设置了21块景点解说指示牌，使古村内的游览线路更清晰便捷:（1）秉礼桥、诺邓停车场 —（2）千古盐井 —（3）诺邓戏台、北山民居、文庙、玉皇阁、龙王庙、盐局 —（4）佛寺门外、贡爷院、腌鸭蛋箐、杨绍禹故居 —（5）盐局、四合五天井、万寿宫（佛寺）—（6）红土坡（东去大理古盐道）、古岭寺、香山寺、王母寺、道长家（北到藏区古盐道）—（7）道长家、文庙、玉皇阁、河头坡、银匠古宅 —（8）玉皇阁、提举司旧址、台梯子集市、营尾 —（9）文庙、提举司（大青树）、台梯式四合院、盐井 —（10）黄家宅子、复甲流芳苑、提举司旧址、三崇庙 —（11）黄桂故居 —（12）玉皇阁、盐课提举司旧址、三崇庙、天子箐、袖珍小院、新宅 —（13）文庙、玉皇阁、进士黄绍魁旧居 —（14）进士黄云书旧居、文庙、玉皇阁、黄氏宗祠、黄霞昌家庭生态博物馆 —（15）黄氏宗祠 —（16）玉皇阁道教建筑群、新寺山盐马古道（北到藏区）—（17）文庙、玉皇阁、盐课提举司旧址（大青树）、三崇庙、天子箐 —（18）玉皇阁、三崇庙、袖珍小院、提举司（大青树）—（19）营尾、台梯子集市、天池古道（西向腾冲、缅甸）—（20）玉皇阁、台梯子集市、营尾、煮盐灶房、台梯式四合院、河头坡 —（21）玉皇阁、提举司旧址、道长家、河头坡。①

① 2016年8月30日田野调查，根据笔者实地调查记录整理。

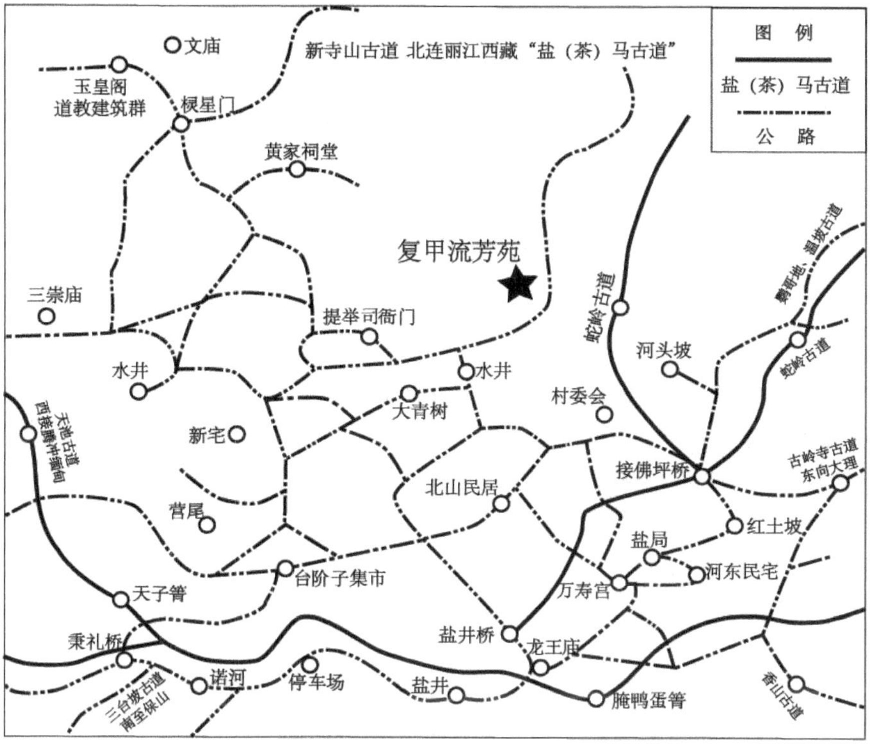


诺邓古村景点分布图①

3．设计符合旅游者体验需求的古村特色游览线路

线路一：诺邓古村休闲度假游（交通+步行），利用现存的明清建筑和古色古香的街巷、盐马古道，体验诺邓的神秘与沧桑。

线路二：香山观诺邓古村（步行），以诺邓古村优美的自然景观和文化景观吸引摄影爱好者和散客。香山游览线设置了最佳观景点，通过观景点组成游览线路，便于摄影、观景等形式与功能的统一。

线路三："盐马古道"旅游：修复原来诺邓（三台坡）盐马古道，与果郎古道、香山古道、新寺梁子古道共同组成景区的特色游览线路。

总之，交通地位的变化和交通条件改善，对诺邓古村的经济流通和旅游发展产生了至关重要的影响。诺邓古村地处山地，历史上交通不便，商

① 诺邓古村景点分布图，笔者制图。

品物资的流通主要通过人背马驮，经济活动的规模和范围十分有限。20世纪50年代末期，诺邓有了因交通运输需要而建设的石大公路和诺邓公路。进入21世纪以来，由于改善人们基础生活设施和旅游发展的需要，当地政府建设了旅游交通网络，才出现了旅游交通发展的局面。交通条件的改善加速了诺邓古村农土特产品的流通，使古村与外界交流的形式、内容和范围不断扩大，促进了古村原有产业的分工和专业化。尤其是2016年启动诺邓3A级景区创建，旅游文化进入以后，旅游发展推动交通改善，旅游交通线路获得了较快发展。诺邓古村的资源优势转变为经济优势，当地的经济活动方式发生改变，当地居民生计方式向旅游业为主的生计方式转型，诺邓加速从农业社区向旅游景区的转变，为景区化发展带来了质的突破和改变。

# 第五节　从村社到景区的变迁

在诺邓古村从村社到景区的发展过程中，当地居民、管理者的角色发生了变迁。当地居民从农民变为旅游经营者，管理者从社区管理者变为景区管理者，影像对景区形象的塑造起到了重要作用。

## 一、从农民到旅游经营者

诺邓古村在旅游萌芽阶段，旅游对古村的影响较小，当地农民的角色按照自然分工主要从事种植、养殖、农业生产。在诺邓旅游的发展阶段，当地农民成为手工艺者、旅游经营者、家庭生态博物馆管理员、导游、讲解员和司机。他们投身旅游业的原因，既有个人的原因也有当地政府的鼓励和支持。截至2016年12月的统计，诺邓古村现有直接或间接旅游从业人员974人，占古村总人数的90%，其中，返乡从事旅游创业人员125人，占旅游从业人员总数的12.8%；另有外来旅游从业人员35人。古村旅游业年人均收入为3.6万元。① 以下以10户家庭田野调查的数据为例说明旅游业收入在当地家庭收入中的比重：

2016年诺邓古村家庭经济收入统计②

单位：万元

| 家庭 | 人口 | 旅游业收入 | 农业收入 | 其他 | 收入合计 | 旅游业收入占比 | 备注 |
|---|---|---|---|---|---|---|---|
| A1 | 3 | 12 | 1 | 0.2 | 13.2 | 90.9% | |
| A2 | 4 | 14 | 1.5 | 0.1 | 15.6 | 89.7% | 有微型车一辆 |
| A3 | 6 | 20 | 2.5 | 0.1 | 22.6 | 88.5% | 有微型车一辆 |
| A4 | 3 | 13 | 1 | 0.08 | 14.08 | 92.3% | |
| A5 | 3 | 13 | 1 | 0.1 | 14.1 | 92.2% | |
| A6 | 4 | 13 | 2.5 | 0.2 | 15.7 | 82.8% | 有微型车一辆 |
| A7 | 5 | 16 | 2 | 0.1 | 18.1 | 88.4% | 有微型车一辆 |
| A8 | 4 | 14 | 1.5 | 0.05 | 15.55 | 90% | 有微型车一辆 |
| A9 | 5 | 16 | 2 | 0.07 | 18.07 | 88.5% | 有微型车一辆 |
| A10 | 4 | 14 | 1 | 0.2 | 15.2 | 92.1% | 有微型车一辆 |

① 2017年1月15日田野调查，数据由诺邓村委会提供。

② 2017年1月15日田野调查，对古村内的10户农户进行入户调查，根据调查数据整理。

古村里的经营内容

以上表中的旅游业收入包括了直接旅游业收入和间接旅游业收入。导致各农户旅游业收入差异的原因主要是：民宿所蕴含的古村价值指数不同、民宿特色的差异带来价格的差异，以及接待规模、接待水平的不同。农业生产主要包含当地农林果木生产、粮食作物生产等。诺邓古村的粮食作物生产产量很低，主要以农林果木为主。根据这10户家庭的采样统计，旅游业收入均占该家庭年收入的82%以上，成为其主要的家庭经济来源，农业收入的优势不突出，基本上没有其他产业经济来源。调查的10户农户中，年收入合计在15万元以上的农户有7家，每家都拥有一辆微型车，主要用于食材、生活物品采购，接送餐饮、民宿预定的旅游者。

当地农民在旅游经营中的主要方式是以家庭或个人为基本单位，进行单独分散式经营，自负盈亏。主要有餐饮经营、民宿、旅游商品生产、组织开展文化旅游活动、导游讲解，以及提供车辆、马匹、挑担、承运等旅游交通服务，在政府旅游部门或受聘于景区开发办公室从事旅游管理、服务等相关工作。从事旅游业经营的家庭或个人须经过政府和诺邓古村旅游协会共同审核批准同意后，才能从事家庭旅游食宿接待，以及旅游商品的个体生产销售、旅游交通等旅游服务工作。家庭或个人经营自负盈亏，村民从事经营活动必须依法依规，遵守诺邓古村保护与开发的相关要求，服从遗产保护与旅游开发协会管理，在照章纳税后，必须给遗产保护与旅游开发协会缴纳一定的管理费。以下是2016年诺邓古村的个体经营方式及其户数、人数情况：

2016 年诺邓古村个体经营方式和人数占比情况[①]

| 序号 | 个体经营方式 | 户数（户） | 人数（人） | 占总人口的百分比 |
|---|---|---|---|---|
| 1 | 餐饮 | 47 | 562 | 52% |
| 2 | 住宿 | 45 | 487 | 45% |
| 3 | 驾驶员、马帮驮运等交通运输 | 21 | 115 | 11% |
| 4 | 家庭生态博物馆 | 2 | 5 | 0.4% |
| 5 | 农业种植、养殖业等 | 80 | 100 | 9.2% |
| 6 | 进城务工 | 150 | 200 | 18.5% |
| 7 | 制售火腿 | 350 | 865 | 80% |
| 8 | 酱菜、豆饼、豆花、绿茶、蜂蜜、核桃糖、麦芽糖等 | 270 | 541 | 50% |
| 9 | 制盐工艺 | 20 | 110 | 10% |
| 10 | 木雕、砖雕 | 25 | 150 | 14% |
| 11 | 山地白族刺绣、编扎、山地白族服饰、白族泥塑、白族纸扎 | 30 | 180 | 17% |
| 12 | 缝纫、制鞋 | 10 | 50 | 5% |
| 13 | 儒家文化体验、祭孔、洞经古乐、耳子歌、吹吹腔等文化传承和展示 | 65 | 320 | 29.5% |
| 14 | 泥、木、石、竹等匠作 | 154 | 430 | 39.7% |
| 15 | 种桑养蚕 | 5 | 25 | 2.3% |
| 16 | 环境美化（含环境绿化、养护河道绿化、环境清理） | 160 | 350 | 32.3% |
| 17 | 古建保护、修缮 | 130 | 370 | 34% |

从上表可以看出住宿、餐饮、交通、制售火腿、诺邓酱菜等土特产品，泥、木、石、竹等匠作，文化展示、环境美化、古建保护、修缮等与旅游业直接相关，所占比重比较大，成为个体经营的主要收入来源。其他

① 2017年1月15日田野调查，根据调查数据整理。以2016年诺邓古村总户数385户，总人口1082人计算。

经营方式与旅游业间接相关，也占有一定比重。传统的农业种植和养殖业并未消失，但所占比重较小。在从农民到旅游经营者转型的过程中，还有两个现象特别值得关注：

一是当地农民成为盐业等手工技艺展示的主体。当地政府对民间手工艺者在生活上给予关心和照顾，采取了一系列保护措施，加强对民间工艺的收集和整理，加强寻访民间手工艺者，积极支持和鼓励民间手工艺者参与到旅游活动中，提高了民间手工艺者的社会地位。诺邓古盐井的盐业生产工艺、生产技艺对旅游者极富吸引力。当地干部口述：

在开展诺邓盐井文化旅游中，县里选择了10多家农户，按照古代的分灶煮盐法恢复食盐的生产。诺邓古村可以生产筒盐和工艺品盐，筒盐能食用，也能作为牲口药用。工艺品盐主要突出观赏审美价值，有十二生肖图、盐饼、盐晶等形式，盐业工艺品可以供旅游者购买。全村各户只要具备条件的，都可以进行火腿、酱油、面酱、酱菜等盐副产品的加工和生产。旅游者可以直接参与生产，也可以通过参观其生产和加工过程获得盐业工艺体验。[①]

二是当地农民成为农业旅游产品的经营者。通过开展旅游餐饮、旅游民宿，混搭销售当地农土特产品，让国内外旅游者走进山地白族农家，体验山地白族的风土人情。诺邓村口“盐泉农家”的掌柜说：

在没有发展旅游之前，诺邓人的商品销售意识比较淡漠，外出卖东

诺邓井盐

盐泉农家

① 2016年8月26日，访谈云龙县旅发委主任GXL，根据录音整理，访谈地点：云龙县旅发委。

西都会感到不好意思，经常见到路边的小贩，没有人买他的东西，他就躲到一旁抽烟去了。现在诺邓古村景区化发展后，诺邓人都做起了土特产经营的小本生意，土特产经营的销路全面打开。诺邓黑猪金牌火腿、云龙绿茶、诺邓火腿、天灯矮脚鸡、麦地湾梨等诺邓的五大地理标志产品，外销很不错，都是靠当地人。①

## 二、从村社管理者到景区管理者

旅游发展以后，过去诺邓古村村社管理者的角色转型为今天的景区管理者，其主要表现形式和特点是：

### （一）村社管理者参与诺邓景区管理

诺邓古村成立了诺邓景区旅游发展公司。该公司的基本性质是地方政府和村民共建共管。原来的村社管理者基本上都要参与诺邓景区旅游发展公司的各项工作。他们在公司里承担董事长、副董事长、董事和公司成员等职责，主要任务是发挥引导和协调职能，促进诺邓古村的旅游发展。当地干部说：

诺邓景区旅游发展公司由县委常委、诺邓镇党委书记担任董事长，由县国资委主任、财政局局长以及诺邓管委会主任、诺邓镇镇长担任副董事长，副董事长里还专门有一位县政府文化与旅游工作顾问。董事涉及的部门负责人比较多，主要由县委宣传部副部长、县发改局局长、县住建局局长、县旅游委主任、县文化局局长、县农业局局长、县民宗局局长、县交通运输局局长、诺邓景区旅游发展公司总经理、分管资源保护管理的副总经理、分管市场开发的副总经理、分管事务管理的副总经理组成。公司的主要成员包含公司管理部门的工作人员、诺邓古村从事旅游服务活动的人员、在景区范围内从事旅游经营的人员。②

① 2016年8月27日，访谈诺邓古村盐泉农家掌柜HSJ，根据录音整理，访谈地点：盐泉农家。

② 2016年8月27日，访谈诺邓村党总支书记YSJ，根据录音整理，访谈地点：诺邓村委会。

在具体实践中，原来村社管理者继续发挥对古村事务的管理职能，但工作内容增加了很多景区管理、景区发展的要素。工作性质也由原来相对单一的内部管理为主转型为趋于外部性发展的村落景区管理。

### （二）村社管理者成为主导古村发展旅游、当地居民脱贫致富的主体

诺邓古村专门培养了12名导游服务人员，每年举办村民参加的景区服务人员培训班。2016年举办的培训班有52人，100%为白族。其中女性41人，占培训人数的78.8%，男性11人，占总培训人数的21.2%，“40后”1人，占培训人数的1.9%，“50后”2人，占培训人数的3.8%，“60后”11人，占培训人数的21.2%，“70后”16人，占培训人数的30.8%，“80后”18人，占培训人数的34.6%，“90后”4人，占培训人数的7.7%。初中文化程度44人，占培训人数的84.6%，高中文化程度8人，占培训人数的15.4%。[①] 村干部说：

2003年，诺邓古村成立诺邓与太极保护发展协调领导小组办公室。2007年7月23日，成立了诺邓古村遗产保护与旅游开发协会，并通过选举产生了负责人。2009年4月成立遗产保护与旅游开发协会，并和法国及国内部分省、州、市的星级酒店和旅行社加强联系，开展旅游宣传和促销。目前有会员238户，877人。协会成立后，得到县农行的信贷支持，已有56户农户获得86.5万元的低息贷款。村里还举办刺绣培训班，组织诺邓村村民20人到丽江束河古镇学习考察旅游开发管理经验，扶持了47户农户开展民宿经营。村民制售火腿，经营核桃、鞋垫等土特旅游产品，涉及50多种类型，通过发展旅游获得实惠。2016年8月，诺邓古村制定了诺邓景区旅游发展公司方案。以诺邓火腿为龙头，建立产业链，促进产、供、销一条龙服务，鼓励群众开发更多的特色旅游商品，打造“诺邓”品牌，并进行商标、品牌注册，增加经济收入。[②]

村社管理者依照国家法律法规，在对诺邓古村实施保护的基础上，组织旅游者参与太极文化旅游、天池生态文化旅游、盐井文化旅游、民居文

① 2016年8月27日田野调查，根据田野调查数据整理。

② 2016年8月27日，访谈诺邓村委会主任助理YQM，根据录音整理，访谈地点：诺邓村委会。

化旅游。规范和管理景区旅游餐饮、民宿经营、旅游商品的生产和销售、旅游交通和导游服务，统筹宣传、推介诺邓景区，参与诺邓景区旅游项目的规划和管理，促进诺邓古村旅游经济的发展。

### （三）村社管理者成为诺邓历史文化名村的保护管理者

由于诺邓古村的景区化发展，必须遵守《云龙县诺邓历史文化名村保护管理办法》的规定。① 因此，现实需求进一步激活了村社管理者的沟通和协调功能。他们在协调历史文化名村保护与景区化发展的关系，协调当地居民和大众旅游者之间的关系方面，充分发挥个体角色的主导性和灵活性，主动突破保护与发展的管理困境。当地干部说：

诺邓历史文化名村的保护管理，由诺邓镇人民政府具体负责。诺邓镇人民政府负责人兼任名村保护管理委员会主任，县城乡规划主管部门负责人和县文物主管部门负责人兼任名村保护管理委员会副主任，并设置专职的名村保护管理委员会常务副主任。工作地点设在诺邓历史文化名村核心保护区范围内。②

村社管理者在诺邓古村影视基地的保护方面，发挥了很大作用。当地干部说：

这几年到诺邓古村拍摄影视剧的剧组应接不暇。但我们要求摄制组在进入古村前必须制定保护方案，并依照有关法律、法规的规定办理相关手续后，经过云龙县人民政府城乡规划和文物主管部门批准，才能进行相关拍摄。③

总之，村社管理者的角色转型为景区管理者，主要工作内容是处理景区事务。原来的村社事务管理工作，也逐渐转型成为以组织和管理好诺邓古村的各类旅游服务接待工作为主。村社管理者有效促进了当地居民与旅游者、景区管理之间的文化交流，塑造了诺邓古村景区化发展背景下新的

① 云龙县人民政府2014年2号公告：《云龙县诺邓历史文化名村保护管理办法》，见文末附录1。

② 2016年7月25日，访谈云龙县原旅游局副局长YXY，根据录音整理，访谈地点：YXY家。

③ 2016年8月27日，访谈云龙县文化产业办公室副主任TYP，根据录音整理，访谈地点：县文产办。

山地白族生活文化空间。有效促进古村的历史文化传承、保护和发展，实现旅游经济与文化生态的可持续发展。

## 三、影像对诺邓古村景区形象的塑造

约翰·尤瑞认为，人们对于城镇景观和自然风景的视觉元素具有很高的敏感性，常常会对照片、明信片、胶片、模型所表现到的凝视进行无止境地生产和捕捉。马康纳认为，旅游中某个特殊自然制品或者文化遗物成为旅游仪式中的神圣物件，这个过程通常被看作是旅游的神圣化过程。① 在诺邓古村景区化中，大量的影像通过记录诺邓古村生活的真实世界，通过向当地和外界传递诺邓古村的历史文化符号、民俗文化符号和伦理道德文化符号，形成了影像与旅游相互塑造，影像塑造诺邓古村景区形象，促进诺邓古村旅游发展的目的。

关于诺邓古村的影像资料比较多，目前存留下来的拍摄时间较早、也较有价值的是2005年中央电视台《文化周刊》栏目组深入云龙县采风，拍摄的《云龙县白族吹吹腔》专题片，长达30分钟。同年该片在央视《文化周刊》节目播出。还有2008年10月10日，大理州与云南民族电影制片厂联合在诺邓拍摄的故事片《遥远的诺邓》。这些影像为早期诺邓古村形象的传播产生了一定影响。影像对诺邓古村形象塑造的重要契机是2012年《舌尖上的中国》栏目组对诺邓古村的拍摄。《舌尖上的中国》第一集《自然的馈赠》之三《诺邓火腿》播出后，引发了大众对诺邓火腿的关注，隐藏在大山深处的诺邓古村进入大众视野，成为诺邓旅游发展的重要契机。“盐泉农家”的掌柜说：

2012年5月14日，《舌尖上的中国》第一集《自然的馈赠》之三《诺邓火腿》，讲述了我父亲和我，如何利用祖传腌制手法，用诺邓井盐和自然生态养殖的诺邓黑猪后腿腌制诺邓火腿的故事。《舌尖上的中国》播出后，父亲把摄制组拍摄我们家搭建土灶熬盐、制作美味火腿的那一段视频截图后做成广告贴在我们“盐泉农家”门口。之后，父亲和我到处筹集资金，

① [英]约翰·尤瑞（John Urry）：《游客凝视》，杨慧等译，桂林：广西师范大学出版社，2009年，第5—15页。

投入了几百万元，在一个月的时间里腌制了4000多条火腿。出乎意料的是，慕名前来“盐泉农家”的游客居然很快多了起来，自制火腿供不应求，能够上桌的腌够两年的火腿家里只剩下1000多条了，但有的游客，一桌就提出要切七八盘，我们只好规定每桌限量供应两盘，而且不外卖。①

《舌尖上的中国》之诺邓火腿拍摄地

通过以上叙述可以看出,《舌尖上的中国 自然的馈赠》完成了诺邓古村旅游的神圣化过程。而这个神圣化过程是促使那些到过或没有到过诺邓古村的人，都对诺邓古村产生了旅游期待的直接内因。

后来，先后在诺邓拍摄的影视还有中央十台的《老故事》栏目组、CCTV4走遍中国栏目《留住古村的手艺》、大型儿童电影故事片《福源》、自创歌曲MTV《啊，云龙诺邓》。2012年，云龙山地白族打歌《力格高》到北京参加民族歌舞盛典录制，并在中央一套、综艺频道、音乐频道播放，全面展示了诺邓古朴自然的山水风光、多姿多彩的民族风情以及深厚的历史文化底蕴。2014年9月，全国25个省市130多家报社的149名记者走进云龙，对云龙县境内的“天然太极图”和诺邓古村进行采风。2016年11月，浙江卫视到达诺邓古村拍摄《我们十七岁》全明星旅游实景真人秀节目，林志颖等6位明星选择了诺邓古村拍摄集体青春旅行。2016年12月，云南卫视旅游节目组《我从远方来》到达诺邓，讲述不一样的诺邓故事。当地与中外媒体合作，先后拍摄了《铁流西进》《缉毒警》等电影，录制了《云龙古桥》《家乡的腊味》《拯救古村》等专题片。②

① 2017年1月15日田野调查，访谈诺邓古村盐泉农家掌柜HSJ，根据录音整理，访谈地点：盐泉农家。

② 2017年1月15日田野调查，访谈云龙县文联主席ZSL，根据录音整理，访谈地点：云龙县文联。

影像为旅游者创设了诺邓古村良好的视觉审美效应。影像对诺邓古村的建筑、道路、环境、人物和演员的日常生活状态、后台状态进行集中展示，旅游者、观众、演员、当地居民是影像的表现对象，让观众既看到了摆在眼前的诺邓古村，也看到了他们心目中想要看到的诺邓古村，满足了观众的观影期待视野。在诺邓拍摄的一系列影像，还向外界传递了关于诺邓古村的客观报道和现实观察。因此，从这个意义上来说，诺邓古村景区化中影像的意义是非同寻常的。它对于诺邓的现实观察与瞬间抓取，体现了关注诺邓古村的发展现实，记录古村的生活，融合时代符号的特质，让当地居民感受到了现代化的气息。有关诺邓古村的影像让诺邓的自然景观、文化景观、诺邓火腿逐渐呈现了符号化和影像化的特点，成为古村旅游的神圣物件，在旅游者看与被看的过程中完成互动，形成诺邓古村旅游的神圣化。诺邓白族乡土建筑群、诺邓火腿的标志进一步被形成和构建起来，带来了诺邓古村旅游消费的符号化和商品化，改变了诺邓古村当地居民生计方式的原有结构，促进了诺邓古村景区化发展的进程。

## 第六节　诺邓古村景区化发展的影响

诺邓古村历史悠久，具有完整的山地白族聚落类型，是典型的横断山脉村落结构，也是澜沧江流域和藏彝走廊文化地理区域内，少有的既具有古老历史文化传统，同时又受到苍洱核心景区大理旅游发展辐射影响的古村。诺邓古村从2000年开始进入旅游发展阶段，从旅游发展的宏观背景来看，这个阶段正好是云南旅游二次创业①、大理旅游二次创业的关键时期②。大理旅游业在“十二五”期间已发展成为大理州国民经济的重要支柱产业。③诺邓古村景区化改变了山村群众的经济生活状态，改变了当地居民的生产生活方式，使当地居民的生计方式转型为以旅游业为主的生计方式。景区化发展促进了当地居民和旅游者之间的文化交流，文化传播，保护了民间文化遗产，但是也带来了对当地的经济影响、社会文化影响和环境影响。

## 一、经济影响

旅游业成为诺邓古村在现代经济中拉动全村、带动全县社会经济发展的综合性产业,对当地经济的影响是显而易见的。诺邓古村景区化发展，不仅为旅游者提供产品和服务，也给诺邓古村带来了就业机会和较高的旅游收入，但同时也使诺邓古村的物价提高了，到诺邓古村旅游的消费增加了。村民通过制售火腿、豆腐肠、鞋垫、白族刺绣、麦芽糖、核桃糖等，先后开发、培育了50多种特色旅游商品。旅游者通过网络微店、微信等渠道进行个性化定制。当地经营者通过快递的方式把以上特色旅游商品发往全国各地，以电子支付的方式进行交易，特色旅游商品销售对古村居民生活状况改善的效果是明显的。诺邓古村还引进了车厘子种苗基地，大面积培育果苗，苗木育成以后，可以发展车厘子特色林果业。大量旅游者进入诺邓古村，带动了特色水果、花卉种植业，以及经济林农果木、农业特色庄园的发展。景

① 沈群:《滇云经纬》，昆明：云南大学出版社,2010年，第31页。2006年，云南省委、省人民政府明确提出了“十一五”期间要全面推进云南旅游“二次创业”，实现从旅游大省向旅游经济强省的跨越，把云南建设成为国内外知名的国际旅游胜地的目标。

② 大理州旅游发展管理委员会:《大理州“十二五”旅游产业发展规划》，2011年。大理旅游“二次创业”的总体目标：一是构建云南旅游“双核驱动”增长极，发挥对滇西七州市的带动和辐射作用。二是配合滇西中心城市建设，形成以大理市为中心，祥云、宾川、弥渡、巍山、洱源和漾濞6县组成半小时经济圈，以此带动其余5县的城市群一体化协作圈，推进大理滇西中心城市的建设和全州旅游产业协调发展。三是推动旅游产品更新、质量提升，促进旅游产业由数量增长向质量提升的转型升级，不断提高旅游产业综合效益。四是着力构建滇西旅游集散中心并发挥其辐射带动功能。

③ 大理州旅游发展管理委员会:《大理州十三五旅游发展总体规划》，2016年10月23日在北京通过评审。

区化发展改变了诺邓古村以往的经济发展环境，原来自家居住的民居、制盐、腌制酱菜、火腿、山地白族刺绣、白族泥塑、白族纸扎等不断与旅游业融合，带动各项服务行业，形成了规模化发展的格局，从而形成诺邓古村新的旅游经济增长点。

对当地的社会产值和国民收入产生了直接影响。景区化发展吸纳了一大批从事旅游行业的直接和间接的就业人员，为当地居民创造了新的就业机会，使当地人获得了较高和较为稳定的经济收入，提高了当地居民的生活水平。诺邓古村的交通运输、餐饮、住宿、购物、通信设施随着景区化的发展而改变，旅游者的到来增加了对当地农副产品和其他商品的需求，催生了诺邓火腿厂等一批优秀本土企业，全面改善了投资环境，在吸引外部企业参与本地贸易、手工业发展中，全面刺激了诺邓古村的经济发展，从根本上改善了当地人的生活，使当地人摆脱了贫困。

受经济利益驱动的影响，产生了村民“资源主体”和“利益分配”之间的矛盾。当地干部说：

2002年，原果郎乡政府不顾县规划主管部门的反对，在没有征求群众意见的情况下，拆除了原诺邓盐厂的建筑和设施，用于开办火腿厂。火腿厂作为私企，但是一直使用着全村人最关注的公共场地，搬迁时还获得了特殊的照顾。2006年，村里搞“刷白工程”，违反了历史文化名村的保护原则。2013年县里发放房屋修缮补助，由于没做好宣传解释工作，导致群众不理解，出现了砍树拆屋等矛盾。还有的影视摄制组在拍摄中产生了一些破坏古建筑景观的行为。①

在诺邓古村景区化发展中，当地居民经常为了“个体利益”与当地政府产生博弈行为。村民说：

2010年12月，为了给游客营造一个安全、舒适的旅游环境，诺邓保护与开发领导小组办公室决定征用诺邓村入口处、我们家房下的一块约3平方米的空地用于建供水池。本着平等、自愿和公平、诚实信用的原则，双方就本块土地的用途经过协商后签订协议。诺邓保护与开发领导小组办公室一次性补偿给我们家200元。协议生效后，双方不得以任何理由违背协

---

① 2016年8月29日，访谈原云龙县旅游局副局长YXY，根据录音整理，地点：YXY家。

议。①

2013年12月，云龙县旅游发展管理委员会要建盐文化博物馆，需要征用到我家的土地。东至围墙，南至埂，西至黄润生家空地边埂，北至围墙，实地测量面积为0.153亩。经过双方协商，由云龙县旅发委按照每亩6万元的标准一次性征用，并补偿给我家。折合金额9180.00元，果树补偿500.00元，两项合计9680.00元，征用后产权由云龙县旅发委所有。②

以上叙述可以看出，诺邓古村景区化带来的经济影响将在一段时间内长期存在。科学分析和判断经济影响发生的时间段、类型和效果，有利于诺邓古村的景区化发展。而事实上，这些矛盾的存在也是当地政府对诺邓古村旅游一直坚持搞原村经营，至今没有引进企业利用“商业化运作”进行景区化发展的主要原因。景区化发展确实在一定程度上会破坏诺邓古村的独特性，但要发展旅游，改善民生，发展生计，诺邓古村还需要在原村经营、保持古村儒雅安静的古朴风貌方面，进一步寻找与旅游经济发展相融合的体制机制。这为当地政府如何规划建设新村，主动思考改善村民的居住条件问题，控制人造景观和不协调的建筑物，防止杀鸡取卵式的恶性竞争和开发提出了新课题。

在景区化发展中，诺邓古村多元利益主体的存在，以及双方之间的冲突是不可避免的。如何弥合景区化发展中不同经济利益主体的矛盾和冲突，如何将冲突的程度和范围变得可控，并对不同利益群体的诉求和表达进行制度化、合理化的规范，这就需要从中国传统村落型景区的发展战略、景区管理技术、管理的科学性等方面积极采取措施，正确认识和把握不同类型冲突的特点和规律，通过完善管理制度和管理机制，减轻诺邓古村景区化发展中的负面经济影响。

---

① 2016年8月27日，根据诺邓古村村民YDQ提供的双方协议书进行整理，访谈地点：YDQ家。

② 2016年8月27日，根据诺邓古村村民YHP提供的双方协议书进行整理，访谈地点：YHP家。

## 二、社会文化影响

21世纪以来，党和政府大力扶持民族地区经济发展。地处西南边疆少数民族地区的诺邓白族古村，多次获得“被评选”“被规划”的发展机遇。诺邓古村景区的发展先后被写进了《云龙县诺邓省级历史文化名村保护总体规划》（2006年）、《云龙县旅游业发展总体规划》（2007年）、《云龙县诺邓历史文化名村保护详细规划》（2010年）、《诺邓国家级历史文化名村保护性详细规划》（2010年）、《诺邓旅游区旅游项目修建性详细规划》（2010年）、《云龙县诺邓镇诺邓古村白族特色村寨建设保护规划》（2012年）、《大理州“十三五”旅游事业发展规划》（2016年），以及《云龙县“十三五”旅游事业发展规划》（2016年）中。诺邓古村这个滇西北茶马古道上重视礼教、尊崇儒学的传统村落，在政府主导的传统村落保护发展的“规划”下，从一个传统村落向旅游景区转化，生产方式、生活方式等发生了较大变化。

景区化传播了中国传统村落文化。中国传统村落文化精神中的地方化通过景区化发展得到了广泛传播。诺邓古村文化精神中的天人合一、耕读文化、儒商管理思想在旅游者与当地居民接触的过程中，给旅游者带来了全新的旅游体验，唤醒历史记忆。旅游者欣赏山地白族聚落景观，与当地居民接触和交往，购买诺邓特有的农土特产品和旅游工艺品，并通过影像、口述、微信、微博、QQ等方式传播对诺邓古村的印象，形成口碑效应。口碑效应成为诺邓古村景区化发展的主要影响因素。随着现代化进程的加快，对诺邓古村文化的传播常常表现为文化营销，虽然其中可能带有被旅游者误读和误解的内容。但是，大众对诺邓古村文化的传播，客观上有效促进了诺邓古村的保护和旅游发展。

景区化促进了诺邓白族服饰的传承和发展。旅游业发展后，各民族文化交往密切，出现了穿汉族服装的人日益增多，青年人喜欢穿时尚流行的服装的趋势。但诺邓从事旅游经营与服务的男女老少，都愿意经常穿着当地的日常白族服装。尤其在每年二月初八的观音会、三月十六的山神会、六月二十五的火把节，以及在春节、端午节、中秋节等民俗节庆时，诺邓人都身穿当地民族服装，通过对服饰的审美观照形成了较强的族群认同和身份识别。村民口述：

“大青树”的特点在于它的古朴与原生态。大青树是诺邓村的风水树，也是诺邓当地民俗文化的聚集地。每天早晨九点左右，村里的老人都要到大青树下聊天、拉家常，我和我妈妈穿着白族服装，更能代表我们的身份和体现我们白族的美，会让游客更容易记住我们，游客也希望我们穿白族服装。2013年，有几位游客拍摄了一组我和我妈妈穿着白族服装的照片，他们非常喜欢这类纪实性、原生性、民间性和传承性的照片，还说我们要能天天这样穿着就太好了。外地游客非常喜欢我们诺邓古村这样未经修饰的本土常态的生活。①

诺邓人在逢年过节，或是参加当地的祭孔仪式，火把节的霸王鞭歌舞表演，庆典时穿着的白族服饰具有舞台化和礼服化的倾向。具有表演性质的白族服装保留了传统白族服装的基本元素，适合旅游礼仪和歌舞表演时穿着。当地人有的穿着日常白族服饰，有的为了摄影，有的为了获得旅游者的好评，或是由于个体的利益以及当地政府引导和管理的因素，选择穿着旅游服务人员的白族服饰或者是礼服化的白族服。诺邓古村旅游的发展使白族服饰起到了审美和表达族群身份的作用，促进了白族服饰的传承和发展。

景区化发展给诺邓古村带来一些新问题。景区化建设前，诺邓古村里大量的劳动力和生产资料流向城市，其村落内部的文化原型、道德结构还基本保持了乡土的神圣化和均衡性。改革开放40年的发展，尤其是景区化发展以来，诺邓古村的乡土经济环境、政治环境、生活方式发生了巨大变化。诺邓古村里不少“80后”“90后”由于参与旅游服务后获得了经济收入，在家庭中获得了话语权，从而改变了诺邓古村传统家庭的话语结构。妇女的社会地位明显提高了，当地居民的生活方式发生了变迁，传统文化的保护和传承面临严重威胁。景区化发展带来经济收入增加的同时，也带来了大量不良的社会风气进入古村，发展中的民宿业破坏了诺邓古村原有的宁静和洁净的居住环境，旅游者涌入诺邓古村旅游和购买火腿，造成古村人满为患，破坏了古村的宁静与和谐。对于那些不能从事旅游服务的当地居民来说，他们不能从古村景区化的发展中获利，却要忍受由于景区化

① 2016年8月25日，访谈诺邓古村大青树掌柜HLY，根据录音整理，访谈地点：大青树。

发展带来的交通拥堵，物价上涨和生活成本增加，他们与旅游者和旅游业获利者相比较以后产生了不公平的心态。诺邓古村的景区化还吸引了不少来自全国各地的投资者到古村定居和经商，出现了旅游移民现象，造成了流动人口在古村空间内定居的现象。旅游者与当地居民共同使用古村的公共空间，对古村的生态环境和文化生态资源造成严重破坏。在当地的土地保护和民居院落修缮、遗产保护等方面也产生了一些投机行为，构成了诺邓古村内部的不和谐因素。

景区化发展让当地居民的日常生活承受了压力。长期以来，诺邓古村社会发展滞后，群众贫困面大，住房危房面积大、涉及的农户多，产业结构单一，项目资金总量以及到户扶持资金非常有限。民居作为景点开放后，影响了当地居民的日常生活空间。

我们的生活住所和祖辈生活的地方变成了生态博物馆，每天，都有来自世界各地的旅游者到我们家参观，打扰了我们以往宁静的生活，给日常生活带来了很多不方便。我和老伴（妻子）每天要花很多时间打扫房间、美化院落。我们家是古建筑，维修起来难度很大，修缮费用也很高。[①]

以上叙述，可以看出诺邓白族古村民居的主要功能转型为民宿和家庭生态博物馆后，古民居的保护问题面临新的困难和挑战。常年忙于旅游者的接待，两个家庭生态博物馆的白族文化档案整理工作跟不上，馆内至今没有存留相关藏品的编号、登记、造册等文字资料，也没有相关的视频、图片、影像等资料记录，给诺邓古村白族历史文化资源的保护留下了许多遗憾。旅游者进入家庭生态博物馆参观，打扰了两家农户原本宁静的生活。

景区化发展激活了诺邓古村与现代人生活联系的内生动力。发展旅游的过程中，诺邓古村内出现了安装太阳能、改建传统民居，建设现代化卫生间，从外地采购食材，招聘外地服务员等情况，当地居民和旅游者有意或无意地破坏了诺邓古村的乡村性。而旅游者方面，则既希望体验诺邓古村田园牧歌式的乡愁，又希望获得类似休闲度假式精品酒店的舒适与愉悦。当地居民在景区化发展中受此影响，逐步摆脱了一部分在他们看来是

① 2016年9月2日田野调查，根据HYS口述录音整理，地点：黄霞昌家庭生态博物馆。

落后的乡村性。长此以往可能导致诺邓古村乡村文化的原真性散失，降低诺邓古村景观的乡村性和旅游者的体验质量，诺邓古村的乡村文化物质载体存在的根基面临危机。

## 三、环境影响

诺邓古村景区化发展与其环境之间相互依赖，双向交互。自然环境和人文环境是诺邓古村景区产品中的核心组成部分。诺邓古村景区化发展对环境的依赖性很高，人为影响是影响环境良性发展的主要因素。诺邓古村景区化对环境的影响有积极影响和消极影响。积极影响主要体现为保护了诺邓古村的自然环境、保护了历史古迹等大量的文化遗产，改善了当地的基础设施和服务设施，加强了绿化植树和环境保护。消极影响主要体现为由于便捷的旅游交通，汽车的普及，导致景区人口密度突然加大，古村的基础设施面临超负荷运转的压力，打扰了当地人原本悠闲宁静的生活。诺邓古村景区化发展中修建停车场、修建景区环线道路等在一定程度上破坏了森林植被的生长环境，可能会危及野生动物、珍稀动物的生存环境，导致某些生物种群的大量减少，使古村的生态环境受到破坏。在景区化发展中，如果旅游者行为不当，还会导致当地的文物古迹损毁，随着古村旅游者人数的增加，这种损毁的概率也会加大。

由于诺邓古村的山地自然生态环境特点，诺邓古村处在一个地质滑坡体地带，安全隐患比较大，为诺邓古村景区化发展带来了困难。主要表现为，基础设施投资比较大，具有脆弱性和不稳定性，景区建设的生态安全高，维护难度大，山地环境脆弱。受到山地垂直高差的影响、山体滑坡等自然灾害的破坏、人类活动的影响，生态环境脆弱，保护难度很大。诺邓古村景区环境容量较小，所承载的游客容量明显少于地处平原或坝区的景区。诺邓古村对生活用水、消防用水的供应，电力、电路、通讯、网络等基础设施进行了改善，对入村公路进行改造，对环境、排污等方面进行了治理。但在建设过程中，出现了自然生态环境变迁。村干部说：

诺邓古村特殊的地理位置因素，所有从外面运来的材料都需要卸下来，暂时放置在停车场，再使用传统人背马驮的方式搬运。停车场500平方米左右的面积常常被沙子、石头、钢材等材料所占。随着外来人口的增多，垃圾分类处理的要求提高了。目前诺邓古村有20名环卫工人，每人每月160元补助，但由于缺少较好的垃圾分类处理办法，只能在垃圾池里进行焚烧，焚烧所产生的有害物质，对空气质量的影响非常大。古村内多处山体滑坡，河道污染严重，景观树木难以保护。在诺邓古村保护范围内安装供水管道和消防管道时，由于工程建设周期较长，常出现古村村道被损毁的情况，自然生态环境风貌遭到一定程度的污染和破坏。由于地震、地质灾害等自然因素的破坏，古村中有98%以上的古院落普遍存在柱体和墙体倾斜、开裂、屋面损坏、地基下沉、柱梁腐朽等多种问题，并导致正房或厢房倒塌，少数古院落已存在较大的安全隐患。①

以上这些变化既有自然环境本身的自然演进，也有发展过程中人为因素造成的破坏，对诺邓古村人的生活造成了较大的影响。随着景区化发展，还带来了村落卫生环境差，入村公路交通环境差、通达性不好，下水管道排污困难，民宿消防安全隐患大，安全出口数量不足，消防设施不足，项目监管落实难等问题，导致古村的景区品质下降，自然和人文环境面临危机的严峻考验。

综上，由于诺邓古村经济基础薄弱，景区化发展才刚刚起步，许多问题很难与现代旅游景区进行比较分析。但诺邓古村景区生态、绿色、环保的特点，使其景区化发展体现了生态、品牌、创意的发展趋势。诺邓古村是景区旅游的核心和物质载体。在景区化发展中，诺邓古村以遗产保护与旅游开发协会为基础，通过旅游商品分会建立诺邓村集体经济组织，发展古村集体经济，带动和组织景区以及周边的老百姓，通过从事旅游业及其相关行业实现脱贫致富。这些做法，促进了古村特色商品的利用和开发、特色旅游商品人才的培养和传承、进一步规范和理顺了对旅游餐饮、民宿经营户的管理，促进了古村的可持续发展。虽然诺邓古村在景区化发展中，不可避免地带来了经济、社会文化以及环境方面的负面影响，但是诺邓古村景区化发展中的保护性开拓思路，不断优化古村民族文化生态保护的做法，对于同类型的民族村寨旅游发展具有借鉴意义。

① 2016年8月29日，访谈诺邓村主任助理YQM，根据录音整理，地点：诺邓村委会。

# 第五章 诺邓古村景区化的运作方式

景区化是诺邓古村继“以井代耕”之后兴起的当地居民的生计方式，也是当地利用自然资源、历史文化资源发展旅游的一个过程、一种文化展示形态。从2000年开始，诺邓古村的旅游发展就与其景区化的发展紧密联系在一起，两者相辅相成，不可分割，成为诺邓古村旅游未来的发展趋势之一。景区化发展为当地获得了经济利益，为群众的生活带来了实惠。但诺邓古村景区化发展的背景不是固态的，一成不变的，而是基于诺邓古村文化生态变迁的背景而发展的。诺邓古村景区化的运作方式与景区化发展的动态性、多样性、可持续发展的要求之间双向交互，多重互动。

## 第一节　项目制管理的推动

随着诺邓古村景区化的发展，诺邓古村受到各级政府和主管部门的重视。从2002年起，诺邓古村相继获得了以中国历史文化名村、第七批全国重点文物保护单位、中国少数民族特色村寨等为代表的10多项殊荣。① 各项殊荣以项目制管理的形式提升了诺邓古村的旅游价值，共同推动了诺邓古村的景区化发展。

---

①　2016年7月20日，访谈云龙县旅发委主任GXL，根据录音整理，访谈地点：云龙县旅发委。

## 一、中国历史文化名村

诺邓古村入选中国历史文化名村迅速激发了诺邓古村的乡村旅游热。以历史价值和风貌特色作为核心要素，确立了诺邓古村的旅游形象和“诺邓”的品牌特征。

中国历史文化名村诺邓旅游形象要素

| | |
|---|---|
| 历史价值 | 元明清时期的白族乡土建筑群、文物古迹、盐业遗址 |
| 风貌特色 | 传统文化、传统风貌、地方特色、山地白族风情保持完好 |
| 原状保存程度 | 保存完好的年代久远的原建筑群已按原貌恢复修缮 |

在国家级、云南省级历史文化名村项目制管理的推动下，诺邓古村的景区化发展明显区别于其他旅游地的景区化发展。由于国家住建部、文物局、云南省、大理州根据项目制管理的要求，会不定期地组织专家对诺邓历史文化名村进行检查，实行动态管理，因此，诺邓古村必须在保护文物古迹、保护核心区域、保持历史文化名村的风貌特色，以及加大资金投入的条件下建设景区。

在中国历史文化名村项目制下，旅游文化与历史文化名村产生碰撞，历史文化名村总是以一种文化自觉的方式去接纳异质文化，并试图在与“他者”文化对话的过程中彰显自我，回归自我，不断进行诺邓古村历史文化精神的塑造。通过项目制对诺邓古村的恢复和修建，诺邓古村进一步成为新型的古村落遗产。诺邓古村的文化层深厚，文脉复杂与交错，保留了完整的千年古村形态，在历史文化名村的空间重建中，通过原有的各种文化层清晰地提取景观文脉。尤其是在景区化发展过程中，面对各种旅游利益主体的复杂博弈，中国历史文化名村项目制对于厘清各利益主体的层次以及互动关系，重新解读诺邓古村落空间，探讨古村落旅游空间的可续利用起到了促进作用。

## 二、全国重点文物保护单位

“文物”的含义在《宪法》和1982年《文物保护法》中明确是文化遗产，以后其内涵和范围都在拓展。[①]“遗产”一词经历了从“宝物”“古玩”“文物”“文化遗产”“文化与自然遗产”“非物质文化遗产”的发展阶段，其内涵与表征的理念也不断变化。[②]诺邓古村的各级重点文物保护单位，兼具文物和遗产的特点，同时具有存量和规模较大，自然和文化景观特色鲜明、原真性强、品位高等旅游资源属性。2013年，“诺邓白族乡土建筑群”与诺邓毗邻的“沘江古桥梁群”“顺荡火葬墓群”入选第七批国家重点文物保护单位，古盐井遗址入选第七批省级文物保护单位以后，当地政府规定严禁在保护区内违法建设旅游基础设施，严禁文物非法损毁和交易。诺邓古村的旅游规划按照国家文物局《全国重点文物保护单位保护规划编制审批办法》中第十二条、十三条的规定和要求进行编制。[③]建立健全了诺邓白族乡土建筑群保护的制度体系，每年对古建筑、寺观庙宇的存留情况进行摸底和普查，把白族乡土建筑保护纳入诺邓古村的规划建设，通过全国重点文物保护单位项目的支持，加大对白族乡土建筑的保护修缮资金投入力度，把诺邓白族乡土建筑保护和文化生态保护、古村文物资源旅游发

---

① 张韩枝：《旅游与遗产保护：基于案例的理论研究》，天津：南开大学出版社，2008年，第3页。1982年的《文物保护法》中文物的保护范围包括：“与重大历史事件、革命运动和著名人物有关的，具有重要纪念意义、教育意义和史料价值的建筑物、遗址、纪念物。”2002年修订的《文物保护法》规定：“与重大历史事件……史料价值的近代现代重要史迹、实物、代表性建筑。”把范围扩大到所有近现代重要史迹和代表性建筑，扩大了文物古迹和文物建筑的范围。在保护历史文化街区、村镇方面，新法也作出明确规定，这是原法中所没有的。

② 张韩枝：《旅游与遗产保护：基于案例的理论研究》，天津：南开大学出版社，2008年，第1页。

③ 中国文化遗产研究院编，安磊编著：《国家考古遗址公园实用手册》，北京：文物出版社，2015年，第259—260页。国家文物局《全国重点文物保护单位保护规划编制审批办法》第十二条提出制定开放计划，核定游客容量控制指标，确定展示项目，路线组织和必要的服务设施；说明规划范围内拟建项目的必要性，编制选址策划，提出建筑功能设定、规模测算和建筑设计的规划要求；提出管理建议，确定日常养护和监测内容，考虑社区参与计划等内容；第十三条提出保护规划中的保护目标、保护范围及建设控制地带的划分与管理规定、文物本体的主要保护措施、利用功能限定和游客容量控制指标等内容，应作为文物保护单位保护规划的强制性内容。

贡爷院

台梯式四合院

龙王庙

展相结合，对诺邓古村实行动态整体保护。

动态整体保护是“诺邓白族乡土建筑群”保护和发展的特色。“诺邓白族乡土建筑群”作为核心资源旅游区，重视景区化发展和文物保护的关系，培养社区居民和旅游者的文物保护意识，通过社区居民参与诺邓古村的文物保护，发挥诺邓古村文物遗产的资源优势，有效控制和避免了诺邓古村的失控开发和土地出租，以及旅游公司承包带来的景区商业化经营问题。诺邓古村的全国重点文物保护工作中融入了大量文物遗产旅游的特点。景区化发展使诺邓古村在动态整体保护中，主动面对和适应自身历史文化发展，不断与自然和文化景观进行互动。而事实上，传统意义上绝对固态和静止的文物保护是不存在的，诺邓古村以景区化发展为主的动态整体保护，既关注古村的“物”，也关注古村的“人”，以及当下古村人的新型生活方式。诺邓古村全国重点文物保护单位项目制，重新建构了古村历史文化保护，历史文化振兴和创意的文物遗产旅游，为当地社区的发展和居民提供了对原有文化的持续认同感。

## 三、中国少数民族特色村寨

2009年，国家民委、财政部开始实施“中国少数民族特色村寨”保护与发展项目。① 诺邓古村于2014年9月入选国家民委“中国少数民族特色村寨”。同年公布的第一批中国少数民族特色村寨共有340个，云南省有41个，其中滇西北地区有16个，占云南省总数的39%。分别是大理7个、丽江3个、怒江5个、香格里拉1个。② 滇西北地区的东面和四川接壤，北面和西藏相连，西部与缅甸、印度相接，是滇藏茶马古道上的核心段。历史上这里曾是藏彝走廊、南方丝绸之路、茶马古道的交融汇聚之地，存留了许多我国西南边疆独具特色的少数民族村寨。旅游资源丰富，地貌类型多样、拥有丰富的生物多样性、宝贵的文化遗产、古老的宗教文化、绚丽多姿的少数民族风情，是云南旅游发展的重点区域和重要的区域经济体之一。

诺邓古村于2014年入选“中国少数民族特色村寨”以后，除了国家、省、州的扶持外，云龙县人民政府先后对诺邓古村实施了10多个项目的保护建设，总投资达1750多万元：投资90万元，对诺邓古村内巷道进行修复，共铺设了4500平方米的石板道路，恢复了诺邓古村古巷道风貌；投资155万元，对诺邓古村重点院落进行抢救性修复，并制作相关标识牌，编制诺邓历史文化名村保护详细规划；投资90多万元，修复了龙王庙、文庙、孔庙、玉皇阁等庙宇；投资380万元，修复诺邓古戏台和盐博物馆，传承诺邓历史盐文化；投资120万元，按照“修旧如旧”原则修复了道长

① 中国政府网：http://www. gov.cn/gzdt/2012-12/10/content-2287117.htm：《国家民委关于印发少数民族特色村寨保护与发展规划纲要（2011-2015年）的通知》，2012年。2009年至2012年三年间，中央财政投入2.7亿元，并吸引多方面的资金，在全国28个省区市370个村寨开展试点，取得明显成效。

② 数据来源于大理州民族宗教事务局。

家（现村委会）；投资80多万元，修建了两座旅游公厕，15个垃圾处理池，改善了诺邓古村的旅游环境；投资40多万元，完善了古村供水设施和古村消防水池；投资300多万元，修建了诺邓古村旅游停车场，为诺邓古村的旅游开发提供保障；投资100多万元，实施了诺邓河道部分地段的治理，改善诺邓古村环境；投资90多万元，修复了诺邓古盐井，为古盐井的保护提供了有力的保障；投资305万元，实施了诺邓古村白族特色村寨建设项目，有力推进了诺邓古村的保护与开发建设。[①]

项目制管理有效推动了诺邓古村的景区化发展，构建了对诺邓古村民族文化进行依法依规保护的体制机制，提高了民众对诺邓山地白族文化资源的保护意识，形成了动静结合的民族文化保护模式。项目制管理为诺邓古村提供了以多元投入方式解决资金问题，[②] 全面激活和增强了诺邓古村景区化发展能力。

## 第二节　诺邓、东莲花、新华三村景区化模式比较

诺邓、东莲花、新华三村同属于大理白族自治州，都是滇西北旅游片区茶马古道上的旅游村落，旅游发展都始于2000年前后。2014年9月，三

① 根据2016年7月20日田野调查资料整理。

② 《国家民委关于印发少数民族特色村寨保护与发展规划纲要（2011—2015年）的通知》，中国政府网：http://www. gov.cn/gzdt/2012-12/10/c ontent-2287117.htm。由中央财政专项扶贫资金安排少数民族特色村寨的保护与发展资金，各级地方政府安排的资金项目要向少数民族特色村寨保护与发展倾斜，鼓励、引导、争取企事业单位、社会团体及个人援助投向少数民族特色村寨建设，鼓励和支持各类市场主体参加少数民族特色村寨基础设施建设、特色产业发展和旅游开发。

个村落都同时入选“中国少数民族特色村寨”，共同经历了云南省和大理州的旅游二次创业，三个村落拥有相同的旅游发展时空背景，但三村在景区化发展进程和所获得的项目制管理方面差异比较大。

三村景区化发展进程比较①

| 村落 | 主体民族 | 旅游资源特色 | 景区评定时间 |
|---|---|---|---|
| 诸邓古村 | 白族 | 千年古村；元明清时期的白族乡土建筑群、文物古迹、盐业遗址等历史价值和风貌特色。 | 2016年7月创建3A景区。<br>2017年1月申报3A景区。 |
| 东莲花村 | 回族 | 和谐回村；清代、民国时期的碉楼民居、清真寺、马帮商贸等回族文化遗产和民俗文化。 | 2016年11月，被评定为3A景区。 |
| 新华村 | 白族 | 银都水乡；民族工艺的传承和发展。 | 1999年，正式投入运营并被指定为“99昆明世博会”的旅游接待景点。 |
| | | | 2002年，被评定为国家AA级旅游景区。 |
| | | | 2009年11月，通过国家旅游局“AAAA”级景区终评验收。 |
| | | | 2010年9月，“AAAA”级景区正式挂牌运营。 |

三村项目制管理比较②

| 村落 | 项目制内容 | 主管单位 | 时间 |
|---|---|---|---|
| 诸邓古村 | 诸邓古村内毗邻的天池入选“诸邓自然保护区” | 云南省人民政府 | 1983年 |

① 2016年9月7日，根据三村田野调查数据整理。

② 2016年9月7日，根据三村田野调查数据整理。

续表

| 村落 | 项目制内容 | 主管单位 | 时间 |
|---|---|---|---|
| 诺邓古村 | 云南省历史文化名村 | 云南省人民政府 | 2002年 |
| | 云南省开发型旅游小镇 | 云南省旅发委 | 2005年 |
| | 中国最具旅游价值古村 | 中国旅游品牌推广峰会组委会 | 2005年 |
| | 中国历史文化名村 | 国家住房与城乡建设部、国家文物局 | 2007年 |
| | 中国景观村落 | 中国景观村落评审委员会 | 2007年 |
| | “诺邓村云南白族传统文化保护区”云南省级非物质文化遗产名录 | 云南省人民政府 | 2009年 |
| | 中国传统村落 | 住建局 | 2012年 |
| | 诺邓古村毗邻的天池入选“国家级自然保护区” | 国务院 | 2012年 |
| | “诺邓白族乡土建筑群”第七批全国重点文物保护单位 | 国家文物局 | 2013年 |
| | 云南少数民族旅游特色村 | 云南省旅发委 | 2013年 |
| | 诺邓古村毗邻的“沘江古桥梁群”入选第七批全国重点文物保护单位 | 国家文物局 | 2013年 |
| | 诺邓古村毗邻的“顺荡火葬墓群”入选第七批全国重点文物保护单位 | 国家文物局 | 2013年 |
| | 中国少数民族特色村寨 | 国家民委 | 2014年 |

续表

| 村落 | 项目制内容 | 主管单位 | 时间 |
| --- | --- | --- | --- |
| 诺邓古村 | “耳子歌”国家级非物质文化遗产保护名录 | 文化部 | 2014年 |
| | 中国最美休闲乡村 | 农业部 | 2015年 |
| | “回族古民居建筑群”县级重点文物保护单位 | 巍山县人民政府 | 2005年 |
| | 云南省历史文化名村 | 云南省人民政府 | 2007年 |
| 东莲花村 | 小康示范村 | 巍山县委、县政府 | 2007年 |
| | 中国历史文化名村 | 国家住房与城乡建设部、国家文物局 | 2008年 |
| | 云南少数民族旅游特色村 | 云南省旅发委 | 2013年 |
| | 毗邻的“南诏镇古建筑群”入选第七批全国重点文物保护单位 | 国家文物局 | 2013年 |
| | 第一批中国传统村落 | 国家住房与城乡建设部 | 2013年 |
| | 中国少数民族特色村寨 | 国家民委 | 2014年 |
| 新华村 | 中国民间艺术之乡 | 文化部 | 2000年 |
| | 中国银都 | 文化部 | 2000年 |
| | 中国民俗文化村 | 中国村社发展促进会 | 2000年 |
| | 中国（金银铜加工）民间艺术之乡 | 文化部 | 2005年 |
| | 云南十大名镇（唯一一家以村名命名的名镇） | “红云杯”云南十大名镇评选 | 2006年 |

续表

| 村落 | 项目制内容 | 主管单位 | 时间 |
|---|---|---|---|
| 新华村 | “白族民间造纸”云南省非遗保护项目 | 云南省人民政府 | 2009年 |
| | 鹤庆银饰锻轧技艺非遗传承项目 | 文化部 | 2014年 |
| | 中国少数民族特色村寨 | 国家民委 | 2014年 |
| | 第三批全国特色景观旅游名镇名村 | 住房和城乡建设部、国家旅游局 | 2015年 |

在具体的景区化运作中，诺邓、东莲花、新华三村都体现了项目制管理的特点，都有当地政府的主导作用发挥，由于景区化发展离不开旅游市场，三村景区化发展都在一定程度上体现了市场经济的推动作用。但是这些要素在三村的景区化模式中差异比较大。具体体现为诺邓的政府主导优势突出，东莲花的社区参与比较有特点，新华村的市场推动效应突出。由此形成了云南大理地区三个典型民族特色村寨景区化发展的不同模式。

## 一、诺邓模式：政府主导型

诺邓古村经济基础薄弱，古村的旅游发展处于市场培育期，其旅游发展的关联性、综合性和复杂性决定了当地必须采取政府主导发展战略。当地重视和支持诺邓古村旅游的发展，加大政策的支持和引导力度，出台了一系列促进旅游业发展的地方性法规。在旅游发展的保障机制体制建设方面，营造了良好的政策环境、制度环境和法制环境。加快和推进诺邓古村景区的基础设施建设，改善旅游环境，提升古村的旅游管理水平。充分发挥了当地政府在旅游产业资源配置、加快旅游市场的主体培育、开展旅游市场的监管、进行诺邓古村旅游整体形象宣传等多方面的主导作用。

诺邓古村旅游发展写入了《大理州十三五旅游产业发展总体规划》中，

面临良好的景区化发展机遇。[①] 当地政府制定了科学的规划和决策程序，主导诺邓古村的景区化发展，使诺邓景区的公共服务和社会服务充分发挥保障民生的作用。当地干部说：

诺邓古村在景区化发展的不同阶段，先后专门成立了诺邓保护与开发协调领导组、诺邓景区办公室、诺邓文化遗产保护与旅游开发协会、诺邓景区旅游发展公司等官方民间共建组织，为景区化发展制定了科学的规划和决策程序。通过建章立制，加强景区管理，确保景区交通畅达、人畜饮水安全、治安和消防安全，为游客提供舒适的旅游体验环境。

跃龙公路为旅游者提供了大理至云龙县城、云龙县城至诺邓古村的自驾游，以及旅游公共交通的基本保障。古村内新布局架设了诺邓大村、山后三组、曙光四组人畜饮水线路，接通自来水，基本缓解了全村用水紧张的状况。与县水务局等单位协调，计划在曙光哥来山投资150万修建一个储水量15万立方米的小型水库，水库建成后，全村25个村民小组中将有20个村民小组受益。古村还为每个民居院落配发灭火器和防水缸。实施消防管道铺设工程，配备专职消防队，每年国庆、春节等旅游黄金周、祭孔期间，诺邓古村景区都制定周密的"工作方案"和"工作预案"，确保旅游监管到位。[②]

以上叙述，集中体现了诺邓景区化发展中，政府主导在发挥政府管理职能方面不可替代性的优势。诺邓古村的政府主导主要在保护性开发、文化展示、社区参与景区化发展、开展"家+"式旅游餐饮、民宿以及混搭式经营方面发挥了重要作用。

---

① 大理州旅发委:《大理州十三五旅游产业发展总体规划》，2016年10月23日在北京通过评审。其中提到"建设云龙诺邓古镇盐马文化休闲体验区"的目标，并指出：充分围绕云龙县诺邓古镇、盐商文化和自然生态景观，推动诺邓古镇历史文化名村休闲观光旅游发展，着力完善古镇基础设施建设，建设完善盐商文化博物馆，将诺邓古镇建设成为云南省知名的古镇。以"太极图"乡村为基础，建设农耕文化博物馆、创意稻田画，充分展示中国农耕文化的精髓，创意策划农业体验项目。重点项目是诺邓古镇保护性开发、太极图旅游景观设计、创意设计稻田画、云龙县游客中心、云龙太极康体养生休闲度假中心、天池户外露营房车基地和帐篷营地。开展春耕田、夏听蝉、秋收割、下田捉鱼虾等系列活动，让游客在诺邓古村看得见山，望得见水，记得住乡愁。

② 2016年8月29日，访谈云龙县旅发委主任GXL，根据录音整理，地点：云龙县旅发委。

### （一）政府主导保护性开发

保护性开发既是诺邓古村景区化生存的重要基础，同时也是诺邓古村景区化发展的主要特点。诺邓古村的政府主导保护性开发主要以保护古村为前提，强调利用性保护，通过一系列科学的方法对古村进行开发和利用，达到诺邓古村可持续发展的目标。诺邓古村政府主导保护性开发的主要特点是：

1．政府主导形成历史文化保护和景区化发展的合力

诺邓古村旅游资源富集，但旅游发展基础薄弱。政府主导有利于形成历史文化保护和景区化发展的合力，对当地旅游发展具有可持续的意义。2009年5月，李纪恒同志到云龙县考察，对诺邓古村和天然太极图的建设作出了重要指示。随后，云龙县委、县政府启动了诺邓公路、诺邓停车场、诺邓大桥、诺邓景区游客服务中心等项目的建设。2012年6月，云龙县召开旅游产业发展大会，县委、县人民政府研究出台了《关于推进旅游产业跨越发展的实施意见》，提出到“十三五”末，将诺邓景区创建为国家4A级景区的目标任务。调整和充实了云龙县旅游产业发展领导组，诺邓景区保护与发展领导组、诺邓保护与综合管理工作组、县旅游市场开发服务中心、县旅游投资开发公司等机构，组建了云龙县旅游发展管理委员会新机构，搭建了云龙县旅游投资开发有限责任公司融资新平台，明确了旅游产业发展招商引资奖励办法。2015年，云龙县成立历史文化旅游资源保护建设管理委员会，每年有500万元的旅游发展专项经费列入县财政预算，用于重点开发诺邓古村景区。

2．科学制定规划是古村发展的源泉和动力

云龙县编制了《云龙县旅游总体规划》，针对诺邓古村的保护和发展，先后编制了《诺邓历史文化名村保护详细规划》《诺邓村旅游项目修建详细规划》，制定下发了《诺邓历史文化名村管理办法》，进一步规范诺邓古村的管理、保护、修缮、补贴等，确定了以诺邓古村为核心景点的旅游发展思路。

3．有利于推动基础设施建设

到2016年底，诺邓古村已完成了进村公路、停车场、村内道路、排水、消防、旅游公厕、古村游道、旅游标识等基础设施建设。诺邓古村消

防人饮工程和诺邓古村电网改造工程已经投入使用。目前，诺邓大桥桥梁主体结构已完成，正在进行桥面扫尾工作。诺邓公路改扩建项目全面完工，诺邓景观河道一期建设项目完成建设，诺邓历史文化名村基础设施建设项目完工。修建了临极台作为观赏品鉴“天然太极图”的观景台，打造提升天然太极景观。投入1800万元征收了原鹅脖子发电站、大井坪酒厂和大井坪饭庄，提升太极景观效果。完成投资4000多万元的环太极游道一期、二期、沘江河道治理工程建设，建成太极文化浮雕墙和诺邓景区游客服务中心。

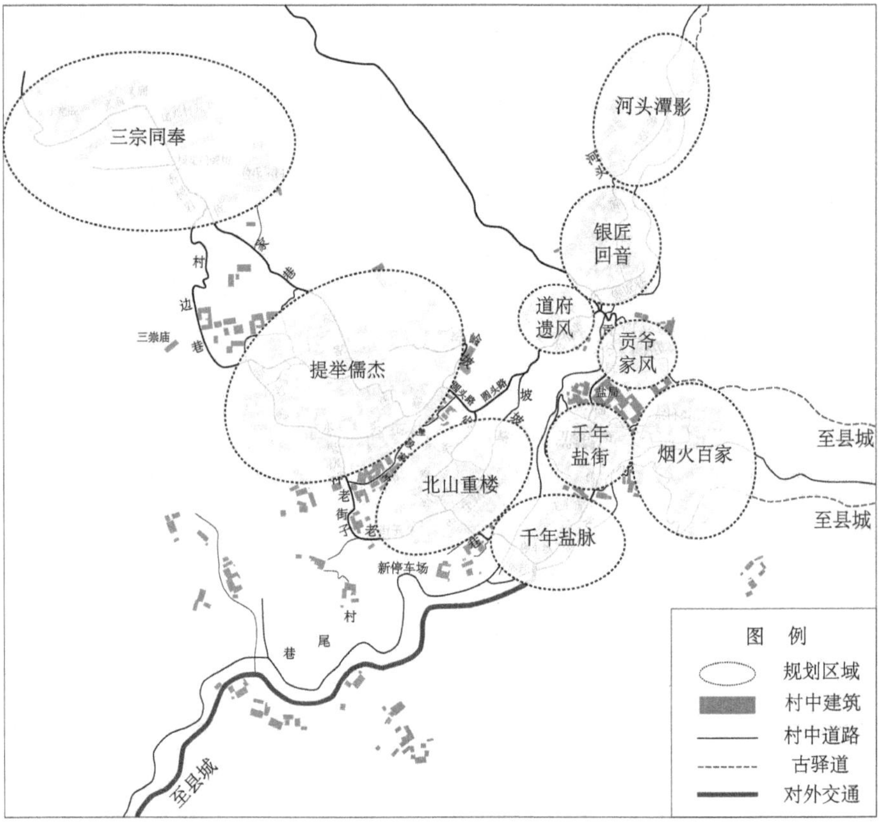


诺邓古村旅游发展规划图①

① 诺邓古村旅游发展规划图，笔者制图。

政府主导下的保护性开发，传承和传播了诺邓古村的历史文化和山地白族民俗风情，在很大程度上消除了景区化对古村的负面影响。通过诺邓古村的保护性开发，提升了诺邓古村资源的品味和旅游价值。

### （二）政府主导文化展示

政府主导文化展示是保护和传播诺邓古村文化的重要途径，也是提升诺邓古村文化体验价值的重要平台。诺邓古村的政府主导文化展示类型主要有静态展示、动态展示和动静结合三种类型。

1．静态展示

诺邓古村本身就是一个历史文化资源富集的博物馆。静态展示的方式主要有诺邓盐文化博物馆、纸质期刊、网络传播等方式。

诺邓盐文化博物馆利用诺邓盐局作为展馆，主要规划了“云中之龙”“五井之盐”“千年古村”“文献名邦”“盐马古道”“民俗风情”“保护传承”等7个展区。第一展区“云中之龙”主要展示云龙悠久的历史和璀璨夺目的传统文化。第二展区“五井之盐”展示2000多年来云龙八大盐井经济社会发展过程。主要包括八大盐井的经济社会发展概述、八大盐井的形成、盐业生产技术、盐业生产方式演变、古代云龙盐井的战略地位。第三展区“千年古村”展示诺邓古村社会经济演变等历史状况，包含了诺邓的自然地理、历史简介、古代诺邓的生产生活状况、文化状况、诺邓现存的文化遗产。第四展区“文献名邦”介绍古代云龙的教育、文化、科举和宗教文化活动。包括云龙历史上的文化名人、民族民间文化、音乐、舞蹈和戏曲、美术和建筑工艺。第五展区“盐马古道”展示茶马盐古道的形成以及盐井文化景观。包含了盐马古道、集镇与商品、桥梁、马帮和私盐、古道风情。第六展区“民俗风情”展示古代云龙各民族民间的民俗风情。主要内容是五井地区民俗概况、山地白族的风俗、风情，其他少数民族的风俗、风情，古代云龙的资源、特产，传统风味饮食，传统节事庆典。第七展区“保护传承”展示云龙人民在县委、县政府的领导下，为保护、传承祖国的优秀文化遗产所作出的努力。①

① 2016年8月27日田野调查，根据实地调查整理。

云龙县文联主编的一个季度一期的《云龙文化》期刊、县政协主编的《云龙文史资料》等定期通过文字和图片的形式介绍和传播诺邓历史文化。诺邓古村的文化展示网络平台主要有云龙县人民政府门户网站，以及30个以“诺邓”命名的微信公众号（比较常用的是“云龙关注”“印象云龙”），以及“去哪儿”“携程网”“艺龙”等大量的旅游预订平台。

2. 动态展示

主要有祭孔仪式等展示形式。诺邓祭孔仪式在政府主导下，由民间进行组织，于2008年9月26日孔子诞辰日恢复，在此之前的诺邓传统祭孔活动已中断了60年。当地干部说：

为获得较好的文化展示效果，当地对神像、神龛牌位及匾联进行了重塑和修复，对孔庙大成殿、盐井、龙王庙、武庙、道长家进行了保护性维修。祭孔队伍和祭拜先圣的队伍由诺邓古村的白族群众组成，现场由当地的小学生诵读《三字经》，中小学生身着祭祀服装，手持祭孔物品，在诺邓村的文庙祭拜孔老夫子。诺邓祭孔仪式的过程分为迎神、请神、初献礼、亚献礼、终献礼、撤礼等。由诺邓古村的两位教育工作者，身穿蓝色古装，担任祭孔仪式的主祭和陪祭。利用祭孔仪式，村里每年对诺邓的优秀教师和三好学生进行表彰。①

诺邓孔庙

以上叙述，比较完整地还原了诺邓古村文化展示中，动态展示类型的特点和效果。景区化背景下的诺邓祭孔仪式作为文化展示的载体，把当地尊师重教的的古老习俗与旅游文化

① 2016年8月29日，访谈云龙县旅发委主任GXL，根据录音整理，地点：云龙县旅发委。

品牌的塑造联系在一起，吸引了许多旅游者慕名前来诺邓参与祭孔，充分展示了诺邓古村深厚的历史文化底蕴。中华民族多元一体格局观在诺邓古村祭孔仪式中，更多地体现为“和”的思想，以及尊重中华民族的文明传统，科学对待本土文化传统，对中国传统文化思想进行传承和升华的具体实践。诺邓古村的群众主动参与到传统文化的恢复、保护和传承中，促进地方文化发展和民族发展，增强中华民族的凝聚力。

3. 动静结合展示

随着景区化的发展，动静结合的文化展示方式常常伴随着古村文化与当地居民的互动，动静结合展示的重点是诺邓五大地理标志产品的生产、加工和销售等活态族群文化展示；豆饼、酱面、酱菜、豆花等旅游商品的加工和制作；制盐工艺、盐文化手工技艺、木雕、砖雕等传统手工艺的制作过程；民间习俗星回火炬、接佛观灯、上梁庆典；文化旅游活动等。古村里有盐业技艺基础的人家恢复了具有传统盐业工艺的手工作坊，向旅游者展示山地白族古朴传统的生产方式，并组织旅游者参加盐生产工艺流程。盐文化手工技艺展示承载了历史记忆，在许多农户家的盐生产工艺流程展示中，许多旅游者边游览边学习，边购买“诺邓井盐”文化旅游产品。当地干部口述：

2016年11月，云龙县举办“文化云龙　健康山城”太极文化旅游活动，主要展示各景区景点的兰园（诺邓景区游客服务中心、县城兰园）；“力格高”文艺晚会（云龙县城文化广场）；太极健步走（云龙天然太极游道）；诺邓游客接待中心揭牌仪式和诺邓火腿品鉴（诺邓游客服务中心）；太极文化旅游活动文艺展演（诺邓游客服务中心）；“太极养生美食”品鉴（诺邓游客服务中心）；自然风光、人文遗存、非物质文化遗产及高原特色农产品推介（云龙县城“云之味”高原特色农产品展示中心）。在诺邓火腿品鉴中，专家和来宾对诺邓火腿进行了品鉴和投票，评选出的诺邓金牌火腿在太极文化旅游活动中进行现场拍卖，拍卖价格是3万元，这3万元钱由卖方捐给了云龙县一中的贫困学生。①

这是进入21世纪以来，云龙县策划的一次较为高端的关于诺邓古村

① 2016年11月20日，访谈云龙县旅发委主任GXL，根据录音整理，地点：云龙县旅发委。

旅游发展的文化旅游活动。“文化云龙　健康山城”太极文化旅游活动，在政府主导下，以复合型文化旅游活动的形式，突出动静结合展示的创意特点，体现了旅游者与诺邓古村文化生态旅游元素的互动，为旅游者带来了深层次的文化创意体验。

### （三）政府主导社区参与景区化发展

1. 诺邓古村目前只有政府主导下的个体参与，没有政府主导下的民企合作类型、企业与社区合作以及旅游企业独立运营形式，但有少量家族姓氏内部集资合伙经营的情况，社区参与的形式比较单一。

由于诺邓古村自然和文化景观资源的历史价值较高，旅游资源比较集中，社区规模小，历史文化名村的保护难度很大。目前，在具体的景区管理中，常常存在当地“资源主体”与“利益分配”之间的矛盾很难协调的情况。当地人认为，这时候如果从外部引入企业，对诺邓古村的景区化发展实行“商业运作”的话，那么，诺邓古村“历史文化遗产保护”和“景区化发展”之间的矛盾将会变得更加复杂和难以协调。因此，在引进外来商户投资开发和管理诺邓景区方面，当地政府一直持谨慎和保守的态度。在这个过程中，当地政府也曾试图引进过好几家旅游景区发展公司，但都没能成功。村干部说：

国内外有许多投资商到达诺邓，与我们商谈社区合作的事，提出可以采取民企合作的股份制方式，对诺邓古村进行保护和开发。但是，我们认为单一的民企合作方式对于诺邓中国历史文化名村的开发并不合适，是违反《云龙县诺邓历史文化名村保护管理办法》[①]的，我们没有同意。[②]

这一叙述，体现了当地政府对保护和发展诺邓古村的文化自觉和文化自信。这种源自内心的文化自觉和文化自信，构成诺邓古村景区化发展中最可贵的精神品格。

2. 诺邓镇政府与诺邓古村联合成立诺邓村遗产保护与旅游开发协会。

诺邓村遗产保护与旅游开发协会成立了古村保护分会、诺邓火腿分

① 云龙县人民政府2014年2号公告：《云龙县诺邓历史文化名村保护管理办法》，详见文末附录1。

② 2016年8月29日，访谈诺邓村主任助理YQM，根据录音整理，地点：诺邓村委会。

会、接待管理分会、文化旅游分会、环境管理分会等5个下属分会。在发展古村旅游餐饮、特色民宿、旅游商品生产和销售、旅游交通服务和旅游景区服务等方面发挥了重要作用。2013年5月，云龙县组织“海选”，由诺邓村有选举权的村民直接提名，推荐这5个分会的理事长和理事会成员。目前，这5个分会开展工作情况正常。村干部说：

我们计划于2016年12月底全面完成诺邓景区创3A的目标，2017年1月申报验收，争取2017年“五一”黄金周前挂牌。诺邓3A景区的创建结束以后，诺邓还要启动4A级景区创建，逐步实现创3A增4A奔5A的近期、中期、远期跨越发展目标。

如果诺邓3A景区申报顺利通过评审的话，我们打算在古村里遴选11户景观型古民居负责游客的观光接待。这11户参观型院落不能进行民宿经营，由诺邓景区旅游发展公司统一收取大门票后支付给户主观光旅游收入。民宿经营的民居纳入公司的统一营销。景区的收入分配要兼顾国家、集体和当地居民的共同利益。主要包含大门票收入、专题旅游收入、停车场（或索道）收入、个体经营收入四类。大门票开始时暂时按照人均100元收取（对旅行社组织的团队游按人均60—100元收取），凭票可以参观和游览全村所有的开放景点。

专题旅游收入是指针对游客自费参观或参与的由诺邓办和村协会组织举办的专项旅游活动。对专题旅游项目的收费根据活动组织情况及活动质量商定。对购买了大门票的游客车辆到停车场不再收费，但其他停留超过半小时的车辆必须交费。大门票收入、专题旅游收入的经营管理由政府（诺邓景区开发办公室）和村民集体（诺邓村遗产保护与旅游开发协会）制定管理办法共同负责，具体分配方法在扣除税收等项以后，开始时可暂时按照6:4或者5:5的比例分成。

未来诺邓古村旅游收入中政府所得部分主要用于基础设施、设备的建设维修和宣传推介、举办活动等。诺邓旅游收入分配中村民集体所得部分主要用于地方公益事业、专项活动组织、全体村民分红、重点景观户收益、古民居维护、对孤残老弱特困村民的救济，以及景区宣传促销费用、协会的办公经费等。具体的分配比例数额由村民代表会议决定。①

可见，在未来诺邓古村景区旅游收入分配中，政府主导还将进一步发挥重要的协调作用。村民可以自己决策诺邓古村的保护和利用，以及景区化发展的具体思路和措施，村民的积极性被全面调动起来。

3. 当地居民希望通过发展旅游振兴古村。

当地居民发扬儒商风范，以开放的意识和胸襟促进诺邓古村景区化发展，以实际行动开展了大量诺邓历史文化保护工作，村民说：

我们诺邓祖祖辈辈都以生产、销售食盐为生活的主要来源。生产出的食盐，常常用马帮从村南的茶马古道上驮往保山、腾冲、缅甸等地销售。人们为了从心理上求得财神保佑，在离村约300米左右的茶马古道边，建起了诺邓最早的财神殿。每次人们端起盐驮子，赶马出行时，行到此处，都忘不了要点几炷香，磕头叩拜，请求财神老爷保佑盐销平安顺利发财。返回时，也要进财神殿磕头叩谢，表示已做完生意，平安归来。诺邓外出务工的人也是如此。千百年来，这已形成了诺邓人外出的常规礼节礼仪。“文革”期间，财神殿遭到破坏。如今，村里人虽然不以盐业为生了，但人们离家出门之前，还是习惯到财神殿遗址行礼。

我们希望诺邓古村的旅游业能象过去的盐业一样成为诺邓人的主业，重振诺邓的繁荣。2011年，村中的部分爱心人士与第三村民小组，共同发起捐资修复财神殿的倡议，广大村民和周边的热心人士积极支持已捐资8000多元。我们根据古村保护条例和文物保护法的相关规定，特别向诺邓镇政府和村委会递交了书面申请，请求由村民自行组织，在服从诺邓古村总体规划的前提下，按照修旧如旧的原则修复财神殿。

我们的申请得到上级主管部门的同意和支持，财神殿于2014年得到修复和重建。②

当地居民积极支持和参与诺邓古村旅游的态度和做法，在很大程度上融洽了当地居民与旅游者的关系。

① 2016年8月27日，访谈诺邓村委会党总支书记YSJ，根据录音整理，访谈地点：诺邓村委会。

② 2016年8月29日，访谈诺邓古村村民YHQ，根据录音整理，地点：YHQ家。

### （四）政府主导开展“家+”式旅游餐饮、民宿以及混搭式经营

在政府的扶持指导下，诺邓古村的大青树、题名坊周边，形成了一系列旅游餐饮和度假型民宿。这些度假型民宿最大限度地使材料、体量、虚实、色彩和原来的传统民居一致，为旅游者提供了感受时光流逝、悠闲祥和的生活方式。“家+”式民宿的混搭经营特点非常突出。民宿同时经营诺邓土特产品、传统工艺美术品，品种齐全，应有尽有。混搭式经营的收入，成为“家+”式民宿多元化经营的重要组成部分，大大改善了古村农户的经济收入结构，养生、美食、生态与艺术逐渐成为古村景区的新业态。[①] 诺邓古村没有过度的开发及商业化的影响，一年四季吸引了大量的海内外艺术家边旅边画，一位正在写生的旅游者说：

我觉得诺邓古村是“天然的画廊”，可以利用这里的原生态古村环境，定期为艺术家举办不同主题的画展。以白族古建筑作为展览背景，对目前建筑立面稍加改造，拆除院落内部的搭建部分，梳理院落的环境，适当增加休息设施。这种古代与现代文化的撞击，必定给旅游者和艺术家带来视觉的盛宴，画展的品牌效应也可以大大提高景区的历史品质感。[②]

还有的旅游者边旅边唱，融入对当地吹吹腔、耳子歌和洞经古乐的采风中，一住就是几个月甚至半年。诺邓古村景区化新业态吸引了大量旅游者，催生了文化经济在诺邓古村的发展，提升了诺邓古村景区的文化内涵和艺术品质。

### （五）经验启示

科学面对周边旅游景区的旅游市场竞争。截至2016年，云南省共有294个村落入选中国传统村落名录，大理州入选57个，占19.4%，居云南省第二位。[③] 云南省具有丰富的民族历史文化遗产，在文化遗产的保护方面，具有深厚的历史渊源。云南丽江的大研古镇、大理古城、剑川的沙溪

---

① 2016年9月2日，根据田野调查整理。2016年1月，杨飞云院长（中国艺术研究院中国油画院）带领了20多名中青年画家到达诺邓古村写生采风，并入住“一颗印木石雅居”。类似的养生、美食、生态与艺术相结合的案例在诺邓古村很多。

② 2016年9月2日，访谈诺邓古村旅游者，根据录音整理。

③ 数据来源于大理州住建局。

寺登街此前已奠定了坚实的市场先机，要满足未来旅游者不断增长的多元化需求，未来诸邓古村景区的供给还面临着如何把单一的依靠自然景观资源和历史文化景观资源的优势，向投资以多元化文创为主体，衍生新产品，依靠增量为驱动的转型。

有效控制诺邓古村的景区安全和景区承载量。目前诺邓古村景区游客容量的超载情况不是非常突出，但是，“十一”黄金周、春节，大理州“三月街”民族节期间，散客化趋势带来的扎堆现象非常突出，严重影响了当地居民的生活。诺邓古村景区的最大游客容量情况如下：

诺邓古村景区的游客容量测算结果[①]

| 线路名称 | 长度（米） | 面积（$m^2$） | 计算方法 | 计算指标 | 一次性容量（人/次） | 日周转率（次） | 日游人容量（人次/日） | 年游人容量（人次/年） |
|---|---|---|---|---|---|---|---|---|
| 诺邓古村游线 | 1909 | – | 线路法 | 10m/人 | 191 | 3 | 573 | 114600 |
| 诺邓村 | – | 94180 | 面积法 | $100m^2$/人 | 942 | 2 | 1884 | 376800 |
| 香山游线 | 3359 | – | 线路法 | 15m/人 | 224 | 2 | 448 | 89600 |
| 整个旅游区 | – | – | – | – | – | – | – | 581000 |

以上使用面积容量法和线路容量法对诺邓古村景区的游客容量进行了初步估算，反映了环境空间的容量。但是，对于诺邓古村资源环境、生态环境和社会环境的容量却是很难测算的。诺邓古村景区化发展目标是创建世界遗产保护地、国家4A级景区和国家5A级景区。在未来的管理中，可以结合智慧景区大数据的建设，设置科学的数字化预警系统，对电子门票、客流量、森林消防、环境监测等内容进行全面监控。鼓励散客通过在线预订的方式出行，景区通过移动数字技术实时监控预测客流、空气、阳光和水等数据和质量的变化，并进行合理监控和引导，有效缓解旺季游客

① 云南方城规划设计有限公司：《诺邓古村旅游项目修建性详细规划》（2010 — 2020年），第7页。考虑到雨雪、意外事故等不可控制的因素，每年按200天计算，在计算游客容量时，所定的游客人均占用景区用地面积取《风景名胜区规划规范》的高指标。

扎堆爆满的情况。

## 二、东莲花模式：社区参与型

东莲花村马家大院

角楼

东莲花村位于大理白族自治州巍山回族彝族自治县的东北部，“红河源头第一镇”永建镇坝子中央，全村有278户1065人，人均耕地面积0.75亩。旅游发展以后，培植和发展了一批传统民族工艺、外联商贸、畜牧饲养贩运、林果经济、花卉产业以及清真食品加工行业。直接或间接从事旅游业的有746人，占全村总人数的70%，2016年旅游业年人均收入为1.7万元。东莲花村是纯回族自然村，周围有汉、白、彝等多个少数民族聚居，有泰国、缅甸等华侨及侨属侨眷百余人。东莲花村始建于明初，至今保存完整的古宅院有28院、古碉楼5座、清真古寺1座、7间以上的联体成排古马厩4联共68间。村庄占地12.4平方公里，现存清代建筑10064平方米，民国建筑17966平方米，村内有古街巷3886米。[①]

东莲花村被誉为“古道名邨”“马背上驮出来的村庄”。民国年间，全村共有知名马锅头7人，马脚子（赶马人）100余人，大马帮7支，骡马350余匹，享誉云南省内外、东南亚各国。[②] 东莲花村以清真寺为中心，

① 2017年1月13日田野调查，数据来源于东莲花村村委会。

② 桂榕、张晓燕：《最后的碉楼 东莲花回族历史文化名村的历史记忆与文化空间》，北京：知识产权出版社，2013年，第84页。

形成了方形的内核，外缘向东、西、南、北呈四块放射状，村庄的平面形状似旋转的风车。东莲花村是中国西南地区回族唯一的中国历史文化名村，是滇西茶马古道上集历史文化、马帮文化、伊斯兰文化等多元文化为一体的古村，是滇西北香格里拉旅游黄金线上的重要站点，是云南省内体验伊斯兰文化、马帮文化的3A级（2016年评定）新兴旅游景区。东莲花村具有代表性的旅游资源分为遗址遗迹、建筑与设施、旅游商品及人文活动4个主类，资源独特性较强。其中高品位的伊斯兰文化以及别具特色的马帮历史文化是东莲花村的优势旅游资源，地方性强，具有不可替代性。

东莲花村旅游资源类型①

| 主类 | 亚类 | 旅游资源 |
| --- | --- | --- |
| 遗址遗迹 | 单体活动场所 | 马家大院 |
| 建筑设施 | 居住地与社区 | 清真寺（叫拜楼、礼拜大殿、沐浴堂）、马如意故居正院角楼及马厩角楼、马如清院落门角楼及中院角楼、马如骐院落碉楼、博物馆 |
| 旅游商品 | 地方旅游商品 | 油粉、卷粉、树皮、油香、乳扇、牛肉凉片、红烧牛肉、羊肉蒸粉、金银饰品、民间刺绣、针织物品 |
| 人文活动 | 民间习俗节庆 | “抹锅烟子”“掐新”、喝喜茶、古尔邦节、圣纪节、开斋节、亡人节、盖德尔夜、主麻日等 |

从交通区位来看，与诺邓古村景区最大的不同是东莲花村地处巍山县城和下关的中心，东距关巍公路1.2公里，南距县城25.5公里，北距下关29.5公里，交通区位优势明显。2007年以后，东莲花村成为巍山县重点打造的“一山一城一村”旅游景区之一，是巍山旅游的名片。

在三村景区化发展中，东莲花村获得政府支持的时间较早。2007年，东莲花村成为大理州12个小康示范村之一，分三年实施，获得了相对于其

① 吴必虎、董双兵主编:《旅游规划设计法规标准手册 标准卷》，北京：中国质检出版社，2014年，第469页。根据2003年我国《旅游资源分类、调查与评价》(GB/T18972—2003）为参考标准，结合笔者田野调查，对东莲花村旅游资源进行分类，可分为4个主类，5个亚类。

他古村较早、较好的发展机会。[①] 2011年实施的“东莲花民族团结进步繁荣稳定示范样板村”（县级）建设项目为东莲花村赢得了作为巍山县重点旅游景区打造的机会，同时还获得了把东莲花村纳入国家级历史文化名城巍山古城一道进行规划的机会。[②] 这是东莲花村在景区化发展基础方面区别于诺邓古村和新华村的地方。

东莲花民族团结进步繁荣稳定示范样板村建设项目一览表[③]

| 项目名称 | 建设内容 | 完成投资（万元） |
|---|---|---|
| 回族特色村建设 | 青石板路面改造工程 | 319 |
| | 古民居维修工程 | |
| | 广场提升改造工程 | |
| | 回族文化展室建设 | |
| | 特色产业培育 | |
| | 示范标牌建设 | |
| 民族团结生态示范村建设 | 排水、污水处理工程 | 973 |
| | 道路改造工程 | |
| | 太阳能路灯工程 | |
| | 大塘绿化美化工程 | |
| | 清真寺宜礼楼改造工程 | |
| | 村内旅游道路通畅工程 | |
| | 村内农田水利设施建设工程 | |
| | 环村西路改造工程 | |
| | 电力电讯工程 | |

① 政协巍山彝族回族自治县委员会编:《巍山名城保护》，昆明：云南美术出版社，2011年，第45页。小康示范村主要实施了东莲花村进村道路及配套沟渠、休闲小广场建设、古民居维修、美化、绿化等8个大项目，30个小项目建设。

② 政协巍山彝族回族自治县委员会编:《巍山名城保护》，昆明；云南美术出版社，2011年，第46页。

③ 2016年9月5日田野调查内容整理。

续表

| 项目名称 | 建设内容 | 完成投资（万元） |
|---|---|---|
| 民族团结生态示范村建设 | 马帮文化博物馆建设工程 | 973 |
| 风貌改造建设 | 马家大院维修工程 | 941 |
| | 村内建筑风貌整治工程 | |
| | 环村南路改造建设工程 | |
| | 停车场、公厕等建设工程 | |
| | 清真寺修缮工程 | |
| | | 合计：2233 |

## （一）东莲花模式的特点

1. 社区参与景区化管理。

东莲花村以政府主导为基础，通过国家适当补助，社区群众积极参与，引导村民自主建设，自主管理和自我发展，充分发挥村民的积极性和主体作用，保障村民在回族特色文化的传承和发展中受益。东莲花村的社区参与体现了村民全方位参与的特点，充分发挥了东莲花村生态兴村、农业稳村、旅游活村的特点，依托苍洱景区的辐射带动，提升了东莲花村回族独特民俗风情、民居建筑艺术、马帮文化的文化附加值，使东莲花村成为滇西旅游特色村寨。在村民参与回族古民居的修复中，正确处理了利用现代建筑材料与保持回族传统建筑风格的关系，坚持东莲花回族特色村寨的民居类型整体风格统一而又突出个性化的特点，既尊重东莲花村人民千百年来传承下来的风俗习惯，又使东莲花村民在回族特色文化传承与发展中享受现代文明带来的生活便利。

当地居民广泛参与到景区化发展中，为旅游者提供了原真性较强的滇西茶马古道回族村落民俗风情体验。东莲花村景区的建设和管理经营没有引入外来企业，以及外来就业人员，基本上是靠本村村民参与景区化管理。从这个角度看，东莲花村和诺邓古村的景区化发展思路比较相似。当年由马如骥马锅头所建的马帮物资库房改建成了今天的“东莲花马帮文化博物馆”。博物馆里收集展出的散落在民间的马帮遗留物，是从民间角度研究东莲花村马帮文化和交通史的有益尝试。现在由马家大院的主人马如骧的后代马琴负责导游讲解和门票事务，每天都有大量参观者。村主任说：

我们把回族民居建设纳入了村规民约。鼓励和引导村民自觉建设回族本土新民居，并对已建成但与东莲花村风貌不相协调的建筑物进行整改。全村群众先后参与开展了古民居的修复改造、道路改造、民俗文化广场建设、文化传承活动场所清真寺的建设、特色产业培育、村民培训等，村民参与了东莲花村3A景区建设和管理的全过程。①

从以下2012年至2016年的5年期间村民参与东莲花村景区建设的具体做法，可以进一步看到社区参与在东莲花村景区化发展中的作用。

2012—2016年东莲花村景区建设社区参与情况②

| 时间 | 景区建设 | 社区参与内容 |
| --- | --- | --- |
| 2012年 | 古民居修复改造 | 参与修复马家大院大门、南院东耳房、照壁等 |
| | | 参与维修马如清大院、马如骐大院 |
| | | 建筑物风貌整治，明确由马如骧的后代马燕和马琴负责马家大院的管理 |
| 2012年 | 道路改造 | 村民参与进村至大水塘道路、清真寺前街巷路面改造 |
| 2012年 | 民俗广场建设 | 村民参与马家大院后院花园改造，铺设青石板，场内绿化，修建民俗文化广场 |
| 2012年 | 服务能力 | 举办东莲花村村民旅游服务技能培训班 |
| 2012年 | 规划建设 | 参与编制《东莲花回族特色村寨建设规划》，并组织实施 |
| 2013年 | 文化传承活动场所建设 | 征得村民同意，对清真寺进行立面改造，拆除与整个特色村风貌不相协调的部分，恢复为传统建筑样式 |

① 2016年9月5日，访谈东莲花村村长MYW，根据录音整理。访谈地点：东莲花村村委会。

② 2016年9月5日田野调查内容整理。

续表

| 时间 | 景区建设 | 社区参与内容 |
|---|---|---|
| 2014年 | 特色产业培育 | 村民利用古民居开展旅游接待，开发清真“六大碗”、油香、馓子等特色小吃。进行民间金银饰品、刺绣加工，以及发展绿色农业、休闲农业 |
| | 管理体制 | 参与创建AAA旅游景区，建立县、镇、村委会与景区五级联动工作机制 |
| 2015年 | 旅游基础设施建设 | 参与完善游客服务中心功能，增设残疾人专用坡道，对旅游厕所进行改造和升级，增设游客中心厕所呼救器，新建垃圾桶15套、石桌凳4套 |
| 2015年 | 景区交通 | 招募2名村民作为停车场专职管理员，规范制作12块景区交通标识牌和方向引导牌。规范停车场的停车线、进出口引导标志等 |
| | 景区游览 | 村民参与景区导览服务。增加3名英文讲解员和2名阿文解说员，制作景区导游服务公示栏。校对景区外文说明，规范各种标识牌的颜色 |
| 2016年 | 景区安全 | 村民参与景区安全管理。增加安全警示牌和温馨提示牌8块，在沟边和水塘边等危险地段增设安全警告标志、标识。进一步健全景区消防安全机构，招募10名村民义务消防队员。明确5名安全管理员和2名安全监督员的职责。对景区医务室制定相关制度，确保游客医疗服务得到保证。加大景区安保工作的巡查力度，购买4套保安装备 |
| | 邮电服务 | 设计制作明信片、纪念封、纪念邮戳，景区移动信号实现全覆盖。在景区增设邮政设施和公用电话，由当地人为游客提供邮政及邮政纪念服务 |

续表

| 时间 | 景区建设 | 社区参与内容 |
|---|---|---|
| 2016年 | 旅游购物 | 村民进入游客服务中心大厅，成为旅游商品销售员。景区在马家大院内设立旅游购物商店并严格管理 |
|  | 资源和环境保护 | 村民参与拆除与景观不协调的房屋2座、临时建筑物120平方米。举办当地的旅游服务人员培训班，要求旅游餐饮店餐饮用具全部使用环保型材料。对古树名木实行挂牌保护。村民参与了村内沟渠的清理和整治 |

2．通过发展清真寺集体经济，保障宗教事业的稳步发展。

东莲花村的景区化发展没有现成的参照样式，体现了地方和国家共同构建的传统和现代化互相融合的特点。东莲花村的清真寺，不仅是教民礼拜的宗教活动场所，也是旅游者观光、游览的重要景点之一。清真寺内的伊斯兰文化专科学校，名师学者云集，是培养伊斯兰文化专门人才的基地，促进了社会和谐稳定和民族团结。东莲花村经过近十年的发展，穆斯林社区的清真寺集体经济已成为推动经济发展、保障宗教事业稳步发展的重要资源。村主任说：

东莲花村清真寺的集体经济，由原来的个人捐助、教民的年捐或月捐、一文捐（由寺管每天到寺民家收取）、屠宰费、田地等传统收入形式，到了后来的天课制度，以及瓦克夫制度（指租赁可耕种的土地、出租房屋）、来自社会各界的捐赠是较稳定的经济来源。此外，从教内、教外也能获得多项额外收入。近年来，东莲花村以寺养寺，围寺开展了一系列传统礼仪仪式，民族服饰、民族手工艺品生产、销售，以及回族饮食文化、节庆、旅游商品销售等，促进了宗教文化旅游和少数民族经济的发展。①

3．拥有独特的华侨文化资源优势。

东莲花村是云南省著名的侨民和侨属聚居地，侨民和桥属主要来自缅甸、泰国，在海外很有影响力。碉楼民居建筑群是马帮文化、回族文化

① 2016年9月5日，访谈东莲花村村长MYW，根据录音整理。访谈地点：东莲花村村委会。

和海外文化的见证，华侨文化、华侨经济对东莲花村的影响非常深远。开展东莲花村华侨文化旅游，可以丰富华侨文化教育，培养下一代侨乡子弟了解流传于东莲花村的名人逸事，瞻仰前辈的丰功伟绩，加强爱国主义教育、乡土文化教育，增强民族自信心和民族凝聚力。

### （二）经验启示

社区参与和社区增权[①] 机制需要进一步优化。社区参与和社区增权是东莲花村实现景区可持续发展的重要途径。东莲花村目前把村里的民居院落接待权保留在当地居民手中，是一种有利于景区文化传承的安排，有利于充分发挥当地居民的自主治理的作用。但在实践中存在社区参与东莲花村景区发展的平台不足，社区居民合理地参与决策、参与经济利益分配的机制有待于完善。缺少社区参与旅游发展的一体化机制，居民主动参与景区发展的公共治理能力不足。通过教育、培训等构建居民社区增权的内在良性激励制度没有形成常态，居民的心理增权被全面激发方面不足。

正确处理好“文物旅游”和“文化旅游”的关系。东莲花村的景区化建设和发展总体较好，但是，一段时间以来，村内的古建民居、马帮文化遗存、回族文化的保护面临危机，一些文物商贩对文物挨家挨户地收购贩卖，有些文物的流失已经无法挽回。还有个别的农户受到眼前利益的驱使，违规搭建临时用房，产生了一些损毁古村风貌的行为。村里有很多古宅院因年久失修，破烂不堪，亟待修缮，许多街巷和沟渠需要修复和疏通。“文物旅游”和“文化旅游”之间具有特殊的相辅相成关系，东莲花村的文物观光旅游是其文化旅游的一部分，有效的文物保护是东莲花村景区化发展的条件，东莲花村景区化是文物保护的重要渠道。在目前东莲花村单一的政府主导和民间社区参与下，未来可以适当选择有实力的个人或民

① 左冰、保继刚:《从“社区参与”走向“社区增权”——西方“旅游增权”理论研究述评》,《旅游学刊》2008年第4期。1999年，斯彻文思(Scheyvens)正式将增权理论引入到生态旅游发展中，明确提出，旅游增权的受体是目的地社区，并提出了一个包含政治、经济、心理、社会4个维度的社区旅游增权框架。增权理论(Empowerment Theory)，又译为充权、赋权、激发权能理论。它是指通过外部的干预和帮助而增强个人的能力和对权利的认识，以减少或消除无权感的过程，其最终目的是指向获取权力的社会行动及其导致的社会改变的结果。

间资本注入，更好地促进东莲花村民族文化的保护和传承，以及社会经济的发展。

深度开发东莲花村回族民俗体验旅游产品。体验型旅游产品具有内容个性化、内涵情感化和不易复制性等特点。传统观光型旅游产品重在观光，体验旅游产品强调旅游体验过程设计、旅游休闲项目设计、旅游者参与程度、参与的时间自由度等四个方面。东莲花村体验型旅游产品应把如何为旅游者创造难以忘怀的体验经历、美好的回忆和个性化服务作为重点。通过旅游者与东莲花村的旅游吸引物，与当地居民的互动和沟通，参与民俗体验项目，使旅游者获得旅游美感，形成游客“聚集”，延长旅游者在东莲花村的停留时间，进一步扩大旅游消费，使景区实现更多的消费收益，提升东莲花村景区的核心竞争力。

提升景区服务质量。目前东莲花村景区主要是“走马观花”式的游览。旅游配套服务设施较差，不提供住宿，村里只有一家回族风味餐馆，旅游者需要驾车到巍山县城，或永建镇、大仓镇品尝回族风味美食。这些因素严重影响了旅游者的游览质量。东莲花村景区利用互联网平台的文化营销比较滞后，目前没有检索到以“巍山东莲花村”为名的微信公众号和刊物，与东莲花村有关的文化营销更多地散见于各报纸杂志，缺少专门的文化营销平台。未来东莲花村景区要从观光游览型向体验型发展，还需要在旅游服务能力、接待艺术、文化营销等方面更新理念，加强对从业人员的管理技能、服务技能技巧培训，才能提升景区品质，让旅游者获得更高质量的旅游体验。

## 三、新华模式：市场推动型

新华村位于滇西北旅游区大理鹤庆县，是一个以加工生产民族手工艺品为主要产业的白族旅游村寨，被誉为“银都水乡”①。新华村自然环境优

① 2016年9月7日，田野调查新华村。新华村原名“石寨子”，因三国时诸葛亮曾屯兵于此地留下石寨而得名，中华人民共和国成立以后改名为新华村。新华村属鹤庆县草海镇，位于鹤庆县城以北凤凰山下，距县城5公里，距丽江机场12公里，分为南邑、北邑、纲常河3个自然村，共1239户5662人。耕地面积2965亩，人均占有耕地0.5亩。根据历史记载，新华村的民族首饰及生活器皿制作工艺起源于唐代南诏时期。

新华村

银制转经筒

美，枕山卧水，泉潭棋布，河溪交错，小桥流水。全村平均海拔2197米，平均气温13.5℃，年降水947.9毫米。村内土地肥沃、主产水稻、玉米、大麦、蚕豆等粮食作物。新华村农民的主要收入来源于银饰品加工和销售，是典型的银饰品加工和销售专业村。2016年，新华村有工艺品加工户987户，占总户数的80%，从业人员1600余人，其中全年销售额在1000万元以上的有12户，工艺品加工销售年人均纯收入为2.2万元。①

20世纪80年代以来，新华村将剩余劳动力从农业中分离出来，引导和鼓励群众进行民族手工艺品加工开发，顺利实现了从民族工艺文化到经济资源的转型。新华村地处大丽高速、大丽铁路的重要节点位置，丽江机场和大理机场之间，滇西北大理、丽江、香格里拉三个旅游地的咽喉地带，交通便捷，具有旅游区位优势。2016年，新华村共接待海内外旅游者34.2万人次，同比增长4.21%，主要以团队游客为主，团队游客占比是91.86%。② 银都水乡新华村的主要旅游资源及独特性如下：

① 根据2017年1月23日田野调查数据整理。

② 数据来源于大理州旅游发展管理委员会。

银都水乡新华村的主要旅游资源以及独特性[①]

| 旅游资源 | 旅游资源的独特性 |
|---|---|
| 黑龙潭 | 又名石寨子龙潭，高原淡水湖泊观光休闲体验 |
| 水磨坊 | 始建于唐代南诏国时期，既是一个碾米劳作的场所，又是村落沧桑和变迁的见证 |
| 草海湿地 | 位于新华村东南，有133多公顷，盛产菱角、莲藕，水草丰盛，水域宽阔 |
| 新华石寨子 | 民族手工艺品生产交易基地，“一户一品、一村一业、家家有手艺、户户是作坊” |
| 新华国际生态园 | 白族庭院，湖边垂钓，游船泛舟，旖旎田园风光，多功能康体娱乐 |
| 寸氏庄园 | 始建于唐代南诏国时期，明万历年间因手工作坊失火被焚毁。2000—2009年恢复重建，现为旅游、洽谈、观光，以及云南省高端接待首选之地 |
| 云南银器博物馆 | 陈列了上千件明代至近代的银制品 |
| 仙人洞 | 十八罗汉，远眺鹤庆坝子自然风光和万亩草海 |
| 古戏台 | 始建于明代，是新华村议事、祭祀、开展重要文化活动的场所 |
| 民族百艺三市街 | 白族传统古建筑，手工艺品、民族服饰、特色小吃、酒吧茶吧。 |
| 白族民居建筑 | 以“三坊一照壁”、“四合五天井”、“走马转角楼”、白族彩绘著称 |
| 世代相传的民间文化 | 新华白族民歌甸北调、洞经音乐、舞龙、耍狮、白鹤舞、鹿鹤舞 |
| 白族民风民俗 | 银器手工艺加工体验作坊、民间传统造纸、手工泥塑瓦猫体验园、音乐文化传承园、白族婚俗表演、白族洞经音乐、水上游乐项目 |

① 根据2016年9月7日田野调查内容整理。

## （一）新华模式的特点

1．公司主导+社区参与。

与诺邓古村、东莲花村不同的是，新华村主要是在公司主导下，通过社区参与，依靠市场推动景区化发展的。以时间为序进行梳理，最近二十年来，新华村市场推动景区化发展的关键事件如下：

1997—2016年新华村市场推动景区化发展的关键事件①

| 时间 | 关键事件 |
|---|---|
| 1997年 | 建立石寨子手工艺品展示园 |
| 1998年 | 完成大丽路至新华村1.96千米柏油路、白龙潭至新华村2.8千米弹石路、新华南邑村青石板旅游通道和新华村工艺品交易市场及相关配套工程建设 |
| 1999年 | 以鹤庆宾馆为基础组建的鹤庆县旅游开发公司开业 |
| 2000年 | 新华村被评为AA级景区 |
| 2001年 | 新华旅游商品公司接手新华村工艺品交易市场及其配套设施经营管理 |
| 2003年 | 云南新华旅游商品开发有限公司接手新华村经营投资，按国家AAAA级景区标准开发建设 |
| | 引进云南盛兴集团，整体开发建设鹤庆新华村，思路定位：民间工艺品交易市场 |
| 2004年 | 石寨子旅游商品交易市场投入运营 |
| 2005年 | 建成云南省首家银器博物馆——云南银器博物馆 |
| 2007年 | 新华村“千锤佳艺”民族首饰加工公司成立 |
| 2008年 | 大理州银都水乡旅游投资有限公司作为投资主体，在保护利用草海资源的前提下，建设具有草海文化特色的高原水乡 |
| | 一期项目建设东南亚最大的旅游商品集散地石寨子旅游购物广场、旅游大道工程建设、茶马古道长廊、草海湿地保护、绿化亮化工程、石寨子停车场、员工宿舍等项目 |
| | 二期项目建设景区公路和基础配套设施。完成旅游道路、门禁系统、水磨坊、凤凰山包装、景区供排水管网、小桥流水、旅游公厕、垃圾收集站、三个自然村的保护性修缮等工程 |

① 根据2016年9月7日田野调查内容整理。

续表

| 时间 | 关键事件 |
|---|---|
| 2008年 | 三期项目主要建设白族本主佛教文化展示区，以及五星级维景国际酒店 |
| | 四期项目建设旅游地产、草海湿地和康体等项目 |
| 2009年 | 国家旅游局正式批准“银都水乡新华村”为国家AAAA级景区 |
| 2011年 | 制定《新华特色旅游小镇建设概念性规划》，建设精品旅游小镇 |
| 2013年 | 鹤庆县委、县政府计划投资5000万元用于新华村AAAAA级景区创建，制定了《鹤庆县新华村旅游景区征地实施方案》和《新华村AAAAA级景区创建方案》 |
| 2014年 | 明确维景国际五星级酒店、佛文化项目是创建AAAAA级景区的核心工程 |
| | “千锤佳艺”民族首饰加工厂进驻天猫，采用公司化运作，走高端产品路线，电子商务年销售额达200万元以上 |
| | 杨四维开办新华村最早的网店——亘古百银网店 |
| 2015年 | 维景国际度假酒店装饰装修主体工程、佛像建造工程、佛教文化区配套设施善客堂、增佛塔工程、法务流通区主体工程完工 |
| | 改造扩建3.7万平方米的东南亚最大旅游商品集散地。 |
| | 整合新华村手工艺品加工资源，打造“南诏银”“石寨子”两大银器品牌 |
| | 兴建国内首家展示面积达4000平方米的云南银器博物馆，升级扩建和改造鹤庆宾馆 |
| 2016年 | 开发建设集休闲娱乐、康体等为一体的“新华国际生态园” |
| | 开发草海湿地观光路线，新增人力操作式游船上百条 |
| 2016年 | 增加环保型观光电瓶车（60多辆），绿化工程，景区夜景亮化工程，建设垃圾分类中心，增建旅游厕所，医务中心建设，修复水磨台、古戏台，增加瓦猫制作、传统造纸工艺展示图，改造和扩建游客中心，道路铺设（6000米），小桥流水景观开发（10000多米），草海清淤（7000米），景区游路建设（13000多米） |
| | 建设水上休闲娱乐工程，打造手工艺品经营、餐饮、娱乐、民俗工艺一条街（三市街） |
| | 云南本土大型纪实纪录片《匠心》，在鹤庆县草海镇新华村“千锤佳艺”民族首饰加工厂举行开机仪式 |
| 2017年 | 申报创建新华村银都水乡AAAAA级景区 |

从以上新华村市场推动景区化发展的关键事件可以看出，市场推动景区化发展的特点非常突出，新华村旅游业起步早，在刚起步的时候，就直接由旅游公司+社区参与进行开发和管理。在这个过程中，旅游公司虽然几易其主，但始终围绕新华村旅游开发的主题进行建设。这与诺邓模式、东莲花模式中没有市场化介入的特点形成了很大差异。新华村的开发和投资体量比较大，兼具旅游、购物、娱乐、餐饮、住宿和休闲等六大功能。目前已依托民族特色手工艺开发旅游项目，探索出一条“一户一品、一村一业、前店后坊”产供销一条龙经营模式。① 新华村通过旅游公司+社区参与的形式，培养市场意识，调整经济结构，引导当地手工艺者参与旅游服务，利用市场推动发展旅游。当地政府加强市场培育和政策扶持，实行对个体户免征增值税的优惠政策。并采用举办文化论坛、节庆活动等文化营销方式，宣传新华村旅游、高原水乡、中国银都等鹤庆品牌。在景区化发展过程中，新华村没有单纯依赖政策保护和政府投入，而是采用引进外来企业对当地产业发展进行融资，并放手给银都水乡旅游投资有限公司进行经营管理，进一步推动了市场观念的注入、发展方式的转变和景区建设的改造升级。

2．对新华村进行功能置换。

历史上的新华村，是一个传统的以民间手工艺为特色的乡村聚落。进入21世纪以后，新华村的区位优势、发达的旅游交通条件和草海湿地资源，具有很大的休闲度假旅游市场需求潜力。新华村采用整村保护，保留建筑物原主体结构，改变建筑物的使用功能，但不改变土地使用权的方式，对村落进行功能置换，使新华村单一的居住功能转型成为一个集休闲、餐饮娱乐、民俗手工艺品经营为一体的大型高原水乡休闲旅游度假区。20年来，新华村从一个传统村落发展为旅游村落，不仅就地安置了原来新华村内的劳动力，同时还吸引了大量周边的村民和外地人进入新华村就业。银都水乡旅游投资有限公司为当地提供了3000多个直接就业岗位、5000多个间接就业岗位，单是南邑村就有200多人在公司上班。每年还有大量来自全国各地到新华村拜师学艺的修学游旅游者。②

① 根据2016年9月7日田野调查内容整理。

② 2016年9月7日田野调查，数据来源于新华村村委会。

3. 民族文化的商品化和市场化促进了新华村景区化的发展。

历史上，鹤庆商帮是大理地区最早形成的一个商帮，它的经济实力在清光绪年间（1875 — 1908）仅次于外来的四川商帮，与临安、腾冲两个商帮不相上下。光绪后期至宣统年间（1908 — 1911），鹤庆商帮得到极大发展，新的大中商号不断出现，成为下关的第一大商帮。民国十二年至十六年（1923 — 1927）间，由于负债，帮内大中商号纷纷倒闭，鹤庆商帮实力受到削弱，商业领导地位落到喜洲商帮手中。抗日战争期间，鹤庆商帮得到继续发展，新兴的暴发户有四五十家之多，商业地位仅次于喜洲商帮。① 如今，各类金、银、铜等手工艺品除了在新华村银都水乡景区以店面形式的销售以外，更多的还以成立异地商会，跨区域销售的形式，远销丽江、香格里拉和西藏。新华村的商人在藏区经济的发展、民族团结、景区发展和文化营销、促进群众增收致富方面发挥了非常重要的作用。2014年以后，电子商务对新华村景区化发展的影响进一步扩大。2015年，在浙江丽水市举办的“第三届中国淘宝村高峰论坛”上，新华村以活跃商家数112户、年销售额1900万元的经营业绩获得了2015年度“云南省淘宝村”的称号。② 新华村通过民族文化商品化和市场化，充分展示了当地民族文化的创造力和智慧，增加了新华村银都水乡景区的文化附加值，增强了当地群众的文化认同，当地群众获得了旅游发展的实惠。

### （二）经验启示

积极开展招商引资，扩大对外开放和对内合作。新华村鼓励国内外有实力的企业投资开发新华村的文化旅游资源。确立“硬件不足软件补、政策不足服务补”的理念，利用“优美环境、优良秩序、优质服务”吸纳各方经济介入，在传统村落转型为旅游村落的招商引资方面具有典型意义。新华村采取“大项目、大投入、大营销”的战略，通过项目带动和产业支撑促进一大批中小项目和农家乐的发展。近几年，新华村参与了许多旅游

---

① 大理白族自治州地方志编纂委员会编纂:《大理白族自治州志》，昆明：云南人民出版社，1999年，第32页。

② 2016年9月7日田野调查，数据来源于新华村村委会。

交易会，并通过传统节庆活动和新闻发布会，进行“银都水乡”景区推介，对新华村的旅游项目和精品线路，进行文化营销，促进新华村旅游的发展。

市场推动，服务群众。新华村银都水乡景区把民族文化建设与旅游开发相结合，带动新华村手工艺产业的发展，实现群众经济收入倍增。景区化发展创造了人与自然和谐相处的环境，使自然资源、白族文化得到了很好的保护和传承。新华村的手工艺产品销往西藏、四川、青海、甘肃、宁夏、内蒙古、新疆、贵州、湖南、河南等省区，远销东南亚、南亚、日本等地区和国家。产生了寸发标、母炳林、董中豪等一大批国际国内知名的民间手工艺大师。新华村景区也因此蜚声海内外，成为大理、丽江、香格里拉黄金旅游线上的重要景区。

科学应对保护自然资源和维护生态环境平衡的挑战。新华村银都水乡景区的自然资源和生态环境优美，但其草海湿地是比较脆弱的生态环境区域。在科学合理地保护和利用资源和生态环境方面，新华村开展了大量的工作。但当前随着景区化的发展，还进一步面临着深度挖掘自然资源、人文风情的内涵与商品化的矛盾、充分发挥当地旅游资源的优势与市场化的矛盾、景区游客量增大与景区生态系统保护的矛盾。因此，重视和保护脆弱的生态环境系统，维护生态环境的平衡，尽量避免或减少因景区开发建设带来的对资源、环境的负面影响，是提升银都水乡休闲度假旅游胜地的品位，促进银都水乡景区可持续发展的前提。

综上所述，通过分析诺邓古村项目制管理的特点，将诺邓古村与同属于大理州旅游村落的东莲花村、新华村景区化模式进行比较，诺邓古村景区化发展的运作方式特点进一步明晰。诺邓古村自从盐业生产停止后，由于特殊的山地自然地理条件，既不能靠山，也不能靠水，靠井又吃不了井。但古村的自然景观和文化景观资源禀赋极高，诺邓古村“旅游热”的出现，恰好为当地人提供了旅游业生计方式转型的契机。在这个转型的过程中，农业耕种处于衰落阶段，民居、土地升值，农民的土地意识悄然转变。当地居民的生计方式从农耕向旅游业为主的生计方式变迁和转型，诺邓古村从农耕型古村演变成旅游型古村，古村的产业结构出现了重大调整。但由于旅游业的不稳定性，在旅游业生计方式出现之后，它并没有完全取代传统农业成为诺邓古村唯一的生计方式，旅游业的包容性使旅游业成为诺邓古村生计方式中新的一员，实现了诺邓古村经济活动的多样化。

# 结 论

本书以“藏彝走廊”范围内的茶马古道白族古村作为田野点，思考和尝试解读一个位于历史上的“藏彝走廊”区域，人口只有1000多人的山地白族古村诺邓，从一个传统的以盐业生产、农耕生产为核心的古村到景区的发展过程。旨在从历史文化与旅游发展的视角，微观地考察一个白族古村的历史发展与现当代变迁。有鉴于以往对于民族文化村落的考察，研究重点是村落的空间变迁、文化变迁，较少对其旅游发展的细节进行直接的论述和分析。希望以小见大，侧重研究景区化发展作为少数民族古村的一个发展现象，进行民族史学与旅游学的交叉研究，对景区化的过程进行展示和分析，并揭示其景区化发展中的景观资源特质、文化保护、景区化发展、景区化的运作方式之间的关系，以厘清诺邓古村景区化发展的脉络。

## 一、盐井兴衰影响诺邓的兴衰

诺邓古村的盐业与村镇的兴衰密切相关。诺邓古村地处西南边陲，历史上是一个因盐而兴的古村。从汉代在云龙设置比苏县，诺邓开始产盐，到南诏时期的“细诺邓井”盐业生产初具规模，明朝中后期到达鼎盛时期，明代设五井提举司衙门，存留至今的盐井、盐局、古衙门等文化景观，说明诺邓是受控于中央政府的云南最早的经济特区，是古代云南盐业经济发展中心。从清末到民国，出现了私盐的流动。中华人民共和国成立以前，盐业在诺邓古村的产业占比达90%以上，产业结构比较单一，诺邓从事盐业生产的劳动力数量稳定。中华人民共和国成立后，由于外来海盐的竞争，加上政策、技术和质量方面的原因，以及价值规律的作用，家庭作坊式的盐的生产逐渐退出了历史舞台。盐的生产由盐厂车间统一进行，供销社统筹盐的销售，原来从事盐业生产的劳动力随之转移，大多数灶户的主要生计方式转型为农业生产，农业成为古村的产业主体。1996年，盐业生产全面停止，诺邓古村的生计方式逐渐转型为以旅游业为主的生计方式。最近二十多年来，主要通过发展旅游，诺邓古村的经济才逐渐得以重振。可以看出，盐业、农业和旅游业是诺邓古村不同时期的主要业态，盐业的发展导致了诺邓古村的形成，一部诺邓盐井的兴衰史就是历史时期诺邓的兴衰史。盐业是历史时期诺邓古村的主要产业，诺邓古村是为盐井及盐业生产生活而出现和存在的，一旦盐井消失了，诺邓古村的生活空间价值、生产意义也将随之消失。因此，在盐井衰亡以后，如何产生一种既符合诺邓古村历史，又能发挥诺邓古村经济价值、文化价值和生态价值的业态成为现实的需求。

## 二、村落景区化是诺邓复兴的必然选择

旅游是中国历史文化名村、中国传统村落以及少数民族特色村寨发展的主要形式之一。诺邓古村位于云南省滇西北旅游区，与云龙县的天池国家级自然保护区、大浪坝、宝丰古镇、虎头山等其他几个旅游区之间交通便捷，空间独立，有利于和大理、丽江、怒江等滇西北旅游区共享客源市场。进入21世纪，诺邓古村亲近自然、休养生息、释放压力、消解乡愁和寻根的需求被全面释放，景区化发展因此而成为一个当地民间资本活跃的窗口，引发了旅游市场对景区化持续性建设的现实需求。

景区化发展是诺邓古村复兴的必然选择。历史上的诺邓古村由于交通闭塞被埋没了很久，但乡土建筑群等古建筑却存留至今，这充分体现了诺邓古村盐业经济发展所带来的文化厚度和经济实力。如果没有遇到景区化发展的机遇，诺邓古村的复兴几乎是不可能的。在一定程度上，可以说是景区化发展挽救了诺邓古村，是旅游者介入、景区建设和文化遗产保护唤醒了当地居民对诺邓本土文化的自信。景区化发展使诺邓古村的地方特色餐饮、民宿、火腿加工从“历史情怀”转化为产业。目前，古村的旅游餐饮业、民宿业，使古民居自身的民间交流功能表现得最为彻底，使诺邓古

村的乡愁乡情体现得更加浓郁。诺邓古村从民居到民宿的转型，既为旅游者创造了一个个停留的空间，又改变了乡村风貌，促进了诺邓古村的整体复兴。诺邓古村民宿回归自然，放松身心，旅游者在与古村的互动中，发现自我，返璞归真。诺邓古村的“家+”式民宿兼顾传统文化的乡土性和品质感，且具有一定的集群效应，构成古村民宿发展的核心竞争力。但是，与目前民宿发展比较成熟的中国台湾地区、杭州、丽江、阳朔等地，以及英国、日本相比，诺邓古村的民宿还处在起步阶段，发展空间非常广阔。

诺邓古村景区化发展为诺邓复兴提供了基础和条件，促进了古村空间的重建，展现了古村生活方式在今天的延续。传统民间文化的复兴，并不是原封不动，也不是什么都能复兴，地方特色文化只有在国家力量的作用下，在国家允许的框架内重新塑造，以当地传统文化为素材进行自己的文化生产，才能实行有所改造的复兴。[①] 民间文化的复兴体现了平民百姓的文化自主。[②] 诺邓古村政府主导下的景区化发展特点，有力地推动了诺邓古村的复兴。

诺邓古村景区化发展加快了民族发展和旅游减贫的进程。民族不是固定不变的，它是随着生产力的发展、工业的发展、经济的发展而变化的，它无论在风俗习惯、精神面貌、各种需要上都可能发生根本的变化，而在实际上变成另外一个民族。[③] 社会生产力的发展是民族发展的决定性经济因素。在诺邓山地白族的发展进程中，景区化改变了当地居民的生计方式，成为促进诺邓古村社会生产力发展的主要因素之一。景区化发展带来诺邓古村文化被涵化的因素，也对山地白族的发展产生了质的影响，促进了当地的旅游减贫。通过对诺邓古村景观的合理开发利用，以旅游业的发展带动旅游餐饮、民宿、交通、旅游工艺品销售、农土特产品销售等相关行业的发展，增强古村的自我发展能力，有效促进了诺邓古村的历史文化

---

① 高丙中:《民间的仪式与国家的在场》，费孝通主编:《当代社会人类学发展》，北京：北京大学出版社，2013年，第315页。

② 高丙中:《日常生活的文化与政治：见证公民性的成长》，北京：社会科学文献出版社，2012年，第127页。

③ 王炳煜、王力:《马克思主义民族思想史》，北京：中央民族大学出版社，1998年，第84页。

资源与其贫困问题、经济社会发展现状的融合，使诺邓古村走出了一条旅游减贫、脱贫致富的道路。诺邓古村景区化有效促进了诺邓古村经济社会的发展，为现代化背景下山地白族的发展提供了可供借鉴的范式。

## 三、景区化促进了诺邓的文化保护

诺邓古村景区化发展是在独特的自然景观、历史文化景观的基础上，实现文化保护、休闲度假旅游、文化生态效益的有机融合。受到宏观经济因素、社会文化因素的影响，旅游市场的竞争激烈，诺邓古村景区化发展处在变化莫测的现代商业环境中。诺邓古村景区化发展，使诺邓山地白族古村景观成为一种被审美、展示的历史记忆，它们既是对诺邓古村深厚的盐业文化底蕴的展示，也是对诺邓山地白族历史文化资源的展示，促进了诺邓古村的文化保护。

诺邓古村景区化发展中，当地人为向旅游者展示诺邓古村的山地白族文化而形成了“旅游域”。所谓“旅游域”是人们在一次有效用的出游活动中，以某一个或几个旅游集散地为核心，所愿意到达的最大范围。[①] 旅游域（Tourist sphere）是民族地区旅游开发中，为进行文化展演而建构出的与居民的日常生活空间相分离的旅游空间。最初，诺邓古村出现旅游者时，“旅游域”和当地居民的日常生活相分离，这个阶段的“旅游域”着重于诺邓古村的文化展示和文化展演。展示和展演的主体是诺邓当地居民、家庭生态博物馆的讲解员、诺邓景区讲解员等。随着古村景区化的发展，“旅游域”和诺邓古村居民日常生活相分离的现象逐渐消失，“旅游域”的边界和空间被逐渐打破，文化展示和文化展演的特点逐渐弱化，逐渐融入诺邓当地居民的日常生活文化中，并形成诺邓古村的旅游文化。在诺邓古村“旅游域”形成的过程中，所产生的旅游消费文化的差异、旅游者对异质文化的追求，跨文化旅游、跨族群旅游等现象，在一定程度上强化了当地族群的文化认同意识。纳日碧力戈认为族群和族群之间的互动具有组织和协调作用。他认为族群之间的密切接触，不会导致接触双方的消亡或互

① 王铮、蒋轶红等：《旅游域模型及其结合GIS的应用》，《旅游学刊》2002年第2期，第57页。

化，文化差别的消失，民族特征的丧失。相反，接触双方仍然会顽强地存在，有时还会产生更强烈的族群意识。[①] 景区化发展中，旅游者与当地居民之间接触后产生了文化交流与文化传播，随着双方接触的深入，出现了相互区分的符号和认同标准，这种互动使双方之间的文化差异在一定时间内长期存在。诺邓古村"旅游域"的形成，体现了旅游活动的相互关系、空间属性，以及旅游活动的空间聚集程度和状态，扩散与积聚这两种古村旅游空间中的基本运动形式与景区化的发展同时并存。这当中，当地人的活动尤其值得关注。诺邓古村是山地白族人民世代居住、共同从事生产生活的人居环境和历史文化空间。当地人拥有共同的文化、共同的生产生活设施和共同的利益，是诺邓古村景区化的主体和东道主，古村历史文化的创造者和传承人。当地人对本土文化的坚守很执着，在本土文化与旅游文化的碰撞过程中，他们以文化自觉的方式主动接纳了旅游文化，并主动在与旅游文化的对话中体现文化保护的张力。

景区化发展为古村的文化保护提供了基础和条件，促进了古村空间的重建，展现了诺邓人生活方式在今天的延续。景区化发展促进了白族乡土建筑群、家庭生态博物馆以及非物质文化遗产保护。诺邓古村原有的火腿加工业、种桑养蚕业、传统村落集市，以及传统手工酿酒等当地土特产品加工等行业，通过景区化发展获得了保护和发展的机会。在政府主导下，当地居民广泛参与诺邓古村景区的建设和发展，成为古村保护性开发的参与者和获益者。他们通过不断发掘白族文化旅游精品，和谐了东道主和旅游者的关系，最大限度地防止古村受到破坏，充分发挥了景区化发展对古村的文化保护功能。

## 四、景区化使诺邓得到活化

20世纪90年代以后，诺邓古村经历了从传统到现代的转型，经历了由于社会发展带来的高速的城镇化和工业化，经历了1996—2000年一段短暂的空壳化发展阶段。现代性的社会趋势不可避免地给诺邓古村带来了

① 纳日碧力戈：《现代背景下的族群建构》，昆明：云南教育出版社，2000年，第63页。

现代商业文明的冲击，诺邓古村的历史文化保护和发展面临极大的危机。2000年诺邓古村发展旅游以后，才逐渐通过景区化发展激活了诺邓古村的休闲农业和乡村旅游，使古村得到活化，诺邓古村活化的主要途径就是保护和开发古村的特色旅游资源。休闲农业和乡村旅游被誉为改革开放以来中国农民的第三次创业，与第一次创业发展乡镇企业和第二次创业进城务工经商相比，第三次创业带有很强的乡村性。诺邓古村景区化发展活化了对诺邓乡土文化的理解，形成了诺邓古村相对自给自足的经济、文化和生态系统。诺邓古村原来传统的自然景观和文化景观，在景区化发展中形成了千古盐井、卤脉龙王、北山重楼、河东民居、盐街盐局、提举衙门、道长月台、银匠旧居、河头潭影、黄家古榕、贡爷家风、进士家雕、屋檐五滴、多台院落、袖珍小院、台梯集市、村巷石板、盐马古道、本主神祠、棂星门坊、文庙秋阳、玉阁星图、五云红叶、香山晴岚等24景。[①] 随着城市生活节奏加快和压力的增加，人们对自然、宁静、优雅的农村休闲度假、乡村旅游消费的需求不断增强，促进了诺邓古村休闲农业和乡村旅游的发展。

诺邓古村景区化发展形成了新的休闲农业和乡村旅游产业群，扩大了古村原有的产业面，延长了古村的旅游产业链。旅游开发前，诺邓古村经济发展基础薄弱，在农民生活贫困面前，首先的需求是改善民生，寻求民生的发展。景区化发展使村容村貌明显改观，居民的收入大幅度增加。诺邓古村通过对当地的历史文化、自然景观、文化景观、民俗文化体验、休闲服务项目等因素进行立体叠加和多元耦合，打造了优势资源和核心景区，推广古朴自然的有品质的生活方式，形成“诺邓”品牌。景区化发展包含了现代化的价值理念，但更多的是对诺邓古村农业文明、乡土价值精神本源的寻找。

当地村民既是诺邓古村景区化的主体，也是古村旅游业生计方式的主体。古村景区化发展中的民族融合跨越了地域的限制和时空的阻隔，进一步促进了民族融合和文化认同。诺邓古村通过景区化发展与现代人的生活发生联系，进一步追寻农业文明的精神本源，在民生发展不受阻碍、尊

① 中共云龙县委、县人民政府编:《云龙风物志》，潞西：德宏民族出版社，2008年，第246页。

重民众意愿的前提下，景区化打破了诺邓古村原有的传统农业模式，使诺邓休闲农业和乡村旅游成为诺邓古村新的区域经济发展形式，使古村得到活化。

## 五、诺邓景区化成功的经验

微观村落的考察和单一的民族研究是民族学研究视野的一个维度，景区化发展是研究白族古村落的一种表述和认识。总结诺邓景区化成功的经验，事实上是解读诺邓古村落历史文化与旅游发展之间的交互共生关系，以及认识这种关系如何在景区化发展中获得历史文化的再现和意义的阐释。

诺邓古村景区化较好地处理了文化保护和旅游发展的关系。诺邓古村文化特色鲜明，资源完整性强。当古村文化与旅游发展相适应并发挥功能时，表现为旅游文化和原有模式的稳定性；当古村文化与旅游发展不相适应时，表现为旅游文化对传统文化的创新；当诺邓古村文化与旅游发展相容、共同发展时，传统文化就成了一种族群交往的外在符号和可供利用的旅游资源。在这个过程中，虽然古村不可避免地经历了从村社到景区的变迁、生计方式变迁、景区化发展带来的经济、社会文化和环境影响，但是，它有效地激发了民族的历史记忆和文化自觉，以及对传统文化的认同感。在旅游文化与诺邓古村传统文化不断发生碰撞的过程中，景区化就成为一种发展的必然。

景区化发展是观察民族旅游，帮助文化持有者构建和普及文化自信、身份角色、历史传统的主要线索。诺邓古村景区化的主要特征：一是景区化的发展对于古村的社会和群体影响面比较大；二是景区化具有某种经济社会变革的意义；三是由于现代旅游的发展，景区化的体验要求比一般的行业对传统文化的原真性、保护性的要求更高。因此，景区化发展的活力主要来自文化保护和传承，古村景区化创新发展需要进一步研究和利用历史文化，加强古村景区资源利用的整体观，遵守国家文物局文物保护的规定，保护古村的真实性、完整性和沧桑古朴的历史风貌，优先使用原材料、原工艺等对古建筑进行保护维修，保持古建的原形制、原结构，促进诺邓古村文化的保护和可持续利用。

景区化在诺邓古村的发展中发挥了民族文化多样性保护，产业融合、经济转型等决定性作用。转型和变迁是时代发展的潮流，任何业态类型都会在社会发展中发生不同程度的变化。要持续保护好诺邓古村的历史文化必须有足够的资金支持，发展旅游业成为资金筹措的有效措施。在诺邓古村历史文化与景区化发展的互动关系中，诺邓古村成为旅游村镇。旅游村镇不是旅游和村镇的简单叠加，而是村镇空间系统进行各类形式的旅游开发而呈现的一种组织结构和功能状态。① 特色产业在村镇发展中具有决定性作用，诺邓古村特色产业的基本属性就是旅游空间的生产，是人们各种旅游行为和物质实践活动本身。诺邓古村特色产业的打造重点是绿色经济、美丽宜居。景区化发展是诺邓古村经济发展的重要组成部分，通过景区化发展可以提升和改造诺邓古村的基础设施建设，运用项目化扶持的政策改善旅游发展环境，扶持社区居民参与景区服务，优化产业结构，促进诺邓古村经济的发展。

中国是统一多民族国家，少数民族人口占全国8.49%，民族自治地方占到国土64%，石油、水电、林木及生态资源一大半在少数民族地区。② 根据2012年5月住建部、文化部、国家文物局和财政部的调查，目前我国31个省、自治区、直辖市登记上报的传统村落共有11567个，其中，云南省1371个，山西省1213个，贵州省1095个，传统村落数在300个以上的省份有16个。③ 从2000年到2010年短短的10年间，中国古村消失了90万个，相当于每天消失300个自然村落。④ 单一性的保护是无法理解古村的社会生命的。诺邓古村“景区化发展”超越单一性保护的传统，注重把人和物放到整体性保护、传承和发展的大背景中，关注古村的产业发展。古

① 吴必虎：《特色旅游村镇建设体系及其旅游发展战略研究》，《国家旅游局科研立项成果汇编2009—2010》，北京：中国旅游出版社，2013年，第180—183页。

② 国家人口和计划生育委员会流动人口服务管理司编：《中国流动人口发展报告》，北京：中国人口出版社，2012年，第55页。

③ 樊曦、杜宇：《我国各地上报上万古村 云晋贵位列三甲》，新华网，http://news.xinhuanet.com/local/2012-09/29/c_113258602.htm。

④ 李金磊：《国研中心主任：中国十年间每天消失300个自然村落》，中国新闻网，http://www.chinanews.com/gn/2014/01-11/5724905.shtml，国务院发展研究中心主任李伟2014年1月11日在第五届“中国经济前瞻论坛”上的讲话。

村的历史文化是人类适应环境和社会的产物。对于古村来说，没有文化遗产的完整性和原真性，文化遗产的价值也就不复存在了，景区的文化根脉也将消失。因此，动态整体性保护是永恒的条件和前提，保护的目的是为了传承，传承促进古村文化和人的不断发展和进步，最终实现人类社会和文化创新发展的目标。

# 参考文献

## 一、古籍方志


[1]（汉）班固:《汉书·地理志》，北京：中华书局，1962年。

[2]（晋）常璩撰，刘琳校注:《华阳国志·南中志》，成都：巴蜀书社，1984年。

[3]（唐）樊绰撰，赵吕甫校释:《云南志》，北京：中国社会科学出版社，1985年。

[4]（明）邹应龙修，李元阳纂：万历《云南通志》（上中下），北京：中国文联出版社，2013年。

[5]（明）李元阳纂：嘉靖《大理府志》，大理白族自治州文化局，1983年。

[6]（明）陈文、李春龙校注：景泰《云南图经志书校注》，昆明：云南民族出版社，2002年。

[7]（明）周季凤纂修：正德《云南志》（上下册），上海：上海书店，1990年。

[8]（明）谢肇淛撰:《滇略·胜略》复印本，北京：四库馆，1868年。

[9]（明）谢肇淛撰:《滇略·产略》复印本，北京：四库馆，1868年。

[10]（明）刘文征、古永继点校，王云、尤中审定:《滇志》，昆明：云南教育出版社，1991年。

[11]（明）宋濂等撰:《元史》，北京：中华书局，1983年。

[12]（明）徐霞客著，朱惠荣校注，刘春明补注:《徐霞客游记》，昆明：云南大学出版社，1993年。

[13]（明）宋应星著，潘吉星译:《天工开物译注》，上海：上海古籍出版社，2013年。

[14]（清）雍正《云龙州志》卷6《赋役》。

[15]（清）张德霈、张礼堂等纂修：光绪《云龙州志·盐政》，光绪十八年（1892年）。

[16]（清）沈懋价撰，李希林点校:《黑盐井志》，昆明：云南大学出版社，2003年。

[17]（清）刘邦瑞纂修:《白盐井志八卷》，据清雍正八年抄本影印出版，北京：成文出版社，1967年。

[18]（清）谭钧培撰，康春华校注:《谭钧培治滇奏疏》，昆明：云南美术出版社，2014年。

[19]云南省志编纂委员会办公室:《续云南通志长编》，昆明：云南民族出版社，1986年。

[20]曾仰丰:《中国盐政史》（民国影印版），北京：商务印书馆，1998年。

[21]云南省地方志编纂委员会:《云南省志·盐业志》，昆明：云南人民出版社出版，1993年。

[22]云龙县志办公室编:《云龙县志稿》，1983年。

[23]云南省云龙县志编纂委员会:《云龙县志》，北京：农业出版社，1992年。

[24]大理白族自治州地方志编纂委员会编纂:《大理白族自治州志》卷4，昆明：云南人民出版社，1999年。

[25]中共云龙县委、云龙县人民政府:《云龙风物志》，潞西：德宏民族出版社，2008年。

[26]政协云龙县委员会编:《云龙文史资料》（第一辑至第十辑），2013年。

## 二、中文专著

[1]安琪:《博物馆民族志 中国西南地区的物象叙事与族群历史》，北

京：民族出版社，2014年。

[2]白庚胜总主编，李勇本卷主编:《中国民间故事全书 云南·云龙卷》，北京：知识产权出版社，2013年。

[3]苍铭:《古村镇研究》，北京：中央民族大学出版社，2014年。

[4]柴继光:《中国盐文化》，北京：新华出版社，1991年。

[5]陈理、苍铭等:《黄姚古镇》，北京：民族出版社，2007年。

[6]陈云华编著:《云龙往事》，昆明：云南民族出版社，2007年。

[7]达力扎布主编:《中国民族史研究60年》，北京：中央民族大学出版社，2010年。

[8]刁殿伟主编:《云南盐业体制改革调研报告》，昆明：云南大学出版社，2011年。

[9]丁杰:《苏皖古村建筑与环境比较研究》，北京：中国环境科学出版社，2014年。

[10]方国瑜:《云南民族史讲义》，昆明：云南人民出版社，2013年。

[11]方国瑜:《中国西南历史地理考释》，北京：中华书局，1987年。

[12]费孝通:《云南三村》，北京：社会科学文献出版社，2006年。

[13]冯光钰主编:《中国少数民族音乐史》第二卷，北京：京华出版社，2007年。

[14]冯骥才:《中国传统村落立档调查田野手册》，北京：文化艺术出版社，2014年。

[15]高成全、赵玉凤、李晓东:《新型农村发展与规划》，成都：西南交通大学出版，2015年。

[16]高丙中:《民间的仪式与国家的在场》，费孝通主编:《当代社会人类学发展》，北京：北京大学出版社，2013年。

[17]高丙中:《日常生活的文化与政治：见证公民性的成长》，北京：社会科学文献出版社，2012年。

[18]桂榕、张晓燕:《最后的碉楼 东莲花回族历史文化名村的历史记忆与文化空间》，知识产权出版社，2013年。

[19]胡朝相:《贵州生态博物馆纪实》，北京：中央民族大学出版社，2011年。

[20]黄培林、钟长永编:《滇盐史论》，成都：四川人民出版社，1997年。

[21]黄金鼎编:《千年白族村诺邓传统对联拾遗》，昆明：云南民族出版社，2007年。

[22]和云峰:《中国少数民族音乐文化》，北京：中央音乐学院出版社，2011年。

[23]李文笔、黄金鼎编著:《千年白族村 诺邓》，昆明：云南民族出版社，2004年。

[24]李晓岑:《云南民族民间工艺技术》，北京：中国书籍出版社，2005年。

[25]李文兵:《基于感知价值的古村旅游发展模式研究 以湖南张谷英村为例》，南昌：江西人民出版社，2011年。

[26]李玉华:《欠发达地区民族文化旅游产业可持续发展研究》，北京：线装书局，2013年。

[27]刘笑明:《民生导向下的乡村旅游转型升级研究 以西部地区为例》，北京：中国社会科学出版社，2016年。

[28]梁永佳:《象征在别处》，北京：民族出版社，2008年。

[29]刘淼:《明代盐业经济研究》，汕头：汕头大学出版社，1996年。

[30]刘沛林:《古村：和谐的人聚空间》上海：上海三联书店，1997年。

[31]陆韧编著:《高原通途：云南民族交通》，昆明：云南教育出版社，2000年。

[32]罗杨主编:《中国名村 云南诺邓》，北京：知识产权出版社，2013年。

[33]美丽乡愁公益团队编写:《诺邓乡土文化读本》，上海：同济大学出版社，2016年。

[34]马曜:《马曜文集》第3卷，昆明：云南人民出版社，2008年

[35]马曜:《大理文化论》，昆明：云南教育出版社，2001年。

[36]“民族问题五种丛书”云南省编辑委员会编:《白族社会历史调查（三）》,《云龙盐矿简史》，北京：民族出版社，2009年。

[37]木霁弘等:《滇藏川“大三角”文化探秘》，昆明：云南大学出版社，

2003年。

[38]纳日碧力戈:《现代背景下的族群建构》，昆明：云南教育出版社，2000年。

[39]宁泽群:《农业产业转型与乡村旅游发展 一个乡村案例的剖析》，北京：旅游教育出版社，2014年。

[40]单霁翔:《线型文化遗产保护》，天津：天津大学出版社，2015年。

[41]石硕:《“藏彝走廊”：文明起源与民族源流》，成都：四川人民出版社，2009年。

[42]舒瑜:《微“盐”大义：云南诺邓盐业的历史人类学考察》，北京：世界图书出版公司，2009年。

[43]孙九霞:《旅游社区的社会空间再生产》，广州：中山大学出版社，2014年。

[44]唐仁奥主编:《中国盐业史》（地方编），北京：人民出版社，1991年。

[45]王炳煜、王力:《马克思主义民族思想史》，北京：中央民族大学出版社，1998年。

[46]王建民、张海洋、胡鸿保:《中国民族学史》（下卷），昆明：云南教育出版社，1998年。

[47]王建民:《中国民族学史》（上卷），昆明：云南教育出版社，1997年。

[48]王明珂:《羌在汉藏之间 川西羌族的历史人类学研究》，北京：中华书局，2008年。

[49]王铭铭:《“藏彝走廊”与人类学的再构想》，北京：社会科学文献出版社，2008年。

[50]王筑生:《人类学与西南民族》，昆明：云南大学出版社，1988年。

[51]王文成等辑校:《〈滇系〉云南经济史料辑校》，北京：中国书籍出版社，2004年。

[51]汪欣:《传统村落与非物质文化遗产保护研究 以徽州传统村落为个案》，北京：知识产权出版社，2014年。

[53]王林:《景观村落旅游与社区参与》，北京：中国旅游出版社，2014年。

[54]王景新、廖星成:《溪口古村经济社会变迁研究》，北京：中国社会科学出版社，2010年。

[55]吴必虎主编:《旅游规划与设计 传统村落：保护与旅游 旅游规划+景观建筑+景区管理》，北京：中国建筑工业出版社，2015年。

[56]吴必虎、刘筱娟:《中国景观史》，上海：上海人民出版社，2004年。

[57]吴海波、曾凡英:《中国盐业史学术研究一百年》，成都：巴蜀书社，2010年。

[58]吴慧:《中国商业政策史》，北京：社会科学文献出版社，2014年。

[59]吴忠军主编:《中国民族旅游研究》(2014卷)，北京：旅游教育出版社，2015年。

[60]肖琼:《民族旅游村寨可持续发展研究》，北京：经济科学出版社，2013年。

[61]徐嘉瑞:《大理古代文化史》，昆明：云南人民出版社，2005年。

[62]谢道辛:《傩仪与白族“耳子歌”》，赵寅松主编,《白族研究百年》，北京：民族出版社，2008年。

[63]杨聪:《大理经济发展史稿》，昆明：云南民族出版社，1986年。

[64]杨立权、张清华:《中国少数民族语地名概说》北京：中国社会出版社，2011年。

[65]杨宗亮:《云南少数民族村落发展研究》，北京：民族出版社，2012年。

[66]杨尚荣、黄洁:《封闭与敞开 城镇化与村落文化的建设与保护》，南宁：广西人民出版社，2015年。

[67]杨政业:《白族本主文化》，昆明：云南人民出版社，1994年。

[68]云龙县民族事务委员会编:《云龙县民族志》，昆明；云南教育出版社，1994年。

[69]张小也:《清代私盐问题研究》，北京：社会科学文献出版社，2001年。

## 三、翻译著作

[1] [美]B.约瑟夫·派恩、詹姆斯·H.吉尔摩:《体验经济》，毕崇毅译，北京：机械工业出版社，2012年。

[2] [美]C.恩伯、M.恩伯:《文化的变异——现代人类学通论》，杜杉杉译，沈阳：辽宁人民出版社，1988年。

[3] [美]Dean MacCannell:《旅游者 休闲阶层新论》，张晓萍译，桂林：广西师范大学出版社，2010年。

[4][英]John Urry:《游客凝视》，杨慧、赵玉中等译，桂林：广西师范大学出版社，2009年。

[5][美]W.W.罗斯托:《经济增长的阶段》，郭熙保、王松茂译，北京：中国社会科学出版社，2001年。

[6][美]贝恩特·施密特:《顾客体验管理 实施体验经济的工具》，冯玲，邱礼新译，北京：机械工业出版社，2004年。

[7][美]查尔斯·巴克斯:《南诏国与唐代的西南边疆》，林超民译，昆明：云南人民出版社，1988年。

[8][美]戴维·哈维:《后现代的状况——对文化变迁之缘起的探究》，阎嘉译，北京：商务印书馆，2003年。

[9][美]丹尼逊·纳什:《旅游人类学》，宗晓莲译，昆明：云南大学出版社，2004年。

[10][挪威]费雷德里克·巴斯等:《族群与边界——文化差异下的社会组织》，李丽琴译，北京：商务印书馆，2014年。

[11][美]吉尔兹:《地方性知识》，王海龙、张家宣译，北京：中央编译出版社，2004年。

[12][以]科恩（Cohen，E.）:《旅游社会学纵论》，巫宁、马聪玲、陈立平主译，天津：南开大学出版社，2007年。

[13][美]克莱德·M·伍兹:《文化变迁》，何瑞福译，石家庄：河北人民出版社，1989年。

[14][美]克莱尔·冈恩等:《旅游规划：理论与案例》(第4版)，吴必虎、吴冬青、党宁译，大连：东北财经大学出版社，2005年。

[15][美]克利福德·格尔茨:《文化的解释》，韩莉译，南京：译林出版社，1999年。

[16][日]栗本慎一郎:《经济人类学》，王名等译，北京：商务印书馆，1997年。

[17][英]马林诺夫斯基:《文化论》，费孝通译，北京：华夏出版社，2002年。

[18][英]迈拉·沙克利（Myra Shackley）:《游客管理 世界文化遗产管理案例分析》，张晓萍、何昌邑等译，昆明：云南大学出版社，2010年。

[19][美]明恩溥(Arthur H.Smith):《中国乡村生活》，陈午晴、唐军译，北京：中华书局，2006年。

[20][美]穆尔:《人类学家的文化见解》，欧阳敏、邹乔、王晶晶译，北京：商务印书馆，2009年。

[21][以色列]那维:《景观与恢复生态学：跨学科的挑战》，李秀珍等译，北京：高等教育出版社，2010年。

[22][美]奈杰尔·拉波特、乔安娜·奥弗林:《社会文化人类学的关键概念》，鲍雯妍、张亚辉译，北京：华夏出版社，2013年。

[23][法]皮埃尔·拉斯洛:《盐：生命的食粮》，吴自选、胡方译，天津：百花文艺出版社，2004年。

[24][美]萨林斯:《文化与实践理性》，赵丙详译，上海：上海人民出版社出版，2002年。

[25][英]斯蒂芬·威廉斯:《旅游地理学》，张凌云译，天津：南开大学出版社，2006年。

[26][美]瓦伦·L.史密斯主编:《东道主与游客 旅游人类学研究》，张晓萍、何昌邑等译，昆明：云南大学出版社，2002年。

[27][英]王斯福:《帝国的隐喻》，赵旭东译，南京：江苏人民出版社，2008年。

[28][美]维•韦弗、劳拉·劳顿:《旅游管理》，谢彦君译，北京：中国人民大学出版社，2014年。

[29][德]约瑟夫·皮珀:《闲暇：文化的基础》，刘森尧译，北京：新星出版社，2005年。

[30][美]朱利安·史徒华:《文化变迁的理论》，张恭启译，台北：台湾远流出版事务有限公司，1989年。

## 四、学术论文

[1]保继刚、林敏慧:《历史村镇的旅游商业化控制研究》,《地理学报》，2014年第2期。

[2]保继刚、孟凯、章倩滢:《旅游引导的乡村城市化——以阳朔历村为例》,《地理研究》，2015年第8期。

[3]保继刚、孙九霞:《雨崩村社区旅游：社区参与方式及其增权意义》,《旅游论坛》，2008年第8期。

[4]苍铭:《黄姚古镇形成与存留原因探析》,《中央民族大学学报》，2006年第4期。

[5]苍铭:《西南边疆历史上人口迁移特点及成因分析》,《中央民族大学学报》，2002年第5期。

[6]曹兴平:《民族村寨旅游社区参与内生动力实证研究》,《贵州民族研究》，2016年第3期。

[7]车裕斌、曾方、秦杰:《村落景观空间意象及其文化价值——以龙游县三门源古村为例》,《广西民族大学学报》(哲学社会科学版)，2016年第6期。

[8]陈倩:《因盐而生的传统山地聚落“诺邓”——“大青树”广场及其场所空间的历史研究》,《建筑学报》，2012年第2期。

[9]陈文胜:《论城镇化进程中的村庄发展》,《中国农村观察》，2014年第3期。

[10]陈兴、兰伟:《旅游场域下游客凝视与族群认同重构的耦合机理》,《贵州民族研究》，2016年第10期。

[11]陈修岭、杨慧、杨家娣:《民族旅游中的族群认同危机与自洽性研究》,《广西社会科学》，2015年第8期。

[12]陈修岭:《民族旅游中的文化中心主义与族群认同研究——基于大理双廊白族村的田野调查与研究》,《广西民族研究》，2014年第5期。

[13]邓启耀:《谁的祠堂？何为遗产？——古村保护和开发中的问题与思考》,《云南师范大学学报》(哲学社会科学版)，2016年第1期。

[14]窦开龙:《国外典型旅游危机管理模式及对我国民族旅游发展的启示》,《经济问题探索》，2013年第2期。

[15]段银河、马良灿:《论民族村落景区化发展的主体》,《青海民族研究》，2015年第3期。

[16]樊友猛、谢彦君:《记忆、展示与凝视：乡村文化遗产保护与旅游发展协同研究》,《旅游科学》，2015第1期。

[17]范可:《在野的全球化:旅行、迁徙、旅游》,《中南民族大学学报》(人文社会科学版)，2013年第1期。

[18]冯庆旭:《民族旅游的基本伦理问题》,《广西社会科学》，2015年第5期。

[19]冯双生，张桂文:《德国农村建设对我国宅基地置换的启示》,《技术经济与管理研究》，2016年第6期。

[20]耿娜娜、邵秀英:《国内古村保护开发与减贫政策述评》,《农业经济》，2015年第4期。

[21]耿选珍:《乡村旅游的异化及本质回归》,《农业经济》，2014年第6期。

[22]郭文、王丽:《文化遗产旅游地的空间生产与认同研究——以无锡惠山古镇为例》,《地理科学》，2015第6期。

[23]贺小荣、谭志云:《非物质文化遗产旅游吸引力的评价与启示》,《南京社会科学》，2013年第11期。

[24]胡宪洋、保继刚:《乡村旅游景观特质网络演进的蒋巷村案例》,《地理研究》，2016年第8期。

[25]黄震方、陆林、苏勤等:《新型城镇化背景下的乡村旅游发展——理论反思与困境突破》,《地理研究》，2015年第8期。

[26]赖斌:《基于民生视角的民族地区旅游资源开发模式研究》,《西南民族大学学报》(人文社会科学版)，2015年第1期。

[27]李传江:《江淮盐业研究六十年述评》,《中国史研究动态》，2014年第1期。

[28]李杰、苏丹丹、李忠斌:《少数民族特色村寨建设过程评价指标体系研究》,《广西民族研究》, 2016年第5期。

[29]李军红:《创意乡村的路径及意义——基于朱家峪村实践的探索》,《广西民族大学学报》(哲学社会科学版), 2015年第6期。

[30]李拉扬:《旅游凝视: 反思与重构》,《旅游学刊》, 2015年第2期。

[31]李梅:《社会转型背景下如何实现旅游发展与社会的良性互动——评〈旅游发展与社会转型〉》,《探索》, 2016年第4期。

[32]李鹏波、雷大朋, 张立杰等:《乡土景观构成要素研究》,《生态经济》, 2016年第7期。

[33]李先明、成积春:《中华优秀传统文化传承体系的构建:理论、实践与路径》,《南京社会科学》, 2016年第11期。

[34]廖婧琳、孙九霞:《旅游发展与少数民族家庭变迁:从单一性到复杂性》,《贵州社会科学》, 2015年第5期。

[35]刘伯初、罗小龙:《古村遗产可持续开发利用模式探研——以南京江宁区杨柳村为例》,《中国农史》, 2014年第4期。

[36]刘志宏、李钟国:《城镇化进程中少数民族特色村寨保护与规划建设研究——以广西少数民族村寨为例》,《广西社会科学》, 2015年第9期。

[37]陆林、汪天颖:《近年来国内游客凝视理论应用的回顾与展望》,《安徽师范大学学报》(自然科学版), 2013年第5期。

[38]路芳:《非物质文化遗产在旅游中的再生产》,《西南民族大学学报》(人文社会科学版), 2015年第1期。

[39]罗剑宏、叶卉宇:《民族旅游村寨可持续发展困境及路径探讨》,《中华文化论坛》, 2016年第10期。

[40]马东艳:《民族村寨居民抵制社区旅游的内在机理及对策研究》,《云南社会科学》, 2014年第3期。

[41]毛峰:《"互联网+"时代乡村旅游可持续发展的路径及对策》,《改革与战略》, 2016年第3期。

[42]庞娟:《城镇化进程中乡土记忆与村落公共空间建构——以广西壮族村落为例》,《贵州民族研究》, 2016年第7期。

[43]彭文斌、汤芸、张原:《20世纪80年代以来美国人类学界的中国西

南研究》,《西南民族大学学报》(人文社科版)，2007年第11期。

[44]彭兆荣:《人类学专题研究:仪式与族群历史记忆》,《百色学院学报》，2015年第4期。

[45]彭兆荣:《我国的城镇化建设与文化遗产保护的关系》,《西北民族研究》，2014年第4期。

[46]彭兆荣:《我国非物质文化遗产理论体系探索》,《贵州社会科学》，2013年第4期。

[47]蒲泽敏、姜龙:《诺邓村盐文化景观建筑遗产发掘与保护研究》,《艺术百家》，2015年第1期。

[48]邱晔、黄群慧:《休闲农业中的美感资源与美感体验分析——基于美学经济的视角》,《中国农村观察》，2016年第2期。

[49]任映红、王勇:《城市化进程中村落变迁的条件和作用机理》,《理论探讨》，2015年第1期。

[50]舒瑜:《丰产的文化理性解释——云南诺邓历史上两套丰产仪式之研究》,《民族研究》，2011年第6期。

[51]宋建伟、张鸿:《乡村旅游业对古村资源的利用探索》,《农业经济》，2016年第5期。

[52]孙九霞、廖婧琳:《旅游参与对少数民族两性家庭分工的影响——以西江千户苗寨为例》,《思想战线》，2016年第1期。

[53]孙九霞、苏静:《旅游影响下传统社区空间变迁的理论探讨——基于空间生产理论的反思》,《旅游学刊》，2014年第5期。

[54]孙九霞、王学基:《民族文化“旅游域”多元舞台化建构——以三亚槟榔谷为例》,《思想战线》，2015年第1期。

[55]孙九霞、吴韬:《民族旅游地文化商品化对文化传承的影响——以小黄侗族大歌为例》,《华南师范大学学报》(社会科学版)，2015年第2期。

[56]孙九霞、周一:《遗产旅游地居民的地方认同——“碉乡”符号、记忆与空间》,《地理研究》，2015年第12期。

[57]孙莹、肖大威、王玉顺:《客家古村人文历史空间解构及保护研究——以梅县侨乡村为例》,《建筑学报》，2014年第1期。

[58]孙玉芳:《中国传统村落普查审定文化行为解读》,《天津大学学报》（社会科学版），2014年第3期。

[59]谭志喜、孙根年:《近20年国内民族旅游研究进展——基于国家社科、自科基金资助项目的分析》,《西南民族大学学报》(人文社会科学版)，2013年第12期。

[60]唐文跃:《旅游开发背景下古村居民地方依恋对其迁居意愿的影响——以婺源古村落为例》,《经济管理》，2014年第5期。

[61]唐晓云:《古村旅游社会文化影响:居民感知、态度与行为的关系——以广西龙脊平安寨为例》,《人文地理》，2015年第1期。

[62]田敏:《论民族旅游开发与民族特色村寨建设——以黔东南郎德苗寨为例》,《中南民族大学学报》(人文社会科学版，2016年第1期。

[63]王维艳、沈琼、李强:《西部乡村民族社区景区化的内涵及表征——以云南典型乡村民族社区为例》,《云南地理环境研究》，2011年第2期。

[64]王维艳:《乡村社区参与景区利益分配的法理逻辑及实现路径——基于现行法律制度框架视角》,《旅游学刊》，2015年第8期。

[65]魏雷、钱俊希、朱竑:《谁的真实性？——泸沽湖的旅游凝视与本土认同》,《旅游学刊》，2015第8期。

[66]温莹蕾:《文化空间理论视角下的乡村发展路径探索——以山东省章丘市朱家峪村为例》,《城市发展研究》，2016年第2期。

[67]文斌:《基于系统视角的文化生态旅游和谐发展探析》,《生态经济》，2012年第9期。

[68]乌丙安:《中国社会转型中传统村落的文化根基分析》,《中国农业大学学报》(社会科学版)，2015年第5期。

[69]吴必虎、温燕:《乡村旅游是古村活化的最有效途径》,《世界遗产》，2015年第5期。

[70]吴海伦:《旅游审美观照的哲学阐释》,《旅游学刊》，2015第6期。

[71]吴亚平、陈志永:《民族村寨景区化发展中地方政府逐利行为的生成逻辑及治理研究》,《黑龙江民族丛刊》，2016年第3期。

[72]熊超、夏健:《村民参与式古村保护模式研究——基于社会网络

的建构》,《现代城市研究》，2016年第1期。

[73]徐小波、吴必虎:《历史街区旅游开发与居民生活环境发展研究——以扬州“双东”历史街区为例》,《人文地理》，2013年第6期。

[74]薛熙明、覃璇、唐雪琼:《旅游对恩施土家族居民民族认同感的影响——基于个人生活史的视角》,《旅游学刊》，2012年第3期。

[75]杨慧、凌文锋、段平:《“驻客”：“游客”“东道主”之间的类中介人群——丽江大研、束河、大理沙溪旅游人类学考察》,《广西民族大学学报》，2012年第5期。

[76]杨军辉、李同昇、徐冬平:《民族旅游村寨居民文化补偿认知的空间分异及机理—以贵州西江千户苗寨为例》,《地理科学进展》，2015年第9期。

[77]杨宇亮、张丹明、党安荣、谢浩云:《村落文化景观形成机制的时空特征探讨——以诺邓村为例》,《中国园林》，2013年第3期。

[78]尤海涛、马波、陈磊:《乡村旅游的本质回归:乡村性的认知与保护》,《中国人口·资源与环境》，2012年第9期。

[79]余媛媛、彭兆荣:《民族志视野中的古镇旅游——以云南官渡古镇为例》,《青海民族研究》，2015年第1期。

[80]余中元:《我国文物旅游资源的时空特征及保护开发策略》,《经济地理》，2011年第2期。

[81]张环宙、吴茂英、刘婷:《国际游客凝视与旅游文明——基于“印象·刘三姐”的实证研究》,《世界地理研究》，2016年第6期。

[82]张机:《民族乡村旅游中文化展演的传统性与商业化冲突》,《西北农林科技大学学报》（社会科学版），2015第6期。

[83]张建荣、赵振斌:《国内乡村旅游社区研究综述》,《经济管理》，2016年第6期。

[84]张建忠、刘家明、柴达:《基于文化生态旅游视角的古村旅游开发——以后沟古村为例》,《经济地理》，2015年第9期。

[85]张伟强、桂拉旦:《制度安排与乡村文化资本的生产和再生产》,《甘肃社会科学》，2016年第1期。

[86]张骁鸣、保继刚:《旅游发展与乡村变迁:“起点—动力”假说》,

《旅游学刊》，2009年第9期。

[87]张晓燕:《历史、空间与文化调适——云南东莲花村回族古民居研究》,《回族研究》，2011年第3期。

[88]张毅、高一钊、蒋孝融等:《旅游景区链接动机分析的实证研究》,《北京大学学报》(自然科学版)，2012年第2期。

[89]张瑜、贾艳飞、何依:《传统平原堡寨村落整体性保护方法探究——以平遥古村为例》,《城市发展研究》，2015年第4期。

[90]赵红梅、李庆雷:《旅游情境下的景观制造与地方认同》,《广西民族大学学报》(哲学社会科学版)，2011年第3期。

[91]赵红梅:《国外旅游族群性的研究及其方法探讨》,《旅游学刊》，2015年第1期。

[92]周兵:《“乡愁”文化与新型城镇化》,《学术探索》,2015年第4期。

[93]周大鸣:《人类学与民族旅游：中国的实践》,《旅游学刊》，2014年第2期。

[94]朱霞:《从口述材料看民国时期的私盐运销——以云南诺邓盐村为个案》,《民俗研究》，2006年第3期。

[95]邹淑珍、陶表红、段婉君:《地域文化特性与乡村居住空间构筑——以江西村落为中心》,《江西社会科学》，2014年第10期。

## 五、学位论文

[1]邓志平:《世界遗产地保护的权益冲突分析——以世界自然文化遗产地杭州西湖为例》，博士学位论文，浙江大学，2016年。

[2]段阳萍:《中国西南民族地区不同类型生态博物馆的比较研究》，博士学位论文，中央民族大学，2012年。

[3]韩国圣:《山地旅游发展的社区能力研究——以安徽六安天堂寨景区周边村落为例》，博士学位论文，南京大学，2011年。

[4]洪艳雯:《大理诺邓村文化景观及保护研究》，硕士学位论文，昆明理工大学，2014年。

[5]胡冀珍:《云南典型少数民族村落生态旅游可持续发展研究——以

沧源翁丁佤寨为例》，博士学位论文，中国林业科学研究院，2013年。

[6]姜辽:《旅游发展背景下周庄古镇社会空间变迁研究》，博士学位论文，安徽师范大学，2014年。

[7]李海燕:《云龙县诺邓古村聚落景观形态研究》，硕士学位论文，西南林业大学，2012年。

[8]李强:《新农民：民族村寨旅游对农民的影响研究——以云南曼听村与贵州西江村为例》，博士学位论文，兰州大学，2012年。

[9]刘超祥:《民族旅游村寨的人口移动与文化变迁——以湘西德夯村为例》，博士学位论文，中央民族大学，2012年。

[10]刘孝蓉:《文化资本视角下的民族旅游村寨可持续发展研究》，博士学位论文，中国地质大学，2013年。

[11]毛志睿:《乡村聚落旅游开发的准入评价研究》，博士学位论文，云南大学，2015年。

[12]王会战:《文化遗产地社区旅游增权研究》，博士学位论文，西北大学，2015年。

[13]王莉莉:《云南民族聚落空间解析——以三个典型村落为例》，博士学位论文，武汉大学，2010年。

[14]王南希:《京西门头沟山区村落乡土建筑与景观研究》，博士学位论文，北京林业大学，2014年。

[15]肖竞:《西南山地历史城镇文化景观演进过程及其动力机制研究》，博士学位论文，重庆大学，2015年。

[16]谢小芹:《制造景观——基于黔东南州少数民族乡村旅游实践的叙事》，博士学位论文，中国农业大学，2015年。

[17]辛纪元:《滇黔民族村寨旅游扶贫机制完善研究》，博士学位论文，云南大学，2016年。

[18]杨荣荣:《基于业态划分的我国休闲农业评价研究》，博士学位论文，东北林业大学，2015年。

[19]杨宇亮:《滇西北村落文化景观的时空特征研究》，博士学位论文，清华大学，2014年。

## 六、英文文献

### （一）著作类

[1]Bali sustainable development project,university consortium on the environment.ustainable

Development Strategy for Bali.North York: University Consortium on the Environment,1992.

[2]BUTLER R,HINCH T.Tourism and Indigenous Peoples. London:International Thomson Business Press, 1996.

[3]Beeton S. Community Development Through Tourism.Melbourne: Landlinks Press, 2006.

[4]Cresswell T. The Right to Mobility:The Production of Mobility in the Courtroom. Oxford: Blackwell Publishing Ltd, 2006.

[5]Henri L, Smith D N. The Production of Space. Malden:Blackwell Ltd, 1991.

[6]Hochschild A R.The Managed Heart:The Commercialization of Human Feeling. Berkeley, C A: University of California Press, 1983.

[7]Human Geography(5th edition).Mal (MA):Blackwell Publishing Ltd, 2009.

[8]Lashley C, Morrison A. In Search of Hospitality: Theoretical Perspectives and Debates. Oxford: Butterworth–Heine–mann, 2000.

[9]Mauss, M. The Gift. Trans. By W.D. Halls. New York and London: Routledge, 1990.

[10]Merriman P. Driving Spaces: A Cultural–historical Geography of England' S M1 Motorway. Oxford: Blackwell Publishing Ltd, 2007.

[11]Mitchell K. Citizenship. In: Gregory D, Johnston R, Pratt G, et al. The Dictionary of Mimi S, Urry J. Tourism Mobilities: Places to Play, Places in Play. London: Routledge, 2004.

[12]OakesT. Tourism and Modernity in China. London: Rout–ledge, 1998.

[13]Osborne P.Traveling Light: Photography,Travel and Visual Culture. Manchester: Manchester University Press, 2000.

[14]Pearce P L. Tourist behavior: Themes and Conceptual Schemes. Bristol: Channel View Publications, 2005.

[15]R ichard Sharpley.Tourism Development and the Environment:Beyond Sustainability?. Earths can in the UK and USA, 2009.

[16]See Salazar,N.B.and Graburn,N.H. ( ed. ) Tourism Imaginations: Anthropological Approaches. New York and Oxford: Berghahn, 2014.

[17]Shih C.Negotiating Ethnicity in China: Citizenship as a Re-sponse to the State. London: Routledge, 2002.

[18]Sturken M, Cartwright L, Sturken M. Practices of Looking: An Introduction to Visual Culture. Oxford: Oxford University Press, 2001.

[19]Sheller M, Urry J. The new mobilities paradigm. Environment and Planning A, 2006.

[20]Tepperman L,Albanese P,Curtis J. Sociology: A Canadian Perspective(2nd edition). Don Mills, Ont.:Oxford University Press, 2008.

[21]Urry J. Sociology Beyond Societies: Mobilities for the Twenty-first Century. London, New York: Routledge, 2000.

[22]Van.Den.Berghe, P.L. The Quest for Other :Ethnic Tourism in San Cristobal, Merico.University of Washington Press, 1994.

[23]Wall G, Mathieson A. Tourism: Change, Impacts, and Opportunities. New York: Pearson Education, 2006.

## （二）论文类

[1]Agarwal S. Relational spatially and resort restructuring[J].Annals of Tourism Research, 2012,39(4).

[2]Alison Lever, “Spanish Tourism Migrants: the Case of Lloret de Mar” , Annals of Tourism Research,1987,14(4).

[3]Bill Bramwell, Bernard Lane. Critical Research on the Governance of Tourism and Sustainability. Journal of Sustainable Tourism, 2011,3(19).

[4]Boswell R. Heritage Tourism and identity in the maudlin villages of champaign and Le Morne.Journal of Southern African Studies.2005,31(2).

[5]Cohen E,Cohen S. Current sociological theories and issues in tourism. Annals of Tourism Research, 2012,39(4).

[6]Cohen Erik. The Impact of Tourism on the Physical Environment [ J ]. Annals of Tourism Research,1978,5(2).

[7]Expedition Leader' s Ethical Responsibilities Towards Pack Animals on Expedition. Annals of Tourism Research,2012,39 (4).

[8]Gillespie A.Tourist Photography and the Reverse Gaze. Ethos, 2006,34(3).

[9]George Hughes.The Cultural Construction of Sustainable Tourism.Tourism Management,1995(1).

[10]Glen Conquer, Pete Allison. Ethical Responsibilities Towards Expedition Pack Animals The Mountain Guide' s and Health P. The treatment of space and place in the new strategic spatial planning in Europe. International Journal of Urban and Regional Research, 2004, 28(1).

[11]Hong S K, Kim J H, Jang H, et al. The roles of categorization, affective image and constraints on destination choice:An application of the NMNL model. Tourism Management,2006,27(5).

[12]Kellerman A. Mobility or mobilities: Terrestrial, virtual and aerial categories or entities?. Journal of Transport Geography, 2011,19(4).

[13]Maria Kousis, "Tourism and the Family in a Rural Cretan Community", Annals of Tourism Research, 1989,16(3).

[14]Margaret B. Swain, "Women Producers of Ethnic Arts", Annals of Tourism Research, 1993,20(3).

[15]（以）Maoz D. The mutual gaze. Annals of Tourism Research, 2006,33(1).

[16]Opperman M,Chon K S. Convention participation decision-making process.Annals of Tourism Research,1997,24(1).

[17]Peckham R S. Introduction: The politics of heritage and public culture. In: Peckham R S. Rethinking Heritage: Culture and Politics in Europe. London: I. B. Tauris, 2003.

[18]Qian J X, Feng D, Zhu H. Tourism-driven urbanization in China' s

small town development: A case study of Zhapo town,1986-2003. Habitat International,2012, 36(1).

[19]Smith M K. Issues in Cultural Tourism Studies. New York: Routledge,2003. Quinn B. Performing tourism Venetian residents in focus.Annals of Tourism Research, 2007, 34(2).

[20]Tanja Mihalic. Environmental Management of a Tourist Destination A factor of Tourism Competitiveness. Tourism Management, 2000,5(21).

[21]Woosnam K M. Comparing residents' and tourists' emotional solidarity with one another an extension of Durkheim's model. Journal of Travel Research, 2011, 50(6).

[22]Wu J, Jenerette G D, Buyantuyev A, et al. Quantifying spatiotemporal patterns of urbanization: The case of the two fast-est growing metropolitan regions in the United States. Ecological Complexity, 2011, 8(1).

## 七、网络资源

[1]http://www.gov.cn/zhengce/content/2016-12/26/content_5152993.htm 国务院关于印发《"十三五"旅游业发展规划的通知》国发(2016)70号文件,2016年12月26日。

[2]http://www.cnta.gov.cn/html/2008-6/2008-6-27-20-31-36-5.html. 国家旅游局信息中心:旅游景区质量等级的划分与评定(修订)(GB/T17777-2003)。

[3]http://www international icomos org.CIIC Reports of Express Mad rid, Spain.1994[EB/OL][2007-05-08],1993年圣地亚哥线路和1994年马德里举行的"线路:作为文化 遗产的一部分"国际会议。

[4]http://www. gov.cn/gzdt/2012-12/10/content-2287117.htm:中国政府网:《国家民委关于印发少数民族特色村寨保护与发展规划纲要(2011-2015年)的通知》。

[5]http://news.xinhuanet.com/local/2012-09/29/c_113258602.htm 樊曦、杜宇:《我国各地上报上万古村 云晋贵位列三甲》。

[6]http://www.chinanews.com/gn/2014/01-11/5724905.shtml，国务院发展研究中心主任李伟2014年1月11日在第五届中国经济前瞻论坛上的讲话。

# 附　录

## 附录1　云龙县诺邓历史文化名村保护管理办法

**第一条**　为有效保护云龙县诺邓中国历史文化名村，维护其历史文化遗产的原真性和完整性，根据《中华人民共和国文物保护法》《中华人民共和国城乡规划法》《中华人民共和国环境保护法》《中华人民共和国旅游法》和《中华人民共和国历史文化名城名镇名村保护条例》《云南省历史文化名城名镇名村名街保护条例》等法律法规，结合实际，制定本办法。

**第二条**　在诺邓历史文化名村内居住和活动的单位和个人，应当遵守本办法。

**第三条**　本保护管理办法所称诺邓历史文化名村（以下简称“诺邓名村”），是指位于诺邓镇诺邓行政村范围内诺邓自然村北至玉皇阁北60米，西至西片区诺邓名村西60米，南至进村公路南沿，东至东片区古树东沿60米，总面积39公顷的范围。根据保护对象或区域价值将诺邓名村保护区划分为核心保护区、建设控制区、环境协调区三个等级（等级划定详见《云龙县诺邓历史文化名村保护规划》）。

（一）核心保护区为：真实反映出诺邓名村完整的历史风貌部分。具体包括文庙、武庙、盐井、古戏台、龙王庙、万寿宫（江西会馆）、盐局、贡爷院、题名坊、三崇庙、玉皇阁、棂星门牌坊、黄家祠堂、银匠家院、水碾、水磨、水碓房及围合诺邓村周边的传统历史街巷。

（二）建设控制区为：核心保护区外围与规划区范围确定的部分（含部分诺邓河堤岸），具体包括秉礼桥至花园处民居片区和天子箐西部民居片区、腌鸭蛋箐上段民居片区。

（三）环境协调区为：诺邓名村周边形成的村庄、山脉、水系、林地及河流和现有的农田及田园风景区部分，具体包括除核心保护区与建设控制区外，所有诺邓名村范围内的土地、建筑、文物和环境。

核心保护区、建设控制区、环境协调区的范围，按照《云龙县诺邓历史文化名村保护规划》进行具体划定，并设立界标进行管理。

**第四条** 县人民政府成立诺邓名村保护管理委员会（以下简称诺邓管委会），下设管理所，负责诺邓名村保护管理具体工作。

**第五条** 县住建、文化、卫生、国土、环保、林业、公安、消防、交运、旅游、民宗、工商、财政、发改、水务、供电、商务、供销、教育、通讯、质监、食药监、外事、民政等部门根据各自职能职责，依照有关法律法规，充分履行诺邓名村管理职责。

**第六条** 诺邓名村核心保护区内原则上不得进行新建、扩建活动。对核心保护区范围内的历史建筑禁止拆除，应当保持原有的高度、体量、外观形象及色彩等。未办理法律法规规定的相关手续未经批准，核心保护区内的任何建（构）筑物均不得擅自修缮、改造。

**第七条** 诺邓名村建设控制区在保护规划控制下，经县住建部门同意后，可进行适当的整治和修建，但新建建筑物、构筑物，应当符合规划确定的建设控制要求，不得建设风貌与名村功能、性质无直接关系的设施。

**第八条** 诺邓名村环境协调区内的建设和改造，应当与名村整体环境相协调。

**第九条** 在诺邓名村内新建、改建、扩建和修缮、装修房屋，或者铺设管线、地质勘察、施工挖掘等活动，应当符合《云龙县诺邓历史文化名村保护规划》和《云龙县诺邓国家级历史文化名村保护详细规划》，并严格实行申报、审批（备案）、报监、竣工验收制度。

**第十条** 建设修缮申报制度。申请人携所需申报资料向诺邓管委会申请并填写《诺邓名村房屋修缮审查备案表》。申报材料包括：

（一）产权人书面申请和诺邓村委会出具的同意修缮证明。

（二）修缮（建设）房屋的房屋所有权证和土地使用权证（未办理两证的需提供相关书面证明材料）。

（三）申请修缮房屋的设计或建设方案和预算（概算）。

**第十一条** 审批（备案）审查制度。审批（备案）审查按照下列程序进行：

（一）诺邓村委会对申请事项进行初审并提出初审意见。

（二）诺邓管委会对建设方案进行审定，遵循审查、报备、批复的审批机制，即对申请建设的方案进行勘察，对拟确认方案向领导组报备，最后对申请方案给予审定批复意见。

（三）领导组建立对拟建设、修缮项目的备案审查制度，即对诺邓管委会提交的建设方案进行部门联合审查，实行备案审查制。

**第十二条** 工程实行报监和竣工验收制度。工程报监和竣工验收应当符合下列条件：

（一）民居的整治修缮须由专业施工队伍、地方乡土技术人才、专家或房屋所有权人进行整治修缮。

（二）被公布为文物保护单位或历史建筑的传统民居的修缮，经审查、备案后方可修缮。

（三）申请人修缮（建设）应与施工队伍签订《传统民居修建（修缮）协议书》，对传统民居整治建设工程中应突出保护内容及相关的要求。

（四）诺邓名村房屋建设和修缮、装修应遵照最小干预的原则进行，遵循以土木结构为主体，外在风貌要与名村风格相协调，实行修缮（建设）过程报监和工程竣工验收制度。

（五）工程竣工验收由诺邓管委会负责，根据补助标准适时发放修缮补助资金。

**第十三条** 诺邓名村历史建筑产权人经申报批准，按照《云龙县诺邓历史文化名村保护规划》和《云龙县诺邓国家级历史文化名村保护详细规划》以及本办法的规定要求对濒危历史建筑进行维护修缮的，给予适当补助。不是历史建筑，或者未按保护规划和保护办法规定进行修缮的，不予补助。

**第十四条** 符合下列条件的列为补助对象：

（一）民居修缮补助对象为诺邓名村保护区范围内的私有房屋产权民居。传统民居、一般民居、沿街巷单体建筑的修缮应按各有关单位审查备案后的设计方案修缮，经诺邓管委会验收合格后，方可发放修缮补助资金。

（二）被诺邓名村保护管理所确定为不需当年进行修缮的传统院落，给予每年一次的保护管理补助。享受修缮补助的以及未按照原风原貌保护管理好院落的不享受管理补助。

**第十五条**　补助标准按照下列规定确定：

（一）申请补助的修缮项目，按诺邓名村保护管理所和诺邓村遗产保护与旅游开发协会所评定的建筑景观价值类别进行补助（列入上级保护单位的，按上级确定补助为准），补助标准是：

1.历史建筑的价值类别为一类，所有权人按保护规划和保护办法规定进行修缮的可补助该项修缮资金总额的40％—50％，最高补助不超过5万元。

2.历史建筑的价值类别为二类，所有权人按保护规划和保护办法规定进行修缮的可补助该项修缮资金总额的30％—40％，最高补助不超过4万元。

3.历史建筑的价值类别为三类，所有权人按保护规划和保护办法规定进行修缮的可补助该项修缮资金总额的20％—30％，最高补助不超过3万元。

4.历史建筑的价值类别为四类，所有权人按保护规划和保护办法规定进行修缮的可补助该项修缮资金总额的10％—20％，最高补助不超过1万元。

（二）与产权人在使用上无直接利益关系的修缮项目（诺邓名村风貌加砌的马头墙、仿古围墙等），按修缮工程造价投入适当给予补助。

（三）同一建筑中产权性质公私混合、由同一使用人使用、一并申请修缮的，私房部分的整治修缮按本办法进行补助；公房部分使用人在征得产权人同意后自筹资金修缮的，亦可享受私房修缮补助政策。

（四）诺邓管委会对不需进行修缮的传统院落根据建筑景观价值档次的不同每年给予使用权人一次房屋安全保护管理补助，分四类级别：一类1200元/年、二类1000元/年、三类800元/年、四类600元/年。

**第十六条**　县财政每年安排一定数量的财政资金用于诺邓名村的补助和管理。涉及补助经费、修缮建设资金由县级相关部门整合项目资金投入补助，到户房屋安全保护管理补助由诺邓镇上报列入财政统筹安排。

**第十七条** 诺邓名村内需保护和重点管理的建筑及宅院（县级以上文保单位除外），由诺邓镇人民政府加挂“保护单位”牌示。

**第十八条** 诺邓名村范围内禁止下列活动：

（一）开山、采石、开矿等破坏传统格局和历史风貌的活动。

（二）占用或破坏古村保护范围内的绿化、水体、道路等。

（三）修建生产、储存爆炸性、易燃性、放射性、毒害性、腐蚀性物品的工厂、仓库等。

（四）在历史建筑上刻划、涂污。

（五）任意向河道、空地内排放污水、倾倒垃圾、粪便，扔动物尸体等废弃物。

（六）在露天场所任意焚烧树叶、垃圾或者其他废弃物。

（七）任意纵放家禽家畜和宠物。

（八）未经批准任意占用公地、占道经营。

（九）未经批准在公共设施和树木上涂写、刻画、悬挂。

（十）未经批准在古村保护范围内使用高音喇叭。

（十一）其他有损村容村貌和环境卫生的行为。

**第十九条** 诺邓名村内不得擅自安装防盗网、雨篷、空调器、太阳能等室外设施；户外广告、招牌、橱窗、灯箱和灯饰的样式、设置的位置和方式，以及店铺的增设和撤并，均应遵守有关法律、法规和我县的相关规定，且符合诺邓名村的风貌要求。

**第二十条** 对不可移动文物进行修缮、迁移，必须坚持“不改变文物原状”的原则，严格恢复其结构、体量、形式、材料和色彩以及使用功能。维修文物时，应依法向文物行政主管部门申报，并在文物主管部门指导下进行。

**第二十一条** 传统建筑的保护应坚持“保护为主，合理利用”的原则，不得随意损坏，如遭受各种原因的侵蚀和损坏，应及时申报维修。整治维修时不得随意改变其结构、形式、材料和色彩以及使用功能。

**第二十二条** 传统巷（街）道的保护应坚持“保护风貌、改善设施”的原则，市政及公共设施建设应当在保护其传统尺度和型制的前提下进行。保护传统巷（街）道的整体格局，严禁破坏传统巷（街）道走向和宽度、河道桥梁和堤岸、名木古树和绿地水井等构成历史风貌的景观因素。传统巷（街）道内的电缆、线路的铺设应采用地下管道暗埋的方式。

**第二十三条** 非传统建筑的整治应坚持“统一规划、逐步改造”的原则，对诺邓名村内的非传统建筑分期分批、逐步进行改造或拆迁。临巷（街）道的非传统建筑和传统院落内的非传统建筑，必须按保护规划进行改造或拆除，恢复传统建筑的型制及风貌。

**第二十四条** 任何单位和个人在诺邓名村保护范围内从事工商经营、旅游经营等活动须依法依规办理相关手续。

**第二十五条** 违法建筑整治应坚持“坚决取缔、自改与强制相结合”的原则，恢复历史风貌。

**第二十六条** 对保护诺邓名村成绩显著的单位和个人，其事迹经诺邓名村保护管理领导组确认后，县人民政府或诺邓镇人民政府给予表彰或奖励。

**第二十七条** 违反本办法的违法行为，由有关行政主管部门依据有关法律法规予以处罚。

**第二十八条** 对违反本保护管理办法的行为，任何人都有检举和控告的权利。

**第二十九条** 本保护管理办法已经县人民政府同意，现予公布，自2014年12月1日起施行。

云龙县人民政府

2014年10月27日

# 附录2 诸邓古村民宿业和餐饮业目录

## （挂牌经营37家）

| 序号 | 民宿 | 地点 | 旅游特色 | 接待能力 | 经营人员 |
|---|---|---|---|---|---|
| 1 | 诺邓人家 | 古村香树岭片区 | 原真型古院落，古村价值指数68 | 传统居家接待四人间1间，双人间1间 | 黄永寿 |
| 2 | 一颗印木石雅居 | 诺邓古村中心 | 原真型古院落，古村价值指数68 | 家庭套房、大床房、3人间、普通床位、独卫标间；餐饮 | 石磊 |
| 3 | 五滴水 | 古村佛寺门外片区 | 原真型古院落，古村价值指数67 | 传统居家接待双人间4间，三人间1间，单人间2间；餐饮 | 李会军 |
| 4 | 大青树 | 古村大青树片区 | 原真型古院落，古村价值指数60 | 传统居家接待，双人间2间，三人间2间，特色房4间；餐饮 | 黄良玉 |
| 5 | 古道坊 | 古村北山片区 | 原真型古院落，古村价值指数59 | 旅馆经营接待，标间3间、普通间3间、特色房2间、通铺16床；餐饮 | 杨和香 |
| 6 | 林泉 | 古村香树岭片区 | 原真型古院落，古村价值指数57 | 传统居家接待，三人间2间；餐饮 | 黄德忠 |
| 7 | 诺言别院 | 古村北山片区 | 半原真型古院落，古村价值指数48 | 旅馆经营接待，标间4间、套房2间，普通间4间；餐饮 | 李会军 |
| 8 | 一站 | 古村北山片区 | 半原真型古院落，古村价值指数42 | 传统居家接待，三人间3间；餐饮 | 李春连 |
| 9 | 古井 | 古村大青树片区 | 半原真型古院落，古村价值指数41 | 传统居家接待，四人间1间、双人间2间、单人间1间；餐饮 | 杨会琴 |

续表

| 序号 | 民宿 | 地点 | 旅游特色 | 接待能力 | 经营人员 |
|---|---|---|---|---|---|
| 10 | 阁楼 | 古村北山片区 | 半原真型古院落，古村价值指数38 | 传统居家接待，三人间1间、双人间4间，单人间1间；餐饮 | 杨刘杰 |
| 11 | 石榴小院 | 古村大青树片区 | 半原真型古院落，古村价值指数25 | 旅馆经营接待，三人间1间、双人间1间、单人间1间；餐饮 | 杨和香 |
| 12 | 复甲流芳苑 | 古村大青树片区 | 半原真型古院落，古村价值指数25 | 旅馆经营接待，三人间1间、双人间2间、单人间1间、通铺7床；餐饮 | 黄仙梅 |
| 13 | 北山庭院 | 古村大青树片区 | 半原真型古院落，古村价值指数24 | 传统居家接待，双人间2间；餐饮 | 徐晓娇 |
| 14 | 观景 | 古村大青树片区 | 半原真型古院落，古村价值指数22 | 传统居家接待，三人间1间；餐饮 | 黄志芳 |
| 15 | 福缘客栈 | 古村天子箐片区 | 半原真型古院落，古村价值指数22 | 传统居家接待，双人间1间、三人间1间；餐饮 | 杨秀珠 |
| 16 | 古楼客栈 | 诺邓村11组148号诺邓古盐局旧址门前 | 半原真型古院落，古村价值指数22 | 单人间1间、普通间1间、家庭房1间、山景标准房2间、山景大床房1间；餐饮 | 杨和平 |
| 17 | 欣客来 | 诺邓古村大青树旁10米 | 半原真型古院落，古村价值指数22 | 单人间2间、普通间2间、家庭房2间；餐饮 | 徐艳芬 |
| 18 | 归真小筑 | 诺邓古村大青树前小巷往西 | 半原真型古院落，古村价值指数18 | 阳光阁楼双床房1间、古风双人间2间；餐饮 | 真真 |
| 19 | 素心若水 | 诺邓村18号，近黄霞昌生态博物馆。 | 半原真型古院落，古村价值指数15 | 大床房1间、标准间2间、豪华山景套房1间、整院房1间、榻榻米星空房间2间；餐饮 | 青木 |

续表

| 序号 | 民宿 | 地点 | 旅游特色 | 接待能力 | 经营人员 |
|---|---|---|---|---|---|
| 20 | 五云幽兰 | 诺邓村大青树往西40米 | 半原真型古院落，古村价值指数15 | 阁楼双床房1间、大床房2间、三人间1间；餐饮 | 杨奇秀 |
| 21 | 驴窝国际青旅 | 诺邓村大青树巷西约60米左右 | 半原真型古院落，古村价值指数15 | 上下床4床、标间4间；餐饮 | 安米吉 |
| 22 | 诺友 | 古村香树岭片区 | 本地农家院落，古村价值指数15 | 传统居家接待，单人间1间、双人间1间、四人间1间；餐饮 | 李贤会 |
| 23 | 云龙39号 | 古村大青树片区 | 半原真型古院落，古村价值指数47 | 传统居家接待，三人间2间；餐饮 | 杨荷仙 |
| 24 | 滨盐 | 诺邓村盐井旁 | 半原真型古院落，古村价值指数12 | 标间2间、三人间3间；餐饮 | 涂波 |
| 25 | 东阳 | 古村佛寺门外片区 | 本地农家院落，古村价值指数12 | 传统居家接待，单人间2间、双人间1间、五人间1间；餐饮 | 黄育坤 |
| 26 | 一诺驿站 | 古村香树岭片区 | 本地农家院落，古村价值指数12 | 传统居家接待，单人间1间、双人间3间；餐饮 | 黄松 |
| 27 | 龙泉 | 古村天子箐片区 | 本地农家院落，古村价值指数10 | 传统居家接待，单人间1间、三人间1间；餐饮 | 杨照明 |
| 28 | 李信 | 古村香树岭片区 | 半原真型古院落，古村价值指数22 | 传统居家接待，三人间1间、单人间1间；餐饮 | 李信 |
| 29 | 诺和苑 | 古村北山片区 | 本地农家院落，古村价值指数10 | 传统居家接待，双人间2间、单人间1间；餐饮 | 何正春 |

续表

| 序号 | 民宿 | 地点 | 旅游特色 | 接待能力 | 经营人员 |
|---|---|---|---|---|---|
| 30 | 宾来 | 古村北山片区 | 本地农家院落，古村价值指数10 | 传统居家接待，双人间2间、单人间1间；餐饮 | 杨淑林 |
| 31 | 秉礼桥 | 古村北山片区 | 本地农家院落，古村价值指数10 | 传统居家接待，双人间2间、单人间1间；餐饮 | 李汉明 |
| 32 | 诺门 | 古村香树岭片区 | 本地农家院落，古村价值指数10 | 传统居家接待，双人间2间、单人间1间；餐饮 | 杨映桃 |
| 33 | 一站 | 古村天子箐片区 | 本地农家院落，古村价值指数10 | 传统居家接待，单人间1间、三人间1间；餐饮 | 李春连 |
| 34 | 惬意轩 | 古村天子箐片区 | 本地农家院落，古村价值指数10 | 传统居家接待，单人间2间、双人间1间、五人间1间；餐饮 | 李新菊 |
| 35 | 乐悠坊 | 古村天子箐片区 | 本地农家院落，古村价值指数10 | 传统居家接待，双人间2间、单人间1间；餐饮 | 杨全香 |
| 36 | 诺邓鱼庄 | 古村天子箐片区 | 本地农家院落，古村价值指数10 | 餐饮 | 尹竹华 |
| 37 | 盐泉农家 | 古村北山片区 | 本地农家院落，古村价值指数13 | 餐饮 | 徐淑红 |
| | | | | 床位合计：310个 | |

# 附录3　诺邓古村民宿业和餐饮业目录
## （未挂牌经营10家）

| 序号 | 民宿 | 地点 | 旅游特色 | 接待能力 |
|---|---|---|---|---|
| 1 | 李才坤家 | 古村北山片区 | 半原真型古院落，古村价值指数23 | 传统居家接待，三人间1间；餐饮 |
| 2 | 李俊萍家 | 古村佛寺门外片区 | 本地农家院落，古村价值指数14 | 传统居家接待，单人间1间、双人间1间；餐饮 |
| 3 | 李桔军家 | 古村佛寺门外片区 | 本地农家院落，古村价值指数12 | 传统居家接待，双人间1间、三人间1间；餐饮 |
| 4 | 杨伟标家 | 古村天子箐片区 | 本地农家院落，古村价值指数10 | 传统居家接待，双人间1间、四人间1间；餐饮 |
| 5 | 杨九鹏家 | 古村佛寺门外片区 | 本地农家院落，古村价值指数10 | 传统居家接待，双人间2间；餐饮 |
| 6 | 杨丽梅家 | 古村北山片区 | 本地农家院落，古村价值指数9 | 传统居家接待，双人间2间；餐饮 |
| 7 | 杨志雄家 | 古村佛寺门外片区 | 本地农家院落，古村价值指数9 | 传统居家接待，双人间3间；餐饮 |
| 8 | 杨荣升家 | 古村佛寺门外片区 | 本地农家院落，古村价值指数9 | 传统居家接待，双人间1间、四人间1间；餐饮 |
| 9 | 黄德明家 | 古村佛寺门外片区 | 本地农家院落，古村价值指数9 | 传统居家接待，双人间1间、四人间1间；餐饮 |
| 10 | 李文飞家 | 古村佛寺门外片区 | 本地农家院落，古村价值指数9 | 传统居家接待，双人间3间、单人间1间；餐饮 |
| | | | | 床位合计：48个 |

# 附录 4 诺邓古村古建筑存留情况

| 编号 | 户名 | 建筑样式 | 原真性 |
|---|---|---|---|
| 1 | 杨钦华 | 三坊一照壁 | 老房子 |
| 2 | 赵正才 | 三坊一照壁 | 现改为老房子 |
| 3 | 杨润香 | 三坊一照壁 | 老房子，照壁已倒 |
| 4 | 马义民 | 三坊一照壁 | 式样有改动 |
| 5 | 银匠家 | 四合院 | 五柱落地 |
| 6 | 黄家瑞 | 四合五天井 | 有一天井改为厨房 |
| 7 | 杨利民 | 四合院 | 古建筑 |
| 8 | 杨和平 | 三坊一照壁 | 民国时建造 |
| 9 | 杨义民 | 一进五院 | 贡爷院，前院正房为后院照壁 |
| 10 | 黄政 | 四合院 | 古建筑 |
| 11 | 老年协会 | 四合院 | 古建筑 |
| 12 | 黄建华 | 三坊一照壁 | 现正门改为从耳房进入 |
| 13 | 黄应生 | 三坊一照壁 | 古建筑 |
| 14 | 徐树 | 四合院 | 古建筑 |
| 15 | 杨文江 | 四合院 | 古建筑 |
| 16 | 杨天鸿 | 四合院 | 古建筑 |
| 17 | 杨根换 | 三坊一照壁 | 古建筑 |
| 18 | 杨文军 | 一正两耳 | 古建筑 |
| 19 | 黄金品 | 三坊一照壁 | 古建筑 |
| 20 | 杨太元 | 三坊一照壁 | 现改为新式建筑 |
| 21 | 张中泽 | 三坊一照壁 | 现为一正一耳 |
| 22 | 杨汝杰 | 四合院 | 古建筑 |

续表

| 编号 | 户名 | 建筑样式 | 原真性 |
| --- | --- | --- | --- |
| 23 | 杨耀辉 | 三坊一照壁 | 现改为新式建筑 |
| 24 | 李固 | 一正两耳 | 古建筑 |
| 25 | 李进善 | 一正两耳 | 古建筑 |
| 26 | 黄应全 | 一正两耳 | 古建筑 |
| 27 | 李恒昌 | 一正一耳 | 古建筑 |
| 28 | 杨德清 | 三坊一照壁 | 古建筑 |
| 29 | 杨才宽 | 三坊一照壁 | 现改为一正两耳 |
| 30 | 杨重安 | 三坊一照壁 | 古建筑 |
| 31 | 徐标 | 一间正房 | 古建筑 |
| 32 | 杨荣芬 | 一正两耳 | 一间耳房重修过 |
| 33 | 徐九如 | 三坊一照壁 | 现改为新式建筑 |
| 34 | 李其龙 | 三坊一照壁 | 现改为一正一耳 |
| 35 | 杨常胜 | 一正两耳 | 古建筑 |
| 36 | 李鹏程 | 四合院 | 五柱落地 |
| 37 | 杨丽梅 | 四合院 | 古建筑 |
| 38 | 黄建国 | 四合院 | 五柱落地 |
| 39 | 杨叶香 | 一正两耳 | 一柱天（一颗印） |
| 40 | 杨燕方 | 四合院 | 五柱落地 |
| 41 | 杨树发 | 四合院 | 古建筑 |
| 42 | 杨丽华 | 一间正房 | 古建筑 |
| 43 | 杨梅芝 | 三坊一照壁 | 古建筑 |
| 44 | 杨树恒 | 三坊一照壁 | 新房子 |
| 45 | 杨绍珍 | 一正两耳 | 古建筑 |
| 46 | 杨强六 | 四合院 | 古建筑 |
| 47 | 黄其昌 | 一正两耳 | 有两院 |

续表

| 编号 | 户名 | 建筑样式 | 原真性 |
|---|---|---|---|
| 48 | 杨瑞珍 | 一正两耳 | 古建筑 |
| 49 | 李胜全 | 三坊一照壁 | 古建筑 |
| 50 | 黄玉壁 | 一正两耳 | 古建筑 |
| 51 | 黄松 | 两间耳房 | 古建筑 |
| 52 | 徐胜桃 | 一正一耳一照壁 | 古建筑 |
| 53 | 黄必英 | 四合院 | 五柱落地 |
| 54 | 李世俊 | 四合院 | 五柱落地 |
| 55 | 黄利壁 | 一间正房 | 新式房屋 |
| 56 | 杨汉民 | 三坊一照壁 | 五柱落地 |
| 57 | 杨志和 | 一正一耳 | 古建筑 |
| 58 | 杨德清 | 三坊一照壁 | 古建筑 |
| 59 | 杨乃乾 | 一正一耳 | 古建筑 |
| 60 | 杨树先 | 三坊一照壁 | 古建筑 |
| 61 | 杨二妹 | 三坊一照壁 | 南耳房倒塌 |
| 62 | 李盛祥 | 三间正房相连 | 古建筑 |
| 63 | 黄占前 | 四合院 | 古建筑 |
| 64 | 徐兰英 | 三坊一照壁 | 照壁倒塌 |
| 65 | 杨万里 | 一正一耳 | 古建筑 |
| 66 | 段阳生 | 四合院 | 五柱落地 |
| 67 | 杨照真 | 一正一耳 | 翻新过 |
| 68 | 李容仙 | 一正一耳 | 新式建筑 |
| 69 | 杨树华 | 四合院 | 五柱落地 |
| 70 | 杨风和 | 一间正房 | 五柱落地 |
| 71 | 杨照明 | 新房子一院 | 古建筑 |
| 72 | 杨荣槐 | 一间正房 | 古建筑 |

续表

| 编号 | 户名 | 建筑样式 | 原真性 |
|---|---|---|---|
| 73 | 李富寿 | 一间正房 | 古建筑 |
| 74 | 黄红英 | 一正一耳一照壁 | 新式建筑 |
| 75 | 段树中 | 一间正房 | 古建筑 |
| 76 | 施化雨 | 一正一耳 | 古建筑 |
| 77 | 杨双超 | 四合院 | 五柱落地 |
| 78 | 杨和宽 | 一间正房 | 新式建筑 |
| 79 | 黄松 | 一正一耳 | 新式建筑 |
| 80 | 黄彪 | 一间正房 | 新式建筑 |
| 81 | 黄桂华 | 一间正房 | 新式建筑 |
| 82 | 黄桂生 | 一间正房 | 新式建筑 |
| 83 | 李良宽 | 一间正房 | 新式建筑 |
| 84 | 李文标 | 一正两耳 | 古建筑 |
| 85 | 杨天锡 | 四合院 | 古建筑 |
| 86 | 杨义朝 | 四合院 | 古建筑 |
| 87 | 杨国方 | 一正一耳 | 古建筑 |
| 88 | 杨九江 | 一正一耳 | 新式、老式各一院 |
| 89 | 杨定强 | 一正两耳 | 古建筑 |
| 90 | 杨利荣 | 四合院 | 五柱落地 |
| 91 | 徐发胜 | 四合院 | 古建筑 |

# 附录 5 诺邓古村寺观庙宇存留情况

| 序号 | 名 称 | 建筑样式 | 始建年代 | 保护级别 | 备 注 |
|---|---|---|---|---|---|
| 1 | 玉皇阁 | 群建、18 栋建筑 | 明嘉靖年间 | 省级 | 三层阁楼建筑 |
| 2 | 玉皇阁大照壁 | 照壁 | 明嘉靖年间 | 省级 | |
| 3 | 木牌坊（棂星门） | 单坊 | 清初 | 省级 | 须弥式台座 |
| 4 | 文庙 | 独立成院，有主店及两厢房 | 清乾隆年间 | 县级 | |
| 5 | 武庙 | 独立成院，有主店无厢房 | 民国二十年 | 县级 | |
| 6 | 三崇庙 | 三合院 | 清代 | 县级 | 独立成院 |
| 7 | 黄氏宗祠 | | 清中期 | | |
| 8 | 杨氏宗祠 | | 始建年代不详 | | |
| 9 | 龙王庙 | 三合院 | 清代 | 县级 | 独立成院，现在主殿及两边厢房 |
| 10 | 进士石牌坊 | | 清代 | 县级 | |
| 11 | 财神殿 | | 始建年代不详 | | |
| 12 | 万寿宫 | 四合院 | 元代 | 州级 | 现部分改为私人住宅 |
| 13 | 香山寺 | | 始建年代不详 | | 独立成院，现仅剩主店及围墙 |
| 14 | 古岭寺 | | 始建年代不详 | | 独立成院，有主店及厢房 |
| 15 | 贞节牌坊 | | 始建年代不详 | | |
| 16 | 土牌坊 | | 始建年代不详 | | |

# 附录 6　田野调查访谈提纲

主要针对当地居民、景区管理人员、旅游经营管理者、家庭生态博物馆的管理员和旅游者进行访谈。

## 一、针对当地居民

（一）对待旅游业的态度及参与旅游业的过程。

（二）对旅游发展影响的感知。

（三）对自身文化在媒体和流行话语中被表征方式的感受，现代性与白族文化传统之间是否有冲突？

（四）当地人怎样参与到旅游发展中，在与旅游者互动的过程中取得的收获以及存在的困难和问题。当地少数民族日常生活中对旅游发展的感受和回应。

（五）当地人的家庭谱系调查，家庭情况、婚恋状况、从事工作情况等社会生活情况。

（六）村民参与方式。

（七）村民参与旅游获取收益分配方案（项目、情况介绍）。

（八）村民的权力问题如何体现？如决策过程、社区居民参与率、有意义的当地参与、公平和有效的程序、当地所有权和管理权。

## 二、针对景区管理人员

（一）诺邓古村旅游资源本体可持续性问题。

（二）诺邓古村旅游开发对诺邓古村保护的意义。

（三）诺邓古村旅游发展与诺邓古村旅游资源原真性缺失的关系。

（四）在旅游开发背景下，诺邓古村居民主体的人口迁移与生活方式的变迁规律。

（五）诺邓古村旅游资源原真性的保持机制与诺邓古村旅游资源本体的可持续性。

（六）诺邓古村社会资本的运行机制。

（七）诺邓古村旅游资源的再创造性。

（八）诺邓古村现有旅游开发模式的运行机制和缺陷。

（九）商业化与现代化。

（十）重点建设项目情况。

（十一）云龙县旅游规划、诺邓旅游规划的具体规划和实施情况；开发规划阶段

（十二）诺邓古村旅游的类型模式。

## 三、针对旅游经营管理者

（一）旅游宣传促销方式。

（二）诺邓古村的旅游发展阶段。

（三）诺邓古村为谁开发？为谁保护？

（四）诺邓古村自然环境保护的途径。

（五）诺邓古村文化保护的途径。

（六）诺邓古村旅游发展特色化、差异化的具体体现。

## 四、针对家庭生态博物馆的管理员

（一）家庭生态博物馆建立以后，外来的文化是怎样进入你们生活的？

（二）外来文化怎样影响了你的日常生活？

（三）管理博物馆与你所从事的主要的农业生产之间的矛盾是什么？

（四）家庭生态博物馆的建立给你和你的家庭带来的最大变化是什么？你和你的家庭成员是如何看待家庭生态博物馆的？

（五）当地政府、政府官员和学者，他们对诺邓古村文化保护的看法，以及对家庭生态博物馆的看法是什么？

（六）从家庭生态博物馆建立至今，您觉得最值得总结的经验是什么？

（七）在家庭生态博物馆每天都游人如织的旅游文化的影响下，您认为应该如何加强对家庭生态博物馆的管理?

## 五、针对旅游者

（一）对古村传统文化的保护和传承的态度和认识。

（二）对诺邓古村“本真化”文化展示和有效保护的具体措施建议。

（三）诺邓古村游客体验和游客感知。

# 后　记

大理有名的古村镇很多，喜洲镇的商业文化，周城村的扎染技艺，寺登街的茶马古道，新华村的银铜制作，在学术界和游客中都有不小的知名度，但却没有哪个古村镇能像诺邓这样让人感到“意外”。

诺邓村位于大理州云龙县县城西北面的山谷中，据文献记载已有上千年的历史。这里群山环绕，交通不便，历经岁月沧桑变迁，但是依然焕发出迷人的魅力。尤其在诺邓待的时间久了，就会感受到其深厚的历史与人文，仿佛陈年佳酿一般，愈品愈有味道。当然，沉醉之余也会思索，诺邓周边没有足够的耕地，如何能发展出众多人口并繁衍了上千年？诺邓远离区域文化的中心，如何能产生发达的文教体系，并创下了科举的辉煌？诺邓地处大川长谷之中，如何构建宏大的道路网络并营建了整齐的村落建筑？难道这些都是因为这里产盐的缘故，还是另有原因？在社会快速发展变化的当下，如何传承诺邓的历史与文化，如何统筹保护与发展的关系？如何使这个古老的村落焕发出新的生机和活力，都是让人深思的问题。

我作为土生土长的大理人，又在高校从事教学科研工作，对诺邓自然会多几分关注和了解。但把对诺邓历史文化的兴趣真正转为科学研究的志向，却开始于2014年，我有幸考上中央民族大学历史文化学院的博士，跟随导师苍铭教授从事中国少数民族史的学习和研究。带着对诺邓古村的深思，我希望能追溯她原来的样子，现在的样子，以及未来的样子。心存此念，寻寻觅觅，在旷日持久的学习和研究中，在做了大量的基础田野调查之后，山地白族诺邓古村的遥远和古老，忽然之间呼之欲出，跃然纸上。

感谢苍铭老师，在师从苍铭老师学习的日子里，我感受到了他乐观健康，待人处事的温暖。他在多年教学和科研中积累的活跃的学术思维、广阔的学术视野深深感染了我。论文从选题到撰写方法，从史料分析到观点把握，苍铭老师都与我进行了多次坦诚的学术交流，对书稿多次修改，使我的研究思路、论文撰写上了一个新的台阶。感谢师母杨筑慧教授对我学习和生活的关心。

感谢中央民族大学陈楠教授、王朝晖教授等各位老师孜孜不倦的教学，为我的学习和研究拓宽视域。感谢喜饶尼玛教授、索文清教授、扎洛教授、刘军研究员、们发延研究员等各位老师在我论文答辩中提出的许多宝贵意见和建议。感谢盛肖霞老师、范钰婧老师，为我提供各种学习生活上的帮助。感谢段阳萍、段银河、彭凤、严赛、刘轶伦、巴晓峰、刘西诺、张薇、罗舒、李威颖、刘星雨、杨文红对我的帮助，使我的学习和研究计划进展顺利。

感谢在田野调查中不辞辛苦，为我调查提供方便的各位领导和村民。感谢云龙县委段冬梅书记、施耀东副县长夫妇、县文联张沙琳主席、县文产办田燕平主任、县工商联何鹏川主席、诺邓村村委会杨庆明主任。感谢大理州云龙县原文体局张启发副局长，原旅游发展管理委员会杨希元副主任、古小龙主任，他们从诺邓发展的亲眼见证人角度，为我还原了诺邓古村的昨天和今天。感谢88岁高龄的黄金鼎先生，耐心地为我讲述诺邓悠久的历史文化。感谢诺邓的村民，在诺邓居住的岁月里，我与他们朝夕相处，他们真心诚意的帮助，使我的田野调查收获颇丰，为本书写作奠定了坚实的基础。我从他们身上学习到了保护古村，坚守古村的执着情怀，珍爱家乡乡土文化传统的观念。

感谢我的父母、公婆、姐姐、姐夫、丈夫和儿子。我在民大读博这几年的学习见闻，成为与父母最开心的分享时光。公婆对我们一家的关爱和照顾，二十多年如一日，没有一句多余的言语。姐姐和姐夫常年在繁忙的工作之余，殷勤照顾父母，让我充分感受到姐妹手足情深的温暖。感谢丈夫，他是一位非常优秀的大学教师，在我求学期间，儿子也正值学习的关键时期，丈夫在精神上、生活上给予我们实实在在的家的温暖和支持，这是我一生最宝贵的财富。

感谢大理大学民族文化研究院院长寸云激研究员，为本书出版提供了宝贵的意见和建议。

本书受到“大理大学民族学重点建设学科”资助出版，特此鸣谢。

本书内的照片，均为笔者拍摄。

时光如梭，春夏轮回，笔耕不辍，唯有感恩的心。

殷 群

2018年6月6日于大理大学